典型列车制动装置

陈学景　编

中国铁道出版社有限公司

2024年·北 京

内 容 简 介

本书在介绍制动基础知识的基础上，以机车制动装置中JZ-7型空气制动装置、DK-1型电空制动装置、CCB Ⅱ制动控制系统，车辆制动装置中104型空气制动装置、F8型空气及电空制动装置、120型空气制动装置，以及动集动车组CAB型制动控制系统为脉络，详尽阐述不同类型制动装置的主要部件及作用原理，为技术人员提供系统的理论知识，旨在提高他们对典型列车制动装置故障的诊断与处理能力。

本书内容丰富、体系清晰，可供客车检车员、货车检车员、动集动车组机械师等工种的岗位培训使用，也可作为职业院校机车车辆类专业制动理论教学资料。

图书在版编目（CIP）数据

典型列车制动装置/陈学景编．—北京：中国铁道出版社有限公司，2024.7

ISBN 978-7-113-31092-9

Ⅰ.①典… Ⅱ.①陈… Ⅲ.①列车-车辆制动-制动装置-高等职业教育-教材 Ⅳ.①U260.13

中国国家版本馆CIP数据核字（2024）第053796号

书　　名：典型列车制动装置
作　　者：陈学景

责任编辑：黎　琳　　**编辑部电话：**(010)51873674　　**电子邮箱：**jiliang@tdpress.com
编辑助理：王熙文
封面设计：刘　莎
责任校对：刘　畅
责任印制：樊启鹏

出版发行：中国铁道出版社有限公司（100054，北京市西城区右安门西街8号）
网　　址：http://www.tdpress.com
印　　刷：河北京平诚乾印刷有限公司
版　　次：2024年7月第1版　2024年7月第1次印刷
开　　本：787 mm×1 092 mm 1/16　**印张：**13　**字数：**290千
书　　号：ISBN 978-7-113-31092-9
定　　价：80.00元

前　言

列车制动装置是保证机车车辆运行安全的关键，其稳定性直接关系列车的安全运行。然而，列车制动装置的故障并不鲜见，一直困扰着机车车辆技术人员和作业人员。因此，深入理解列车制动装置的工作原理并掌握相关诊断与处理能力，对于提升铁路运输安全至关重要。

随着动集动车组替代既有普速客车产品升级的逐步推进，铁路行业的技术融合不断发展。为方便机车车辆技术人员全面理解空气制动装置的工作原理，更好地指导现场作业人员进行空气制动装置的运用维修工作，本书作为编者多年工作经验的总结，较为全面、系统地阐述了制动基础知识，机车制动装置中 JZ-7 型空气制动装置、DK-1 型电空制动装置、CCB Ⅱ制动控制系统，车辆制动装置中 104 型空气制动装置、F8 型空气及电空制动装置、120 型空气制动装置以及动集动车组 CAB 型制动控制系统等不同类型制动装置的主要部件及作用原理。

在内容编排上，本书选取具有代表性的 104 型空气制动装置和 F8 型空气及电空制动装置进行原理介绍，省略具有相似结构的二压力结构和二、三压力结构的其他类型制动装置。相信读者能够触类旁通，理解这些结构相似的制动装置。此外，为了更加突出空气制动装置的核心内容，本书省略了制动缸、单元制动缸等基础制动装置的介绍，希望读者参阅相关学习书籍。本书中所提及的“压力”一词通常指压强，各章节将不再对这一概念进行额外说明。

本书内容丰富、体系清晰，可供客车检车员、货车检车员、动集动车组机械师等工种的岗位培训使用，也可作为职业院校机车车辆类专业制动理论教学资料。

本书由中国铁路济南局集团公司济南车辆段陈学景编写，中国铁路济南局集团公司车辆部赵志春和济南车辆段胡述沛、耿开传、彭天力、李森等审定。山东职业学院艾菊兰、中国铁路济南局集团公司济南西机务段韩丙国等专家对本书的部分章节提出了宝贵的意见和建议，在此表示衷心感谢。

鉴于编者水平有限，书中难免存在疏漏之处，恳请读者批评指正。

编　者

2024 年 6 月

目　录

第1章 制动基础知识

在列车运行中，为及时准确地调整运行速度及在规定地点正点停车，必须有一整套制动系统，这一整套列车制动系统包括风源系统、机车和车辆制动系统。本章介绍制动装置的主要类型和风源系统，为后面章节介绍典型列车制动装置做好知识储备。

1.1 制动装置主要类型

列车的机车车辆之间有两大联系纽带，一个是列车供电系统，另一个是列车供风及制动系统。从机车车辆大系统角度出发，相关专业人员熟悉整个供风制动系统是必要的，尤其当动集动车组动力车、拖车和控制车固定编挂在一起，有关运用检修人员更有必要掌握整个供风制动系统，以便于全面及时准确地配合做好相关的工作。制动装置主要包括机车制动装置和车辆制动装置两大类。机车车辆制动装置主要类型见表 1-1。

表 1-1 机车车辆制动装置主要类型

类　别	主型制动装置	特　点	主 机 厂	备　注
机车制动装置	内燃机车 JZ-7 型空气制动装置	制动区任一位置减压后自动保压	天津中车机辆装备有限公司	机车分配阀 F7 型(与客车 F8 阀相似)
	韶山电力机车 DK-1 型电空制动装置	控制减压量后中立位保压	眉山中车制动科技股份有限公司	机车分配阀 109 型(与客车 104 阀相似)
	和谐电力机车 CCBⅡ制动控制系统	除紧急制动外所有逻辑微控电空制动系统	克诺尔集团	机车兼有再生制动功能
	动集动车组动力车 CAB 型制动控制系统	除紧急制动外所有逻辑微控电空制动系统	北京纵横机电科技有限公司	动力车兼有再生制动功能
车辆制动装置	客车 104 型空气制动装置	二压力间接作用制动装置；电空可实现阶段制动	眉山中车制动科技股份有限公司	104 L 型作用部采用柱塞结构
	客车 F8 型空气及电空制动装置	二、三压力间接作用制动装置；可实现阶段制动	天津中车机辆装备有限公司	动集动车组拖车、控制车
	货车 120 型空气制动装置	二压力直接作用制动装置，无工作风缸	眉山中车制动科技股份有限公司	增加加速缓解风缸

1.2 风源系统

风源系统的作用是生产、储备、调节控制压力空气，并为机车车辆的制动装置提供符合要求的干燥、洁净的压缩空气。

主风源系统主要由空气压缩机组、压力控制器、总风缸、止回阀、高压安全阀、无负荷启动电磁阀、空气干燥器、塞门及管路等组成，管路原理如图 1-1 所示。

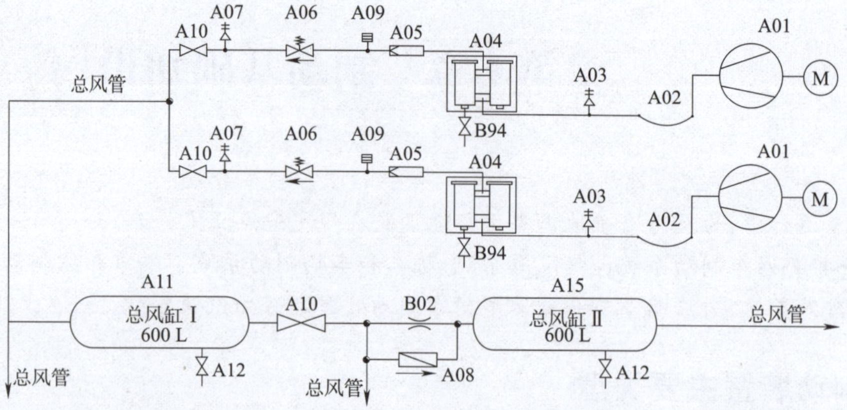

A01—空气压缩机组；A02—软管；A03—安全阀；A04—双塔干燥器；A05—微油过滤器；
A06—最小压力阀；A07—安全阀；A08—单向阀；A09—湿度指示器；A10—截断塞门；
A11—第一总风缸；A12—排水塞门；A15—第二总风缸；B02—限流缩堵。

图 1-1　主风源系统组成及管路原理

下面以 HXD$_{3D}$ 型电力机车为例，介绍风源系统主要部件。

HXD$_{3D}$ 型电力机车采用两台螺杆式空压机组，每台排风量不小于 2 400 L/min。配套使用两个双塔干燥器和两个微油过滤器作为风源滤尘、滤油的处理装置。双塔干燥器的空气处理量与空气压缩机相匹配。机车采用两个容积均为 600 L 的总风缸(各型机车总风缸容积根据需要有所不同)串联作为压缩空气的储存容器，风缸采用车内立式安装。

为了满足机车重联功能在机车端部安装了总风软管和平均软管，另外端部总风软管可以作为客车总风供风管使用。机械间Ⅰ端和Ⅱ端风源部件布置分别如图 1-2 和图 1-3 所示。

图 1-2　机械间Ⅰ端风源部件布置

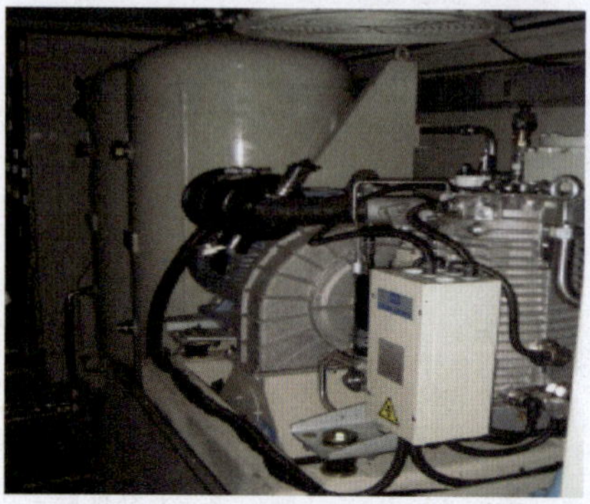

图 1-3　机械间Ⅱ端风源部件布置

1.2.1　空气压缩机组

空气压缩机组为螺杆式压缩机组，其驱动电机为三相交流异步电动机，如图 1-4 所示。空气压缩机组具有温度、压力控制装置，可以实现无负荷启动。冷却器排气口向下，以满足机械间的独立通风要求。空气压缩机组的启停状态由总风压力开关进行自动控制，也可以通过手动按钮控制启停。

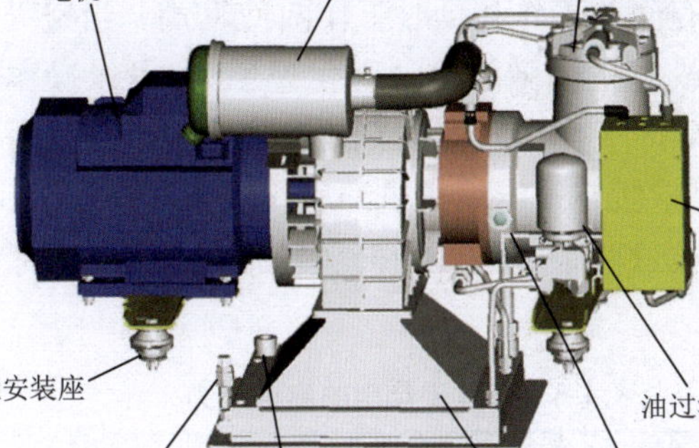

图 1-4　空气压缩机组

1. 技术参数

空气压缩机组技术参数详见表 1-2。

表 1-2　空气压缩机组技术参数

型　　号	SL24-13	TSA-230AVI-Ⅱ	BT-2.6/10AD3
排 风 量/(L·min^{-1})	2 400	2 400	2 600
工作压力/kPa	1 000	1 000	1 000
转　　速/(r·min^{-1})	2 920	2 955	2 940
工作温度/℃	−40～+50	−40～+50	−40～+50
润滑油型号	ANDEROL 3057M	ANDEROL 3057M	ANDEROL 3057M
润滑油油量/L	6～7	7.9	7
工作电压/V	380	380	380
频　　率/Hz	50	50	50
控制电压/V	110	110	110
防护等级	IP55	IP55	IP55
外形尺寸(L×W×H)/(mm×mm×mm)	1 346×563×838	1 305×685×875	1 305×685×890
安装尺寸/mm	809×460	809×460	809×460
安装螺栓/mm	M16×130	M16×120	M16×110
排气含油率/(mg·L^{-1})	≤5	≤5	≤5
管路接口	G1	G1	G1
质　　量/kg	395×(1±3%)	420×(1±3%)	430×(1±3%)
机组噪声/dB(A)	≤102	≤102	≤102

2. 控制模式

电力机车空气压缩机具有间歇工作和延时工作两种模式。当空气压缩机需要频繁启动(如牵引客车需要大量风源)或发生轻微的机油乳化现象时,可以操作机车显示屏将空气压缩机设置在延时工作模式。延时工作模式可以有效地减少由于空气压缩机频繁启动造成对电机及机头的损害,同时可以减缓空气压缩机机油乳化现象。

空气压缩机的启停动作通过两个空气压力开关控制。间歇、延时工作制的启停压力及转换,详见表 1-3～表 1-5。

表 1-3　间歇工作制的启停压力

序号	启动压力/kPa	启动台数	位　置	控制开关	停止压力/kPa
1	$680 \leqslant P < 750$	1	远离操作端	P50.72	900
2	$P < 680$	2	两端	P50.75	900

注:P 为总风缸压力。

表 1-4　延时工作制的启停压力

序号	加载压力/kPa	启动台数	位　置	控制开关	空载压力/kPa
1	$680 \leqslant P < 750$	1	远离操作端	P50.72	900
2	$P < 680$	2	两端	P50.75	900

注:1. 加载指空气压缩机释放压力空气。

2. 空载指空气压缩机工作但不释放压力空气。

3. 空载计时指单次空载运转时间超过 20 min,该机组停止运行;空载延时 20 min 以内,空气压缩机进入加载工作,目的是减少压缩机频繁启动。

表 1-5　间歇、延时工作制的转换

序号	转换模式	转换时压力/kPa	执行过程
1	间歇→延时	$P < 750$	压力至 900 kPa 后,进入延时模式
2	间歇→延时	$P \geqslant 750$	压缩机先不启动,压力低于 750 kPa 启动,待压力至 900 kPa 后,进入延时模式
3	延时→间歇	$P < 750$	压力至 900 kPa 后停止工作,进入间歇模式
4	延时→间歇	$P \geqslant 750$	压缩机不工作,进入间歇模式

3. 工作原理

螺杆压缩机由阴阳两个螺杆形的转子旋转进行空气的压缩和输送,900 kPa 的压缩空气由一级压缩产生,其工作原理示意如图 1-5 所示。

(1)空气压缩过程

空气通过空滤器和进气阀吸入压缩机体。空气被压缩后,通过与转子连接的输送口被推进压缩机壳。如果压缩机启动时,压缩机壳里无空气压力,最小压力阀将保持关闭状态,以便使压缩机壳内迅速建立起空气压力,帮助润滑油尽快循环。

当压缩机壳内空气压力达到 650 kPa 时,最小压力阀打开并将压缩空气送出。送出的压缩空气达到系统的规定压力后,压缩机受总风压力开关控制自动停机,最小压力阀将自动关闭，将系统和压缩机壳内的通路隔断。每次压缩机停机后，压缩机壳内的空气压力被自动释放。压缩机停机后，最小压力阀和进气阀关闭。在进气口，由于压缩机体空气逆流而压力升高，导致卸荷阀打开。压缩机壳内压缩空气可通过减压阀流进空滤器后排向大气，从而快速将压缩机壳内空气压力降低到约 180 kPa。剩余的压力通过卸荷阀上的缩孔被缓慢排放至 0。停机时间大于 14 s，可以实现空压机的无负荷再启动。

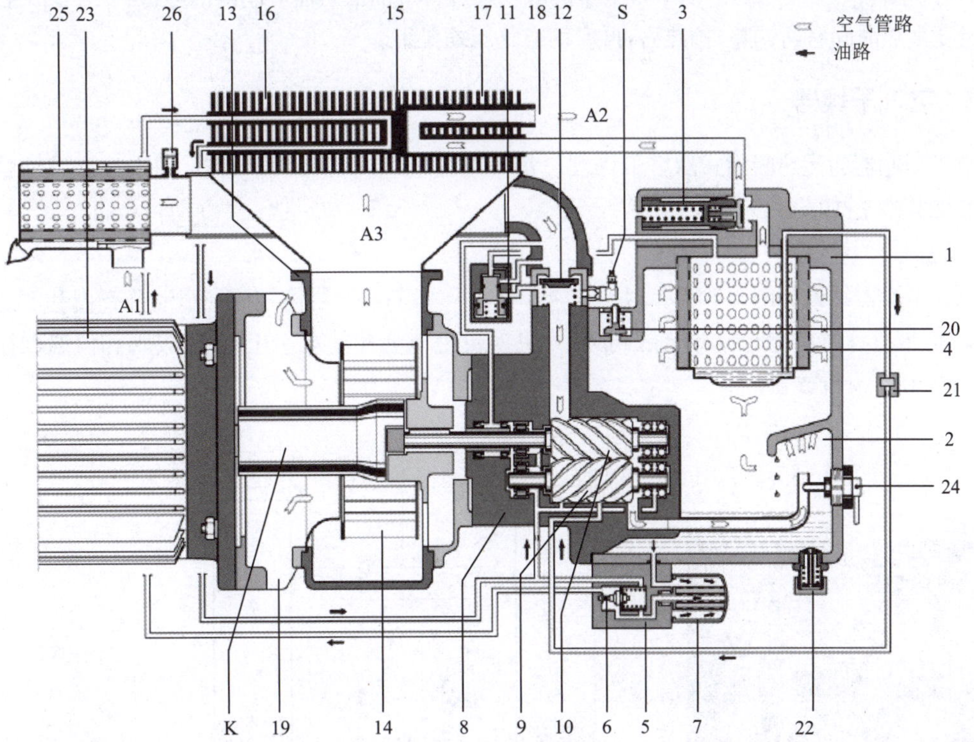

1—压缩机壳；2—挡板；3—最小压力阀；4—油水分离器；5—油分离单元；6—温控器；7—油过滤器；8—压缩机；9—阳转子；10—阴转子；11—卸荷阀；12—进气阀；13—风扇蜗壳；14—离心风扇；15—冷却器；16—油冷却器；17—空气冷却器；18—压缩空气出口；19—外壳连接体；20—安全阀；21—回油过滤器；22—排油阀；23—三相电机；24—温度开关；25—空滤器；26—真空指示器；K—联轴节；S—压力开关；A1—压缩空气进口；A2—压缩空气出口；A3—冷却空气。

图 1-5　空气压缩机组工作原理示意

(2)油循环过程

当压缩机运转时，在压缩机壳内建立起的空气压力将壳内的润滑油通过油过滤器输送到轴承、传动装置和压缩机体内油喷射点。这些油用于润滑、密封，并带走空气压缩产生的热量。

压缩机传送的油气混合物通过输送口打在壳内挡板上，这一过程属于油粗级过滤。之后压缩空气又经过油细分离器进行精级过滤。精级过滤分离的油被收集到油细分离器底部，在压缩机壳内空气压力作用下，通过回油过滤器返回到压缩机体内。

当压缩机运转时，如果在压缩机壳内没有建立空气压力，压缩机将不能被充分润滑和冷却。在这种情况下，转子可能会快速损坏。

当润滑油温度不低于 83 ℃时，油控制单元中温控器打开到油冷却器的通道，对润滑油进行冷却；当润滑油温度低于 83 ℃时，油冷却器的通道保持关闭，油被直接传送到压缩机体。通过这种方式可达到润滑油的最佳操作温度，可以有效避免机油乳化。

压缩机壳里油气混合物的温度由输送口的温度开关监测。若温度高于设定值(110±5)℃，温度开关动作，压缩机停止工作。

若环境温度较低(−20 ℃以下)，压缩机可以通过一个油加热器对润滑油进行约 20 min(根据环境温度预热时间有所调整)预热后，再启动空气压缩机组。

1.2.2 空气干燥器

空气干燥器为无热吸附式双塔干燥器。每个压缩机组配备一个干燥器，用来过滤压缩空气中的水及水蒸气，如图 1-6 所示。

1. 结构

空气干燥器结构如图 1-7 所示，主要包括：两个干燥塔，每个塔内集成一个油分离器和一定量的干燥剂；带有计时功能的脉冲电磁阀；带可更换再生节流孔的双逆止阀；排放阀和恒温器控制器，消音器和冷凝排放盖。

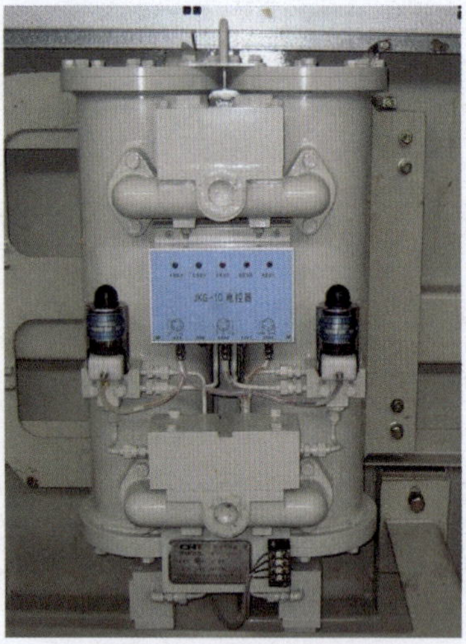

图 1-6 空气干燥器

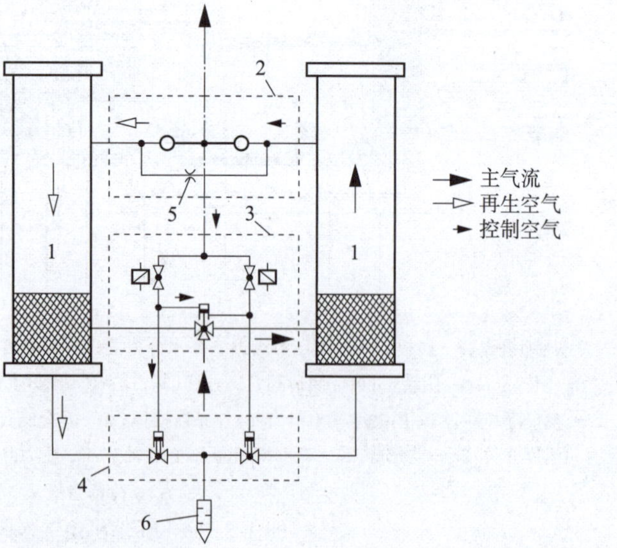

1—干燥塔；2—双逆止阀；3—脉冲电磁阀；4—排放阀；5—节流孔；6—消音器。

图 1-7 空气干燥器结构

2. 工作原理

无热吸附式双塔干燥器的再生和吸附工作分别在两个塔中同时进行，当压缩空气在一个塔内通过干燥剂进行干燥时，另一个塔内的干燥剂被干燥的空气吹扫进行再生处理。

到达干燥器的饱和压缩空气里的油和冷凝物在首先通过油分离器时被提取出来。饱和的压缩空气接着通过干燥塔的干燥剂，压缩空气里水分子被吸收，干燥器出口压缩空气的相对湿度降到 35%以下。

部分干燥后的压缩空气通过再生节流孔进入再生塔，吸收饱和干燥剂表面的水分，并将其排放向大气。两个工作塔交替作为干燥塔和再生塔进行工作。

3. 工作流程

图 1-8 为空气干燥器的工作流程，其中Ⅱ塔在干燥阶段，Ⅰ塔在再生阶段。电空阀Ⅰ得电工作，排气阀Ⅰ打开，进气阀(Aj)关闭。由于电空阀Ⅱ 失电，排气阀Ⅱ关闭，进气阀(Bj)打开。

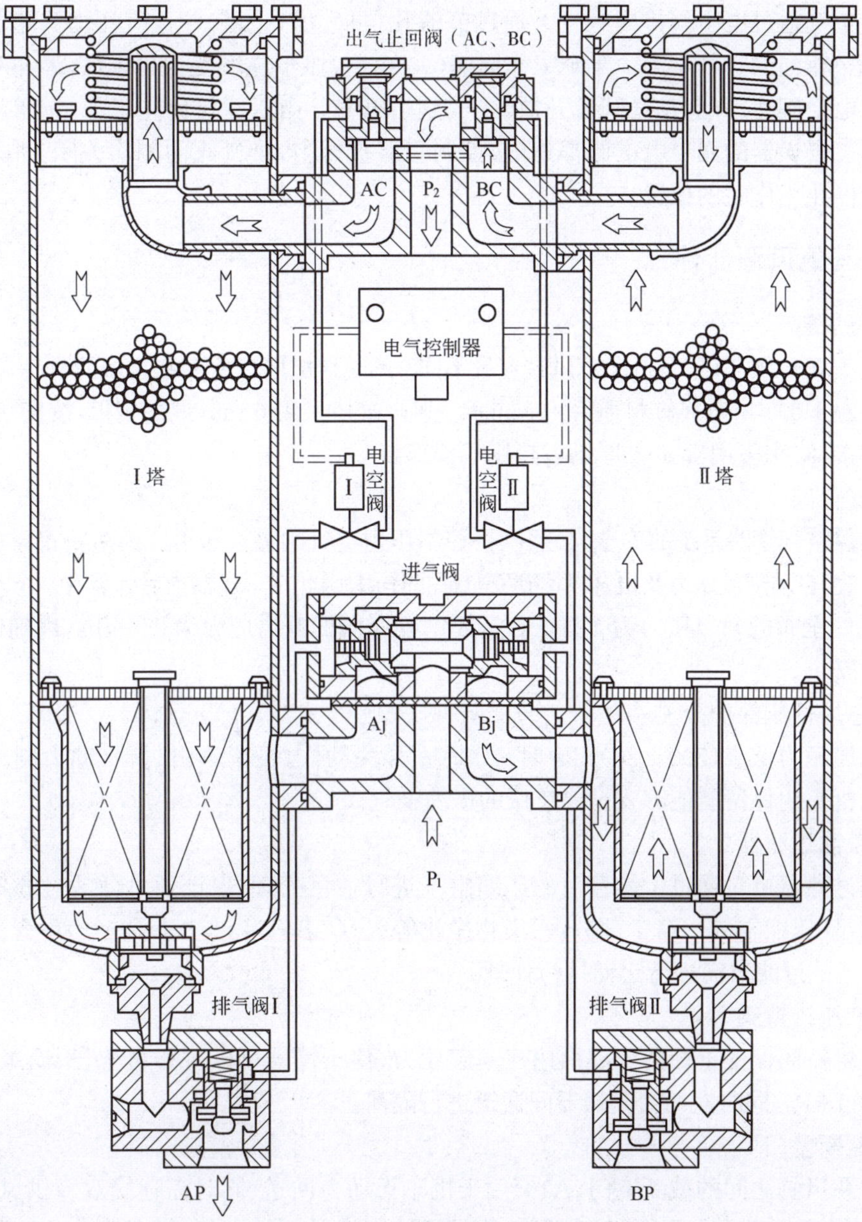

P_1—进气管(接空气压缩机)；P_2—出气管(接总风缸)；AP、BP—排气阀口(排向大气)。

图 1-8　空气干燥器工作流程

压缩空气经 P_1 口和打开的进气阀(Bj),在油分离器里进行旋转,在离心力作用下将油和水滴甩向油分离器的内壁后收集到排气阀Ⅱ。压缩空气随后通过干燥剂,压缩空气中的水及水蒸气被吸收,使干燥器出口压缩空气的相对湿度小于 35%。

压缩空气通过出气止回阀(BC)和 P_2 口从干燥器排出之前,部分干燥的压缩空气通过再生节流孔,进入再生塔(Ⅰ塔),带走干燥剂表面的液态水后从排气阀Ⅰ排放到大气,再生塔中的干燥剂得到干燥。

电空阀Ⅰ在半个工作周期(90 s)前 18 s 失电,排气阀Ⅰ关闭,进气阀(Aj)开放。控制管路中压缩空气通过电空阀排向大气。通过节流孔,再生塔(Ⅰ塔)中空气压力将增加到与干燥塔(Ⅱ塔)相同的空气压力。半个工作周期(90 s)后,原干燥塔变为再生塔,原再生塔变为干燥塔。电空阀Ⅱ得电,排气阀Ⅱ开放,进气阀Ⅰ开放。当压缩机停止工作,干燥器也同时停止工作。干燥器的两个电空阀都失电,控制管路被排空,排气阀两侧均关闭,进气阀停留在干燥器停止工作时的位置。

1.2.3 其他风源部件

(1)总风缸

两个 500～800 L(各型机车总风缸容量不同) 的总风缸竖直安装在机械间作为储风设备,设计压力为 1 000 kPa,风缸材质为 16MnDR。风缸缸体采用 6 mm 厚的钢板,按直径 670 mm 卷制后焊接,缸头采用 8 mm 厚钢板热压成碟形封头。

(2)安全阀

为确保空气管路系统的安全,必须严格控制压力空气的最大压力。为防止正常的压力控制装置失效,自动降低压力及报警以达到安全保护作用,因此在干燥器前后各装有一个安全阀。

A03 安全阀的开启压力为 1 100 kPa,A07 安全阀的开启压力为 950 kPa,以确保机车空气系统的安全。

(3)总风低压保护开关

当总风压力低于(500±20)kPa 时,P50.74 开关动作,机车牵引封锁(动力制动仍可投入),确保机车内保留有能够安全停车用的压缩空气。

(4)微油过滤器

微油过滤器可对通过干燥器后的压缩空气进行油污处理,保证通过微油过滤器后的压缩空气满足《压缩空气　第 1 部分:污染物净化等级》(GB/T 13277.1—2023)中含油量等级 2 级要求。该过滤器需进行定期排污处理。

(5)低压维持阀

低压维持阀保证干燥器内部快速建立起压力,使干燥器可以进行再生、干燥工作,开通压力为 600 kPa,同时对两台干燥器间通道进行隔离。

(6)截断塞门

两个总风缸之间的截断塞门(A10)用于机车无动力回送,同时需连接双管供风时操作。当机车进行无动力操作同时需要进行双管供风输送时关闭该塞门,机车第二总风缸作为机车制动缸用风风源,机车第一总风缸作为双管供风风源。

1.2.4　常见故障分析及处理

各型机车对风源系统的常见故障处理要求不同，空气压缩机组类型及管路系统布置也有一定差别，但基本原理相似。

风源系统能提供足够质量良好的压力空气是空气制动装置的基本要求，也是机车正常运用的先决条件。为此应定期开放总风缸排水塞门，排放总风缸内积水和污物，确保制动装置及其他风动装置工作可靠。

1. 空气压缩机组常见故障分析及处理（表 1-6）

表 1-6　空气压缩机组常见故障分析及处理

故障现象	原因分析	处理措施
电机转向错误	电机的电源线相序错误	按电路图正确连接电源线，并检查电机转向
压缩机组无法启动	断电	检查电源电路
	线缆连接松动	检查线缆连接，拧紧接线端子
	电机保护开关断开	给保护开关解锁
	电机损坏	查找电机故障，必要时更换电机
	温度开关未连接或线缆断路	检查电缆连接
	温度开关断开	按维护文件进行故障排除
压缩机启动困难	压缩机损坏	按维护文件拆除压缩机，并返厂检修
	启动时，供给电压过低	检查机车供电电压
	环境温度过低	压缩机预热或连续工作以提高环境温度
压缩机在达到定压前停止工作	电机保护开关断开	给保护开关解锁
	压缩机启停压力控制开关故障	检查压力开关或调整压力值
	温度开关断开	按维护文件进行故障排除
安全阀有排风声	压缩机损坏	按维护文件拆除压缩机，并返厂检修
	压缩机用安全阀损坏或故障	更换安全阀
无压缩空气排出或排出量少，工作周期延长	空气过滤器滤芯污染	更换滤芯
	压缩系统密封不严	排除漏泄
	压缩机损坏	按维护文件拆除压缩机，并返厂检修
压缩空气中含油量过高	压缩机损坏	按维护文件拆除压缩机，并返厂检修
	压缩机外壳内油位过高	排油以降低油位至刻度线间
	油温过高	检查温度开关
	油细分离器故障	检查油细分离器或更换
高油耗	压缩机损坏	按维护文件拆除压缩机，并返厂检修
	油温过高	检查温度开关
油从空气滤清器溢出	压缩机损坏	按维护文件拆除压缩机，并返厂检修

2. 空气干燥器常见故障分析及处理(表 1-7)

表 1-7 空气干燥器常见故障分析及处理

故障现象	原因分析	处理措施
总风缸出现凝结水	干燥剂吸附饱和或油污失效	当发现总风缸出现冷凝水时，首先要确定净化系统的故障所处的位置和原因，然后作相应处理，恢复系统正常工作。若确认不属于系统故障造成的总风缸出水，则须开盖检查干燥剂的状态。如干燥剂颗粒表面变成棕黑色，说明干燥剂已油污失效，必须更换；若表面呈淡黄色、但手感潮湿，说明系偶然事故使干燥剂吸附饱和，可不必更换，待装置正常工作一段时间后，干燥剂可逐步再生复原
总风缸出现凝结水	干燥器本身发生故障，已不能正常工作	当发现总风缸出现冷凝水时，首先要确定净化系统的故障所处的位置和原因，然后作相应处理，恢复系统正常工作。若确认不属于系统故障造成的总风缸出水，则须开盖检查干燥剂的状态。如干燥剂颗粒表面变成棕黑色，说明干燥剂已油污失效，必须更换；若表面呈淡黄色、但手感潮湿，说明系偶然事故使干燥剂吸附饱和，可不必更换，待装置正常工作一段时间后，干燥剂可逐步再生复原
总风缸出现凝结水	排气阀故障，使油水分离器长期不能排污，积水过多和干燥剂再生不良而失效	当发现总风缸出现冷凝水时，首先要确定净化系统的故障所处的位置和原因，然后作相应处理，恢复系统正常工作。若确认不属于系统故障造成的总风缸出水，则须开盖检查干燥剂的状态。如干燥剂颗粒表面变成棕黑色，说明干燥剂已油污失效，必须更换；若表面呈淡黄色、但手感潮湿，说明系偶然事故使干燥剂吸附饱和，可不必更换，待装置正常工作一段时间后，干燥剂可逐步再生复原
当压缩机输送空气时，消音器不能排放空气	节流孔阻塞	从逆止阀拆除阻气门并清洗
当压缩机输送空气时，消音器不能排放空气	电空阀不得电	检查电源；更换有缺陷电路板；检查阀磁铁上连接器（电缆连接）
当压缩机输送空气时，消音器不能排放空气	排气阀冻住	解冻排气阀；检查加热器筒、恒温器及电缆连接；更换有缺陷零件
空气不能从电空阀排气口稳定排放	阀座脏或损坏，或者磁铁电枢上橡胶密封有缺陷	拆除电空阀，清洗阀座，如果必要，修理或者更换衬套
空气不能从电空阀排气口稳定排放	电空阀有缺陷或电路板故障	检修电空阀，或者更换电路板

思考题

1. 简述主风源系统组成及管路原理。
2. 简述空气干燥器的工作流程。

第2章 JZ-7型空气制动装置

JZ-7型空气制动装置作为我国内燃机车主型空气制动装置，是在二、三压力混合制动装置基础上研制的，也是目前我国在用其他形式空气制动装置的基础。其主要部件包括自动制动阀、中继阀、作用阀、单独制动阀和分配阀。

2.1 概　　述

JZ-7型空气制动装置作为我国在空气制动技术领域的成熟成果，其组成和主要特点如下：

1. JZ-7型空气制动装置的组成

JZ-7型空气制动装置由三个主要部分组成：控制单元、中继单元和执行单元。控制单元负责操作，包括自动制动阀、单独制动阀和紧急制动阀。中继单元负责传输控制指令，包括中继阀、分配阀、变向阀和作用阀。执行单元包括均衡风缸、作用风缸、工作风缸等风缸组件，以及管路和制动缸等部件。

2. JZ-7型空气制动装置的主要特点

(1)客货两用设计：JZ-7型空气制动装置配备了客车和货车模式转换手柄，允许客车模式下进行阶段式缓解，而货车模式则不支持阶段缓解，仅提供一次性缓解功能。阶段缓解的实现取决于所牵引车辆的制动系统是否具备此功能，目前我国铁路车辆只有F8型空气制动装置具备阶段缓解功能。

(2)自动保压功能：将JZ-7型空气制动装置的自动制动阀手柄置于所需减压位置，系统会在列车管减压至预设压力时自动保持该压力。若列车管发生漏泄，系统将自动补充压力。

(3)过量减压模式：自动制动阀特设过量减压位置，提供比常规制动更大的减压量，确保在长大下坡道或列车管及副风缸充气不足的情况下，依然能够实现有效的制动。

(4)二、三压力混合分配阀：采用F7分配阀，具备二、三压力混合机构，通过转换盖板，既可实现一次性缓解，也能进行阶段缓解。

(5)过充位置设置：针对长列特别是长大货物列车，此位置可以缩短列车管和副风缸的初次充气及再次充气时间，同时避免过量供给的风险。

(6)凸轮结构的自动制动阀：提供轻便、便捷的手柄操作，且不受外界温度变化的影响。

通过这些改进，JZ-7型空气制动装置在安全性、操作便捷性及适应性方面均展现出显著优势，以适用于各种运行条件。

2.2 主要部件结构及作用原理

2.2.1 自动制动阀

自动制动阀是制动装置的控制部分，司机通过对其手柄的操纵，可实现列车的制动、保压和缓解。

自动制动阀为自动保压式，设有过充位、运转位、最小减压位、最大减压位、过量减压位、手柄取出位、紧急制动位等 7 个作用位置，最小至最大减压位之间为常用制动区，如图 2-1 所示。自动制动阀结构如图 2-2 所示。

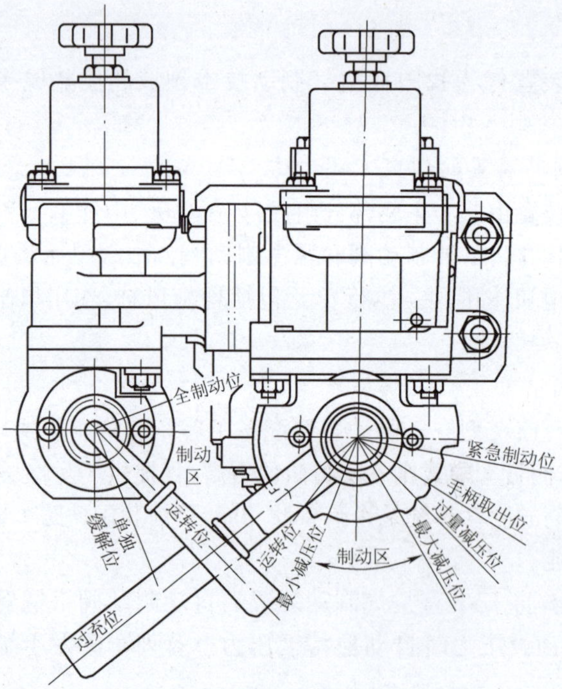

图 2-1 自动制动阀作用位置示意

2.2.1.1 阀体与管座、手柄与凸轮

1. 阀体与管座

自动制动阀阀体为连接各部件的主体，其上连接着自动制动阀的凸轮、调整阀、单独制动阀及柱塞阀。

管座为自动制动阀的安装座，管座上设有均衡风缸管、中继阀均衡风缸管、总风缸管、撒砂管、过充管、列车管、总风遮断管、单独缓解管和单独作用管。其中单独缓解管和单独作用管经自动制动阀阀体通往单独制动阀，与自动制动阀无关，其管路布置如图 2-3 所示。

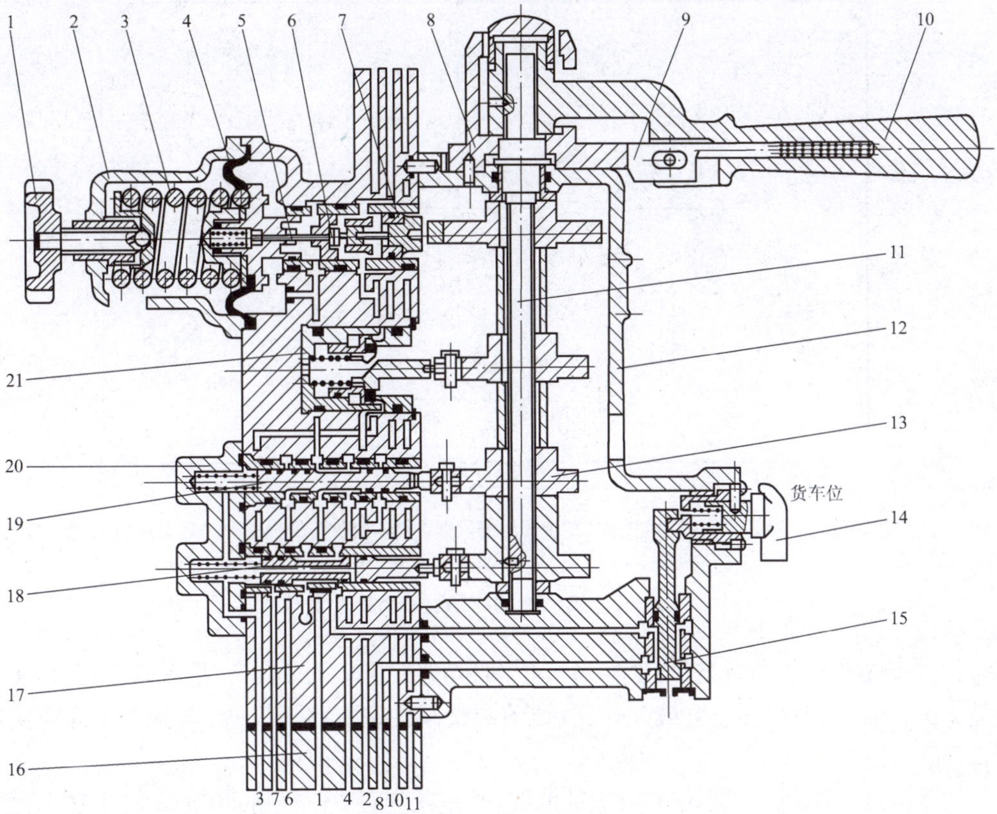

1—调整手轮；2—调整阀盖；3—调整弹簧；4—调整阀膜板；5—排气阀；6—供气阀；7—调整阀柱塞；8—盖；9—手柄定卡；10—手柄；11—手柄轴；12—凸轮盒；13—凸轮；14—转换按钮；15—客货车转换阀；16—管座；17—阀体；18—缓解柱塞阀；19—重联柱塞阀；20—前盖；21—放风阀。

下部管号：1—均衡风缸管；2—列车管；3—总风缸管；4—中均管；6—撒砂管；7—过充管；8—总风遮断阀管；10—单独缓解管；11—单独作用管。

图 2-2　自动制动阀结构*

2. 手柄与凸轮

手柄与凸轮是自动制动阀的操纵机构。手柄通过设在盖板上的缺口(手柄取出位)套在凸轮轴上；凸轮轴上装有调整阀凸轮、放风阀凸轮、重联柱塞阀凸轮及缓解柱塞阀凸轮。凸轮盒上设定位盖板，盖板上有 7 个凹槽，除用以定位外，在上部仅留有一个缺口，以限定手柄只有在手柄取出位才能取出或装入。凸轮盒体下部设有排气口，用于排出漏入凸轮盒内的压力空气，以及紧急制动时排出列车管内压力空气。

自动制动阀 7 个位置的作用：手柄转动各凸轮，相应推动各阀柱塞按照需要的规律左右移动，开通和切断各管的通路，完成所需要的各种作用。

---

* 注：2.2 节中与自动制动阀相关结构部件的管号均同图 2-2，不再赘述。

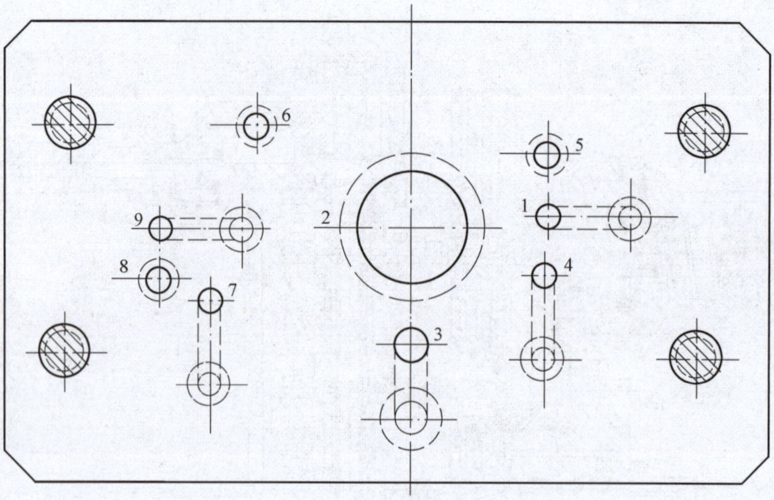

1—均衡管；2—列车管；3—总风管；4—中继阀均衡风缸管；5—撒砂管；6—过分管；7—总风遮断管；
8—单独缓解管；9—单独作用管。

图 2-3　自动制动阀下管座管路布置

在调整阀凸轮的圆周上，与手柄过充位和运转位相对应的曲线，是一条半径 36.6 mm 的最大圆弧线，凸轮得到一个最大升程，推动调整阀柱塞左移至极端，均衡风缸得到规定的压力(600 kPa)。

与手柄最小至最大减压位相对应的曲线，是一条半径 34.3～36.0 mm 的阿基米德螺线(降压曲线)，对应处有 12 个槽。最小减压位均衡风缸减压量 50 kPa，制动区每转过一个齿槽，均衡风缸的减压量增加约 10 kPa，最大减压位均衡风缸减压量 170 kPa。

与手柄过量减压位、手柄取出位和紧急制动位相对应的曲线，是一条半径 33.28 mm 的最小圆弧线，调整阀凸轮得到最大降程，调整阀柱塞在均衡风缸压力作用下右移至极端，均衡风缸减压量 240～260 kPa。

3. 均衡风缸

司机通过控制均衡风缸压力变化来控制列车管的压力变化，而不是直接控制列车管的压力变化。因为列车管贯穿列车首尾，其充、排风由司机在机车上操纵实施，操纵台上反映列车管压力的压力表在机车上显示，受波速的影响该压力表不能准确显示列车管的压力。如司机通过观察列车管压力表直接控制列车管减压量来控制制动力大小，易造成失误。因此，为达到准确控制列车管减压量，以控制列车制动力大小的目的，机车上设置了均衡风缸压力为标准量，依此准确地控制列车管减压量(DK-1 型电空制动装置同理)。

2.2.1.2　调整阀

调整阀作为列车制动、缓解的控制机构，用于控制机车均衡风缸的压力变化，并通过中继阀控制列车管的排气或充气，实现列车的制动或缓解。

1. 调整阀结构

调整阀采用橡胶膜板密封和柱塞双向止阀结构，由调整手轮、调整阀弹簧、排气阀、供气阀、调整阀座、调整阀膜板、柱塞及阀套等组成。

调整阀有三条通路：供气阀右侧空间通总风缸管；供气阀左侧空间通均衡风缸管，并经缩堵通膜板右侧空间；排气阀左侧经调整阀盖下方排气口通向大气。

2. 调整阀工作状态

(1)充气状态

自动制动阀手柄移至运转位或过充位时，调整阀凸轮得到不同的升程，推动调整阀柱塞左移，压缩供气阀弹簧(供气阀弹簧远较调整阀弹簧弱)，使调整阀膜板、调整阀座和排气阀保持不动，供气阀因被排气阀阻挡，也不能左移，所以仅有调整阀柱塞左移而开放供气阀口。供气阀口右侧总风缸管内的总风压力空气，由供气阀口进入调整阀座和调整阀柱塞之间的空腔，并经均衡风缸管向均衡风缸充气，同时经缩口向调整阀膜板右侧充气，如图 2-4 所示。

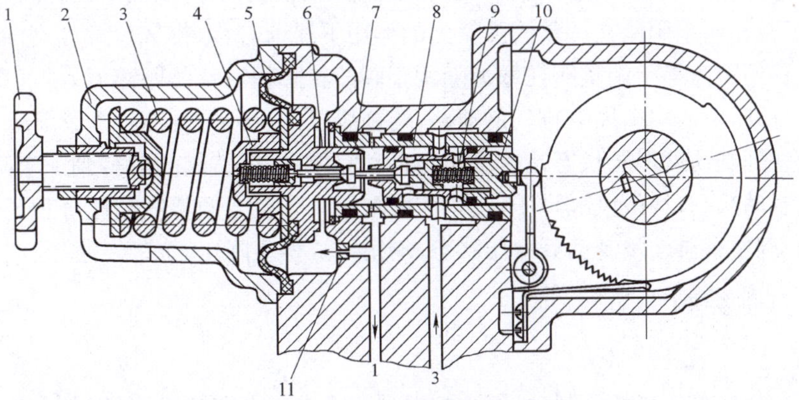

1—调整手轮；2—调整阀盖；3—调整弹簧；4—排气阀弹簧；5—调整阀膜板；6—调整阀座；7—排气阀；8—供气阀；9—供气阀弹簧；10—调整阀柱塞；11—缩口。

图 2-4　调整阀结构(充气状态)

(2)充气后保压状态

均衡风缸增压的同时，均衡风缸压力空气也经缩口使调整阀膜板右侧增压，调整阀弹簧被逐渐压缩，调整阀膜板和调整阀座相继左移，排气阀和供气阀受供气阀弹簧的作用也左移，供气阀口开度逐渐减小。移动过程中，排气阀口不会开启。当供、排气阀及调整阀座左移的距离等于调整阀凸轮推动调整阀柱塞左移的距离时，供气阀口关闭，切断总风缸向均衡风缸充气的通路，均衡风缸内压力空气停止增加，如图 2-5 所示。

调整阀自动完成由充气状态到充气后保压状态，即调整阀凸轮得到一个升程，初充气时调整阀呈充气状态，均衡风缸增压；当均衡风缸压力增至与调整阀凸轮升程所需要的增压量相适应时，调整阀自动呈充气后保压状态，均衡风缸停止增压。

(3)制动状态

当自动制动阀手柄由运转位移至常用制动区或过量减压位时，调整阀凸轮得到不同的降程，调整阀柱塞和供气阀在其左侧均衡风缸的压力空气作用下，追随凸轮的降程向右侧移动，供气阀口不会开启。初减压瞬间，因调整阀膜板两侧压力平衡，调整阀座不动，仅排气阀在其弹簧力作用下追随供气阀右移，使排气阀口开启。均衡风缸及膜板右侧压力空气经排气阀口、调整阀压板螺母 1.3 mm 小孔，由调整阀盖下方缺口排向大气，均衡风缸空气压力下降，如图 2-6 所示。

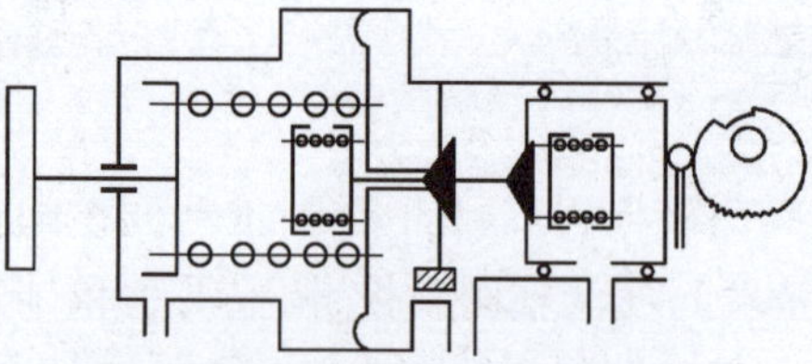

图 2-5　充气后保压状态示意

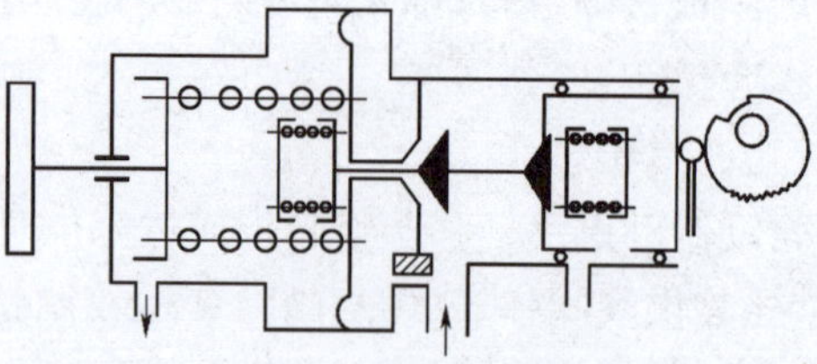

图 2-6　制动状态示意

(4)制动后保压状态

均衡风缸降压的同时，调整阀膜板右侧压力空气也经缩口排出而降压，膜板两侧产生压差，调整阀膜板和调整阀座在调整阀弹簧力的作用下逐渐右移，排气口开度逐渐减小。当膜板和阀座右移的距离等于调整阀柱塞追随调整阀凸轮降程右移的距离时，排气阀口关闭，供气阀口也未打开，切断均衡风缸排气的通路，均衡风缸内压力空气停止继续下降。

制动状态到制动后保压状态是由调整阀自动完成，即调整阀凸轮得到一个降程，初充气时调整阀呈制动状态，均衡风缸降压；当均衡风缸压力降至与调整阀凸轮降程所需要的减压量相适应时，调整阀自动呈制动后保压状态，均衡风缸停止降压。

2.2.1.3　其他类阀

1. 放风阀

放风阀专为列车施行紧急制动，其直接把列车管内压力空气迅速排向大气，达到快速制动的目的。

放风阀由放风阀座、放风阀杆、放风阀胶垫、放风阀弹簧及放风阀套等组成。

自动制动阀手柄在前六位移动时，放风阀凸轮无升、降程。此时，放风阀在其弹簧力的作用下，放风阀口可靠关闭，防止影响制动装置的正常作用。只有当自动制动阀手柄置于紧急制动位时，放风阀凸轮得到一个固定的升程，放风阀杠杆推动放风阀杆，开启放风阀口，列车管内压力空气经阀口直接排向大气。

2. 重联柱塞阀

重联柱塞阀的用途是连通或切断均衡风缸管与中继阀的联系。自动制动阀手柄在紧急制动位时，使总风缸管与撒砂管连通，自动撒砂。

重联柱塞阀有三个作用位置：

(1)自动制动阀手柄在 1～5 位

重联柱塞阀得到最大升程，推动柱塞处于左极端，柱塞凹槽沟通均衡风缸管和中均管的通路，通过均衡风缸的压力变化来控制中继阀的动作。列车管及撒砂管的通路均被柱塞关闭，如图 2-7 所示。

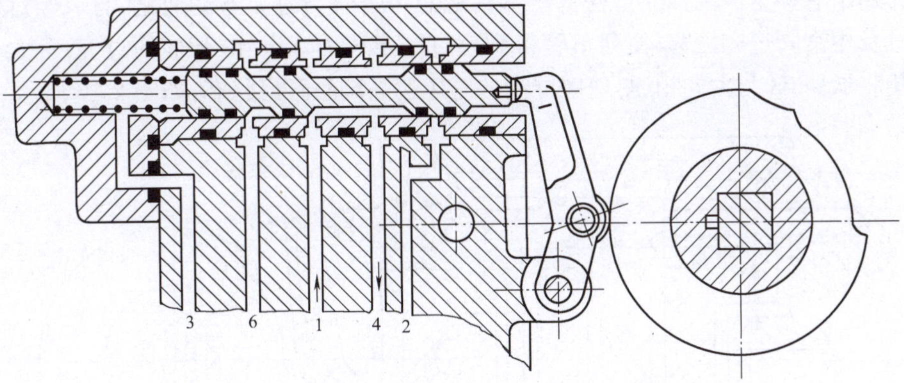

图 2-7　自动制动阀手柄在 1～5 位(重联柱塞阀)

(2)自动制动阀手柄在 6 位(手柄取出位)

当自动制动阀手柄移至 6 位时,重联柱塞阀凸轮得到一个降程,柱塞在弹簧力和总风缸压力的作用下向右侧移动,柱塞凹槽沟通列车管和中均管的通路,同时切断均衡风缸管和中均管的通路,即使均衡风缸有压力变化,也无法控制中继阀动作,中继阀膜板两侧压力相等,产生自锁作用,如图 2-8 所示。

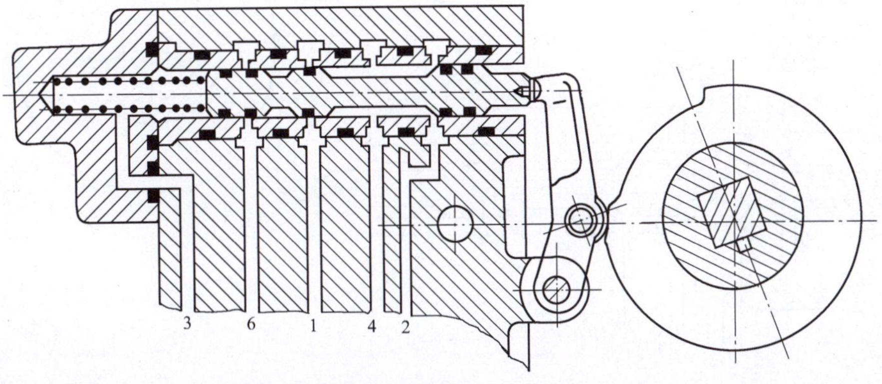

图 2-8　自动制动阀手柄在 6 位(重联柱塞阀)

(3)自动制动阀手柄在 7 位(紧急制动位)

当自动制动阀手柄移至 7 位时,重联柱塞阀凸轮又得到一个更大的降程,该阀柱塞在弹簧力和总风缸压力的作用下右移至极端,柱塞凹槽将列车管与中均管连通,中继阀仍呈自锁状态,柱塞尾部使总风缸管与撒砂管的通路被连通,实现紧急制动自动撒砂,如图 2-9 所示。

3. 缓解柱塞阀

缓解柱塞阀的用途是控制过充风缸的充排气,以及总风遮断阀管通路 8a 的充排气。

缓解柱塞阀有三个作用位置:

(1)自动制动阀手柄在 1 位

自动制动阀手柄在 1 位时,缓解柱塞阀凸轮得到一个最大降程,柱塞在弹簧力和总风缸的压力作用下右移至极端，此时，柱塞尾端沟通总风缸管与过充管的通路，总风经过充管到过充风缸及中继阀过充柱塞，使列车管得到超过规定压力 30～40 kPa 的过充压力。同时，柱塞凹槽将通路 8a 与大气相通，使中继阀的总风遮断阀呈开启状态，如图 2-10 所示。

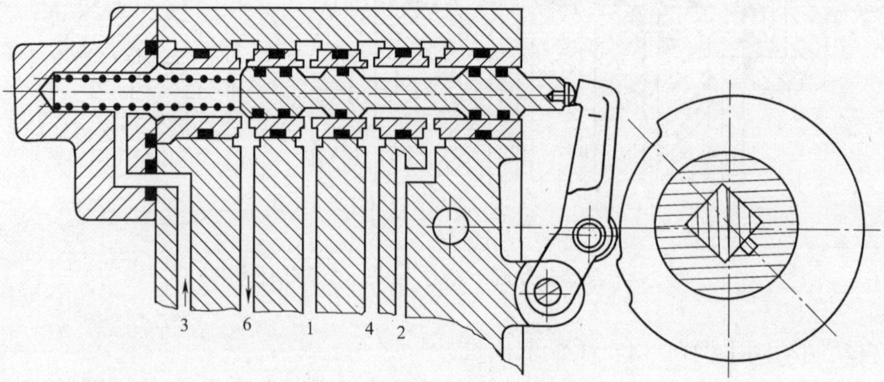

图 2-9　自动制动阀手柄在 7 位(重联柱塞阀)

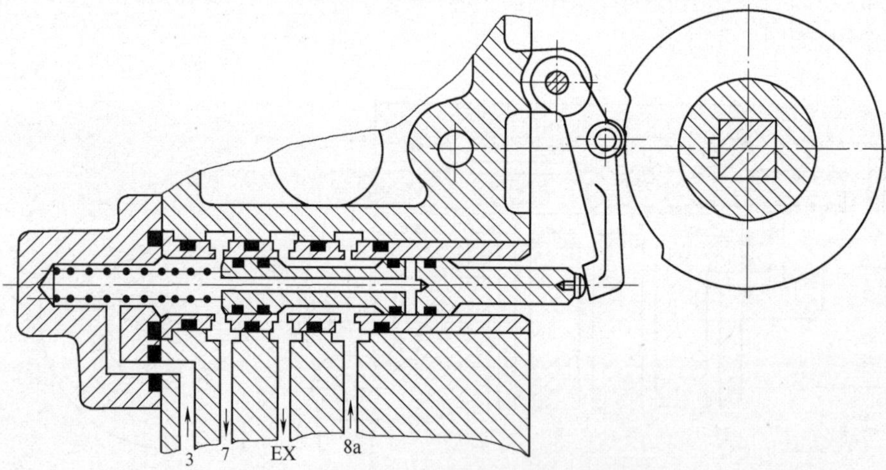

图 2-10　自动制动阀手柄在 1 位(缓解柱塞阀)

(2)自动制动阀手柄在 2 位(运转位)

当自动制动阀手柄由 1 位移至 2 位时，缓解柱塞阀凸轮得到一个升程，推动柱塞左移，过充管与总风缸的连通通路被柱塞切断，同时，柱塞继续保持通路 8a 与大气相通。过充风缸内的空气压力由过充风缸自身的小孔 0.5 mm 缓慢排向大气，过充压力逐步消除，如图 2-11 所示。

(3)自动制动阀手柄在后 5 位

自动制动阀手柄在后 5 位时，缓解柱塞阀凸轮又得到一个升程，推动柱塞左移至极端，总风经柱塞中心孔、侧孔流入通路 8a。客货车转换阀处于客车位时，由于通路 8a 与总风遮断阀管切断，使总风遮断阀处于开放状态。同时，柱塞凹槽使过充管与大气相通，以便把过充风缸内的压力空气更快地排向大气，如图 2-12 所示。

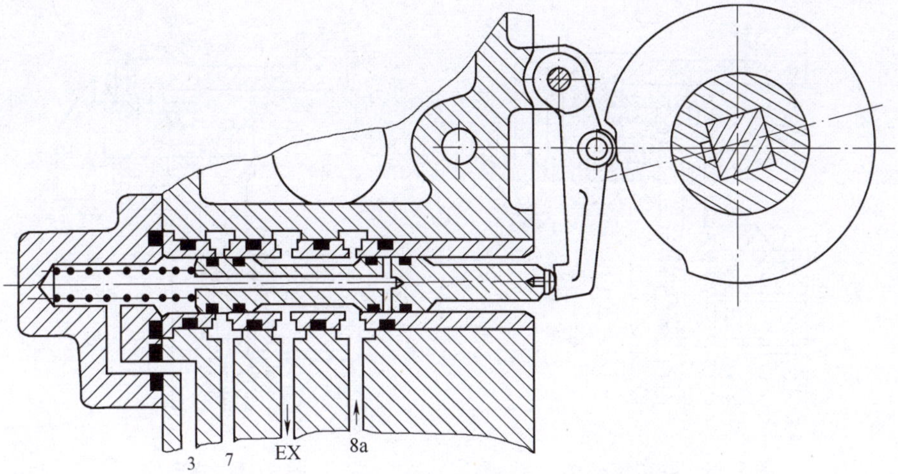

图 2-11　自动制动阀手柄在 2 位(缓解柱塞阀)

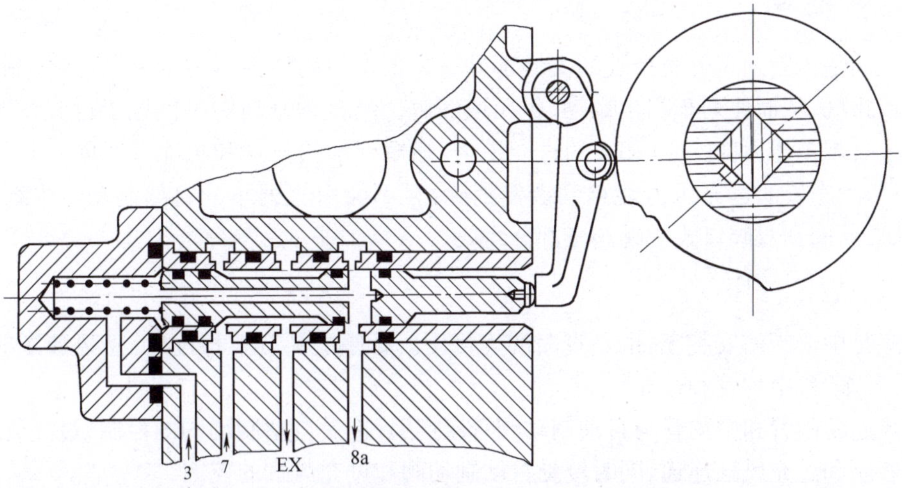

图 2-12　自动制动阀手柄在后 5 位(缓解柱塞阀)

4. 客货车转换阀

(1)客车位

转换按钮置于客车位时,二位阀柱塞处于上端位置。不论自动制动阀手柄在任何位置,总风遮断阀始终开启,如图 2-13 所示。

(2)货车位

转换按钮置于货车位时,二位阀柱塞处于下端位置。凹槽将总风遮断阀管 8 与通路 8a 连通,使中继阀的总风遮断阀受 8a 的控制,而 8a 内压力变化由自动制动阀手柄位置来控制。自动制动阀手柄在 1 位或 2 位,总风遮断阀开启;自动制动阀手柄在 3～7 位,总风遮断阀关闭,如图 2-14 所示。

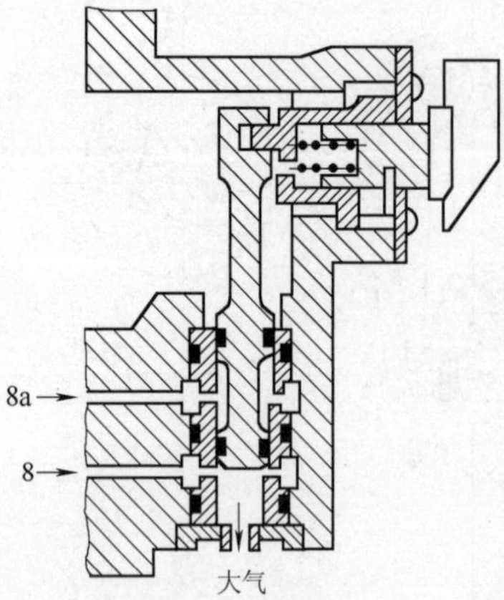

图 2-13　客车位

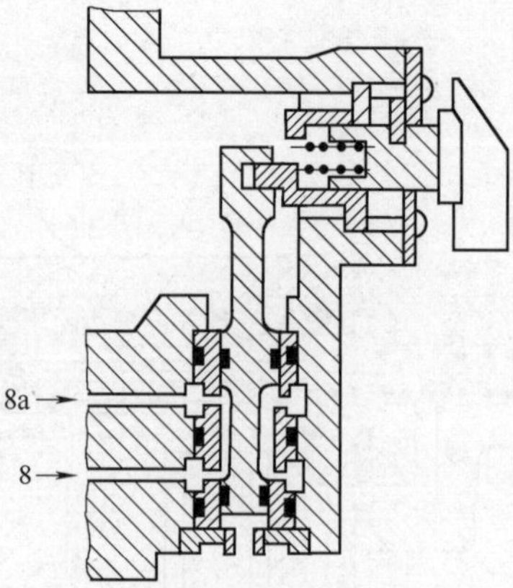

图 2-14　货车位

2.2.2　中继阀

中继阀是控制列车管充排气的关键部件。其根据中均管内压力变化,直接控制列车管的充气或排气,从而使列车产生制动、保压或缓解。当自动制动阀手柄置于过充位时,列车管得到超过规定压力 30～40 kPa 的过充压力,缩短列车初充气和再充气时间;当手柄移到运转位后,列车管的过充压力能自动缓慢消除,且不会引起列车的自然制动。中继阀由管座、总风遮断阀和双阀口式中继阀三部分组成。

2.2.2.1　管　　座

管座是中继阀的安装座,也是管路的连接座。管座上共有 5 根配管:总风遮断阀管、总风缸管、列车管、中均管和过充管。

总风遮断阀管和中均管与自动制动阀管座连通,接受自动制动阀的控制;过充管与自动制动阀管座和过充风缸连通,同时接受自动制动阀和过充风缸的控制。

2.2.2.2　总风遮断阀

总风遮断阀用途是根据总风遮断阀管的压力变化,控制遮断阀口的开启与关闭。

当总风遮断阀管通向大气时,遮断阀在其右侧总风缸压力作用下左移,遮断阀呈开启状态,总风缸的压力空气经遮断阀口进入双阀口式中继阀的供气阀室。

当总风缸压力空气进入总风遮断阀管时,遮断阀在其左侧总风缸压力和弹簧力作用下右移,遮断阀呈关闭状态,切断向双阀口式中继阀供气室供气的总风源。

2.2.2.3　双阀口式中继阀

1. 作用原理

(1)缓解充气位

自动制动阀手柄置于运转位,总风缸的压力空气经调整阀调为规定压力后充入均衡风缸,并经中均管进入中继阀左侧中均室。在中均室的空气压力作用下,膜板活塞带动顶杆右移，顶杆顶开供气阀，总风缸压力空气经供气阀口向列车管充气，同时经缩口向膜板活塞右侧充气，如图 2-15 所示。

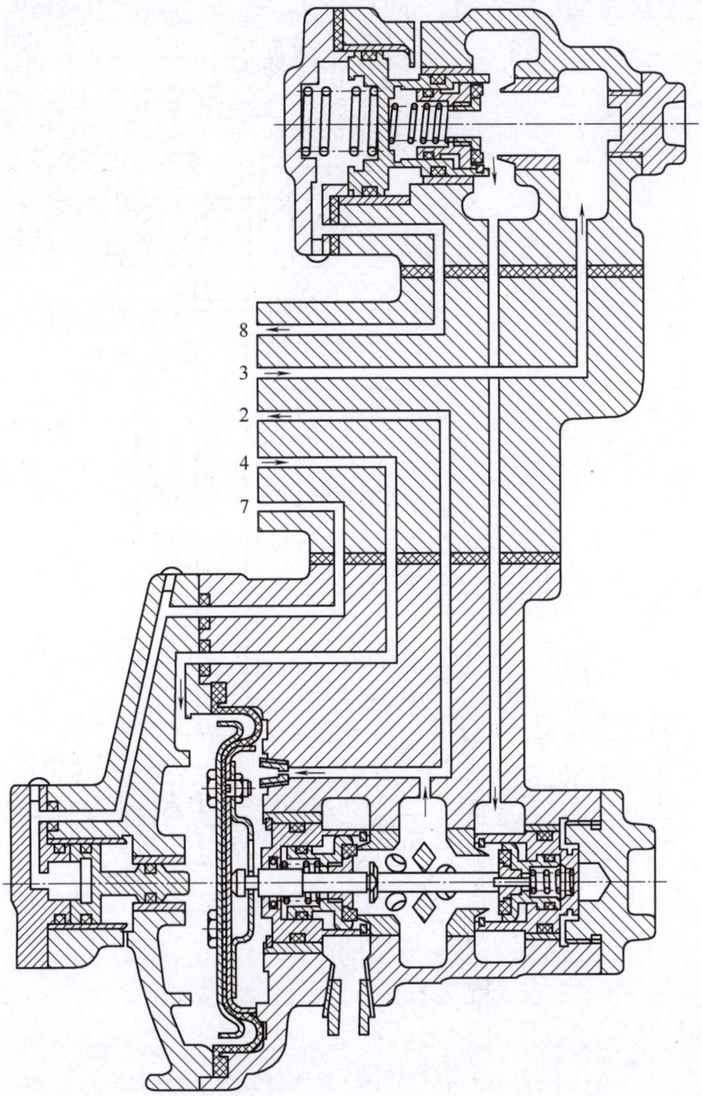

图 2-15　缓解充气位（自动制动阀运转位）

当自动制动阀手柄在过充位时，过充柱塞左侧充气，过充柱塞右移，其顶部顶在膜板活塞上，增加了活塞左侧的控制压力，中均室压力增加 30～40 kPa，因此延长供气阀口的开启时间，实现列车管的快速充气和过量充气（压力增加 30～40 kPa）。当手柄移到运转位后，过充风缸内的压力经缸体上 0.5 mm 的小孔缓慢排向大气，使过充柱塞作用于膜板活塞上的附加力逐渐消失，列车管的过充压力自动缓慢消除，且不会引起列车的自然制动，如图 2-16 所示。

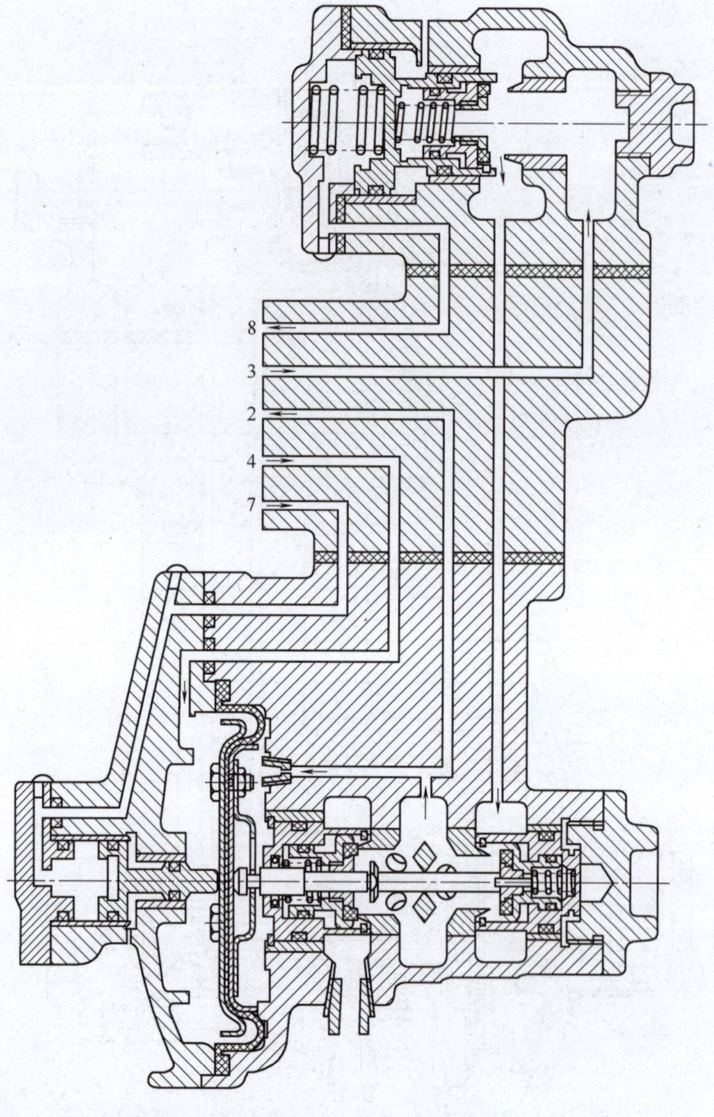

图 2-16 缓解充气位(自动制动阀过充位)

(2)缓解后保压位

当膜板活塞两侧压力平衡时,供气阀在其弹簧作用下,关闭供气阀口,列车管停止增压,形成缓解后的保压位。若列车管有漏泄,膜板活塞两侧压力失去平衡,活塞右移,重新开启供气阀向列车管补气,直至定压后关闭供气阀再保压,如图 2-17 所示。

(3)制动位

当膜板活塞左侧中均室压力降低时,右侧列车管压力推动活塞左移,使顶杆带动排气阀离开阀座,此时,列车管的压力空气经排气阀口排向大气,同时膜板活塞右侧压力空气也经缩口随同列车管一起降压,如图 2-18 所示。

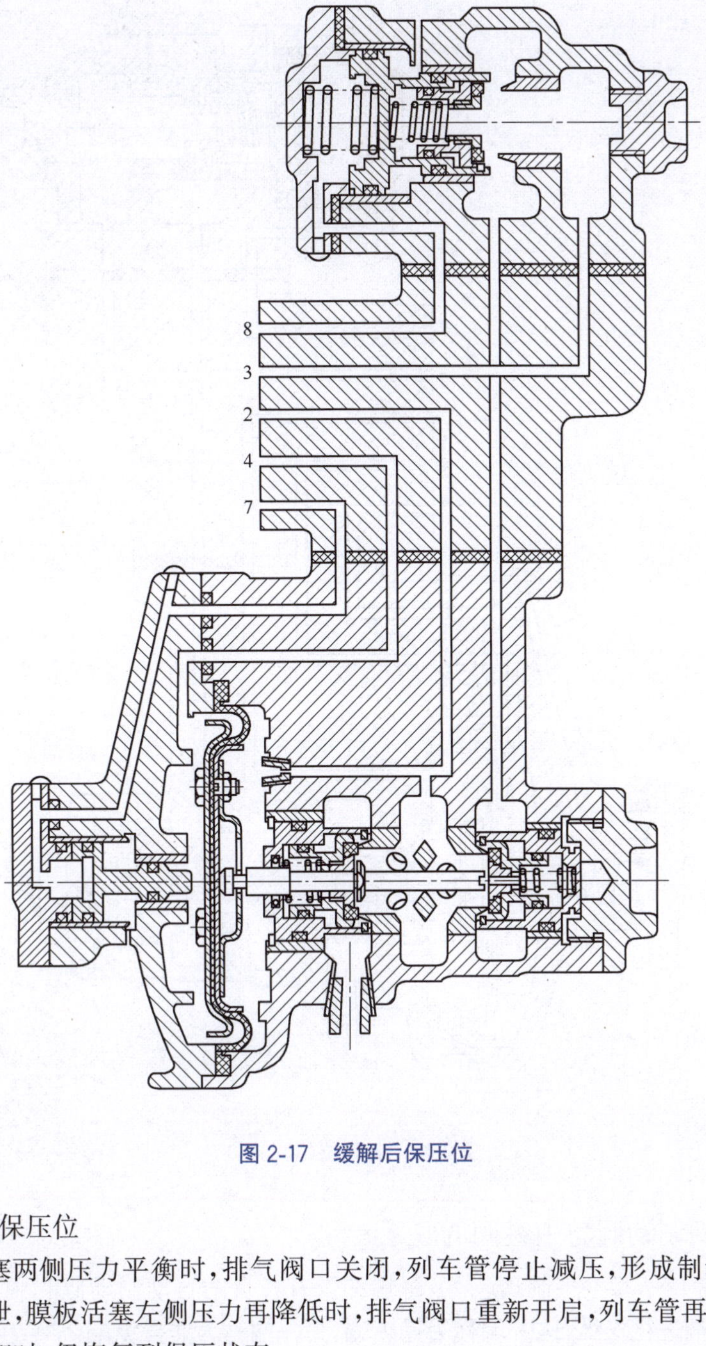

图 2-17　缓解后保压位

(4)制动后保压位

当膜板活塞两侧压力平衡时,排气阀口关闭,列车管停止减压,形成制动后保压状态。若列车管有漏泄,膜板活塞左侧压力再降低时,排气阀口重新开启,列车管再排气,待膜板活塞两侧压力平衡时,仍恢复到保压状态。

(5)自锁位

当重联柱塞阀沟通 2→4 时,相当于膜板两侧相通,导致膜板两侧不能形成压力差。此时,供、排气阀在各自弹簧力作用下均关闭,这种状态称为自锁。

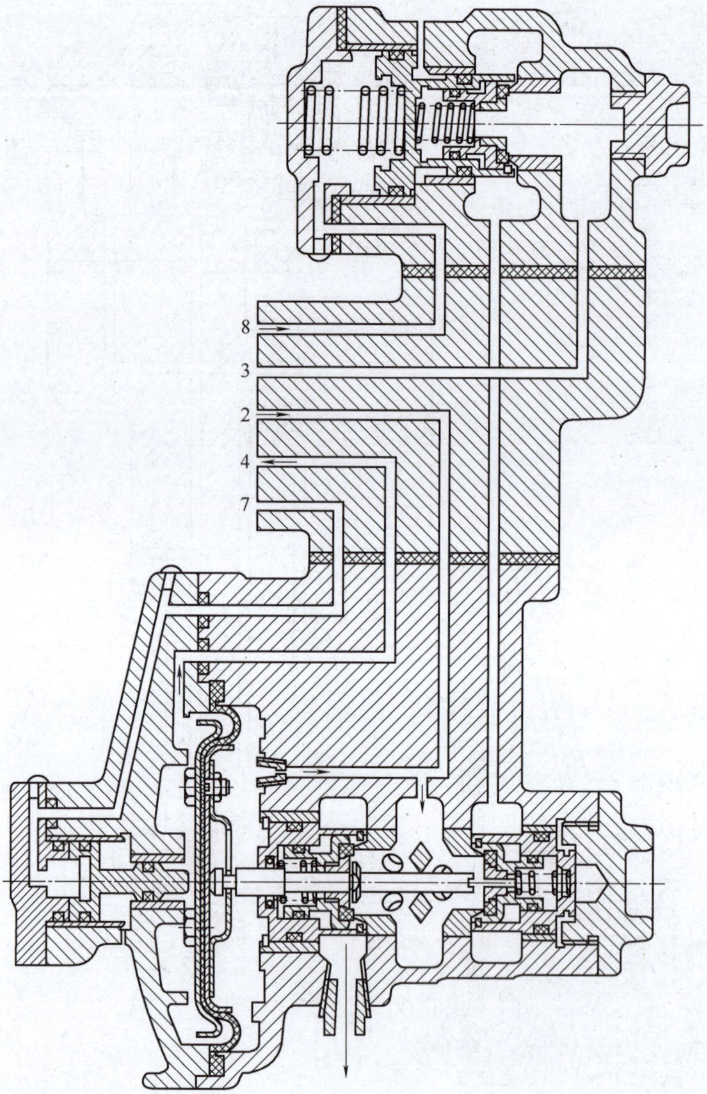

图 2-18　制动位(制动区)

2.2.2.4　自动制动阀与中继阀的联系

双端操纵的 JZ-7 型空气制动装置,每端都设有各自的自动制动阀和中继阀,根据相关规定,只能在一端进行操纵,这一端称为操纵端,另一端称为非操纵端。

1. 操纵端

(1)自动制动阀手柄置过充位(图 2-19)

①调整阀:呈充气状态,当均衡风缸增至定压时,自动呈充气后保压状态。

②放风阀:处于关闭状态。

③重联柱塞阀:将管 1 和管 4 沟通,使中均管压力追随均衡风缸增至规定压力。

④缓解柱塞阀:将管 3 和管 7 沟通,总风缸压力空气送入过充管,同时使通路 8a 通向大气。

⑤总风遮断阀:由于通路 8a 通向大气,因此总风遮断阀呈开启状态。

⑥双阀口式中继阀:呈缓解充气位,由于过充管获得总风缸压力空气,所以列车管压力增至比规定压力高 30～40 kPa,获得了过充压力,双阀口式中继阀自动呈充气后保压位。

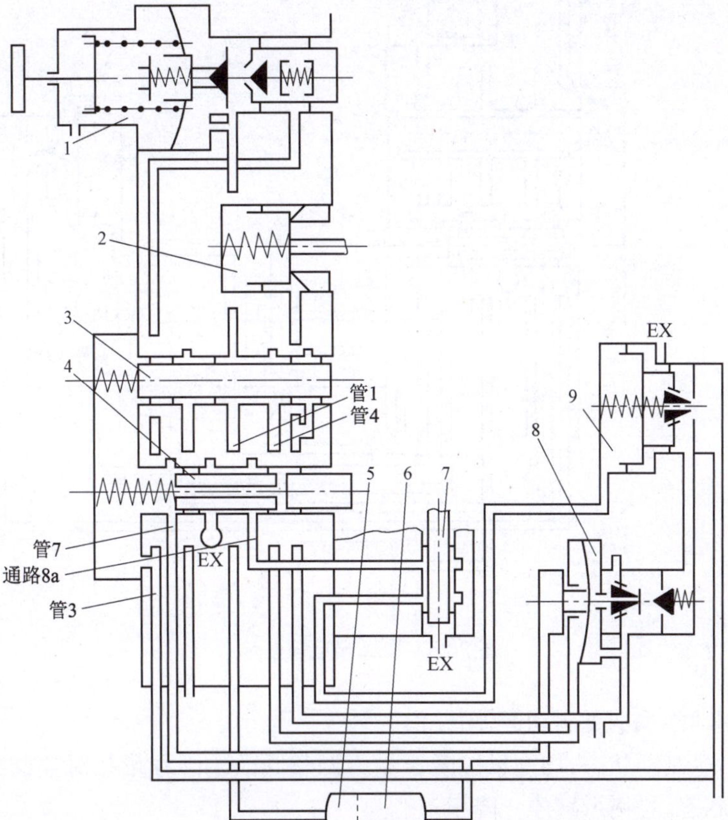

1—调整阀;2—放风阀;3—重联柱塞阀;4—缓解柱塞阀;5—均衡风缸;6—过充风缸;7—客货车转换阀;8—双阀口式中继阀;9—总风遮断阀。

图 2-19　操纵端过充位示意

(2)自动制动阀手柄置运转位(图 2-20)

此位置与过充位作用及通路基本相同,不同之处如下:

①缓解柱塞阀:柱塞切断总风缸管向过充管的充气通路,过充风缸内压力空气由自身小孔缓慢排向大气。

②双阀口式中继阀:过充柱塞作用在膜板活塞上的附加力逐渐消失,列车管内过充压力由排气阀口逐渐消除,列车管恢复并保持与均衡风缸相等的规定压力。

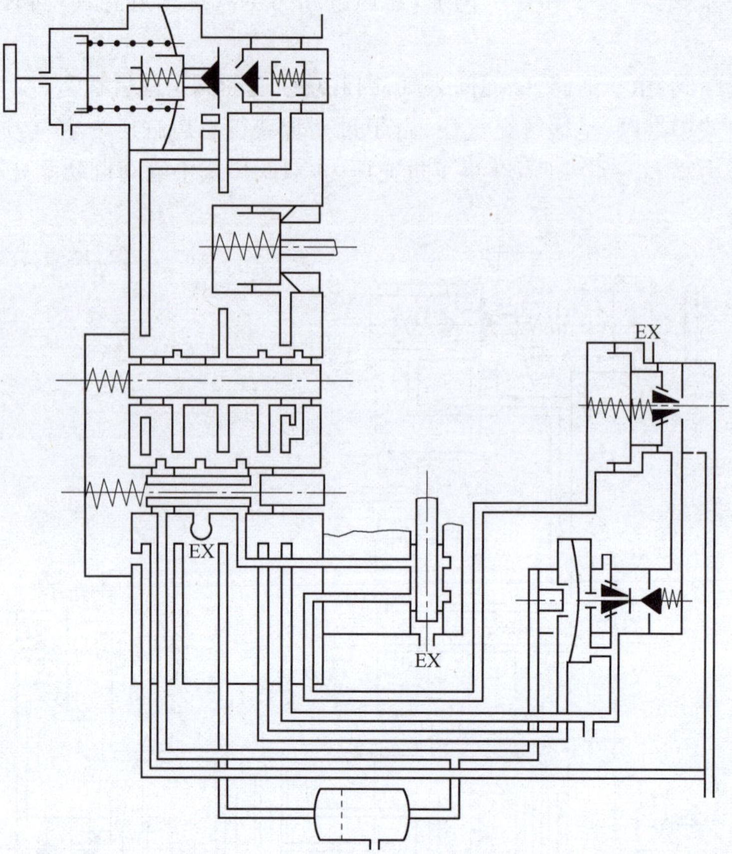

图 2-20　操纵端运转位示意

(3)自动制动阀手柄置制动区(图 2-21)

①调整阀:呈制动状态,均衡风缸降压量为调整阀凸轮降程量相对应的减压量时,自动呈制动后保压状态,均衡风缸停止降压。

②放风阀:呈关闭状态。

③重联柱塞阀:将管 1 和管 4 沟通,使中均管压力追随均衡风缸的压力变化。

④缓解柱塞阀:将过充管与大气相通,同时使总风缸管压力空气送入通路 8a。

⑤总风遮断阀:客货车转换阀置货车位时,总风缸压力空气经通路 8a 送入总风遮断阀管,呈关闭状态。

⑥双阀口式中继阀:呈制动位,列车管压力降至与均衡风缸压力相等时,呈制动保压位。

(4)自动制动阀手柄置过量减压位

此位置与制动区相同,不同之处是均衡风缸减压量增至 240～260 kPa,列车管减压量跟随增加。

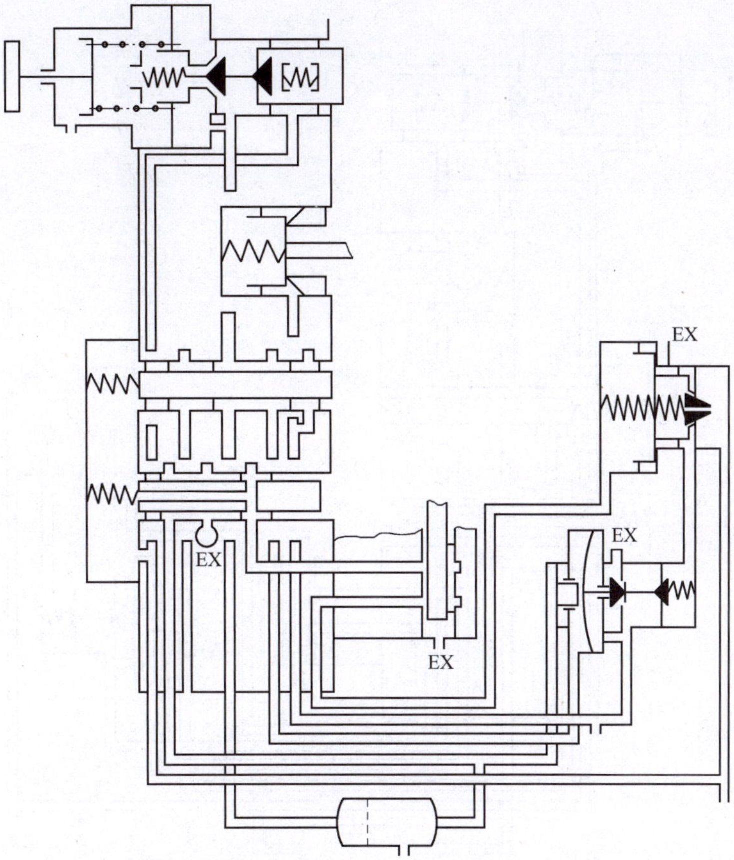

图 2-21　操纵端制动区示意

(5)自动制动阀手柄置手柄取出位(图 2-22)

此位置调整阀、放风阀、缓解柱塞阀和总风遮断阀与过量减压位相同,不同之处如下:

①重联柱塞阀:将中均管与列车管沟通。

②双阀口式中继阀:呈自锁状态,膜板活塞两侧压力平衡,自动制动阀失去对列车制动、缓解的控制作用。

(6)自动制动阀手柄置紧急制动位(图 2-23)

此位置调整阀、缓解柱塞阀、总风遮断阀和双阀口式中继阀均与手柄取出位作用相同,不同之处如下:

①放风阀:处于开放状态,可在 3 s 内将机车列车管压力空气自规定压力排至 0,列车迅速产生紧急制动作用。

②重联柱塞阀:除将中均管与列车管沟通,使中继阀继续自锁,防止膜板受剧烈拉伸损伤外,又将总风缸管与撒砂管沟通,实现机车的自动撒砂。

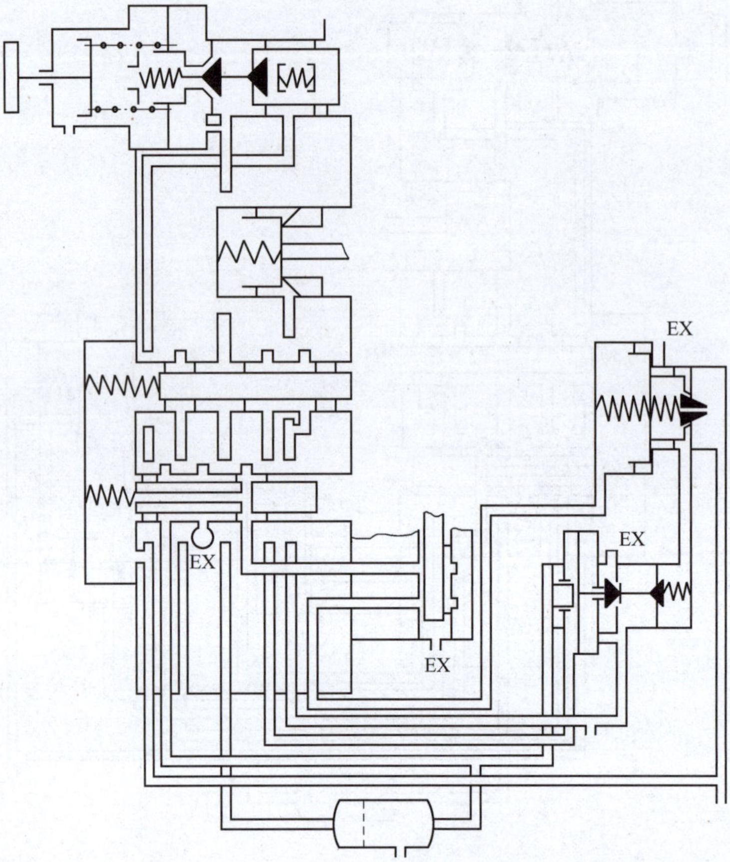

图 2-22　操纵端手柄取出位示意

2. 非操纵端

非操纵端自动制动阀手柄必须置手柄取出位，该端中继阀自锁，不影响操纵端自动制动阀手柄的正常操纵。

若自动制动阀手柄误置运转位，则中继阀不能自锁，总风遮断阀口呈开启状态，中继阀可随时向列车管充气，使其保持定压。若操纵端自动制动阀手柄置制动位，列车管将不能减压，列车无法制动。为避免这一危险，每台机车只配一套自动制动阀和单独制动阀手柄。

非操纵端自动制动阀的客货车转换阀须置于货车位，避免置于客车位造成总风遮断阀呈开启状态。

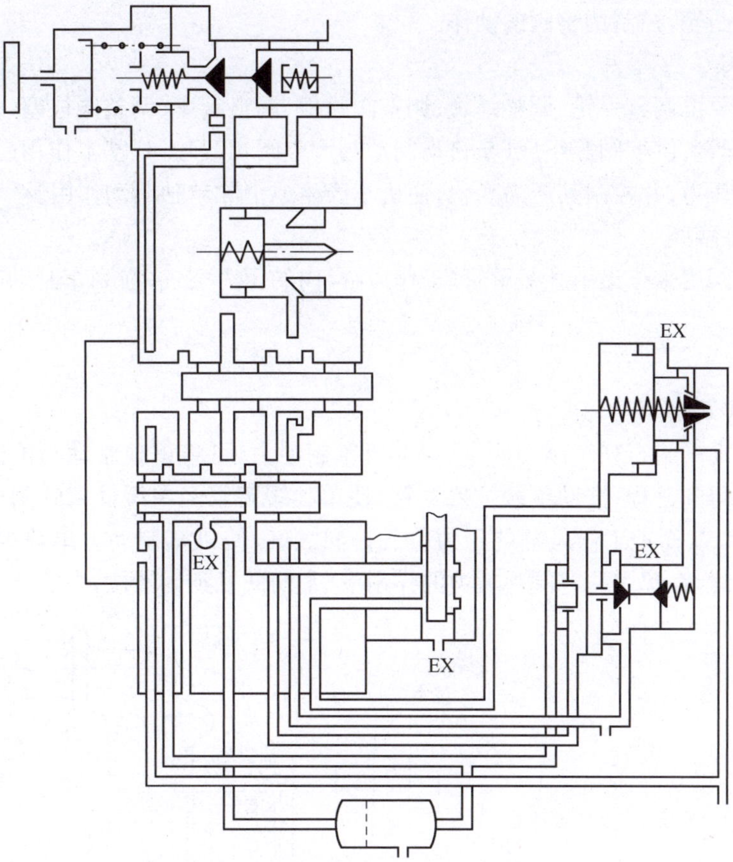

图 2-23　操纵端紧急制动位示意

2.2.3　单独制动阀和作用阀

2.2.3.1　单独制动阀

1. 组成和用途

单独制动阀用于机车的单独制动与缓解，具有自动保压功能，可操纵机车的阶段制动或阶段缓解，还可实现列车制动后机车的单独缓解。

单独制动阀有三个作用位置，即单独缓解位、运转位、全制动位。运转位到全制动位之间是制动区，手柄置单独缓解位时，受到复原弹簧的作用，只要松开手柄，其自动回到运转位。单独制动阀连接于自动制动阀的阀体上，与自动制动阀管座上的有关管路连接，单独制动阀上配有三条管路：总风缸管、单独缓解管（接工作风缸）、单独作用管（接变向阀）。

(1)手柄与凸轮

单独制动阀手柄装于转轴上端，由于盖板限制，手柄只能在运转位装入或取出，避免在非操纵端产生误动作。手柄转轴上设有 3 个凸轮：上部为缓解凸轮，控制单缓柱塞的动作；

中间为定位凸轮，与定位柱塞配合使用，可将制动区分成若干级，每级对应一个制动缸压力；下部为调整阀凸轮，控制调整阀的动作。

(2)调整阀

调整阀主要由调整手轮、调整弹簧、调整阀膜板、调整阀座、调整阀柱塞、排气阀弹簧、排气阀、供气阀弹簧、供气阀等组成(与自动制动阀调整阀相似)。其基本作用是调整单独作用管的最高充气压力，并控制其压力变化，使机车产生或消除单独制动作用。

(3)单缓柱塞阀

单缓柱塞阀用来排出单独缓解管(工作风缸)内的压力空气，在列车制动时，使机车产生单独缓解作用。

2. 作用位置

(1)单独缓解位

当自动制动阀施行列车制动后，欲缓解机车制动力，可将单独制动阀手柄推向单缓位，此时单缓凸轮得到升程，推动单缓柱塞左移，使单独缓解管经单缓柱塞的凹槽与大气相通，如图 2-24 所示，从而把工作风缸的压力空气排向大气，使机车制动力单独缓解。当松开单独制动阀手柄时，在单缓柱塞阀弹簧力的作用下，手柄恢复到运转位，中断单缓作用。

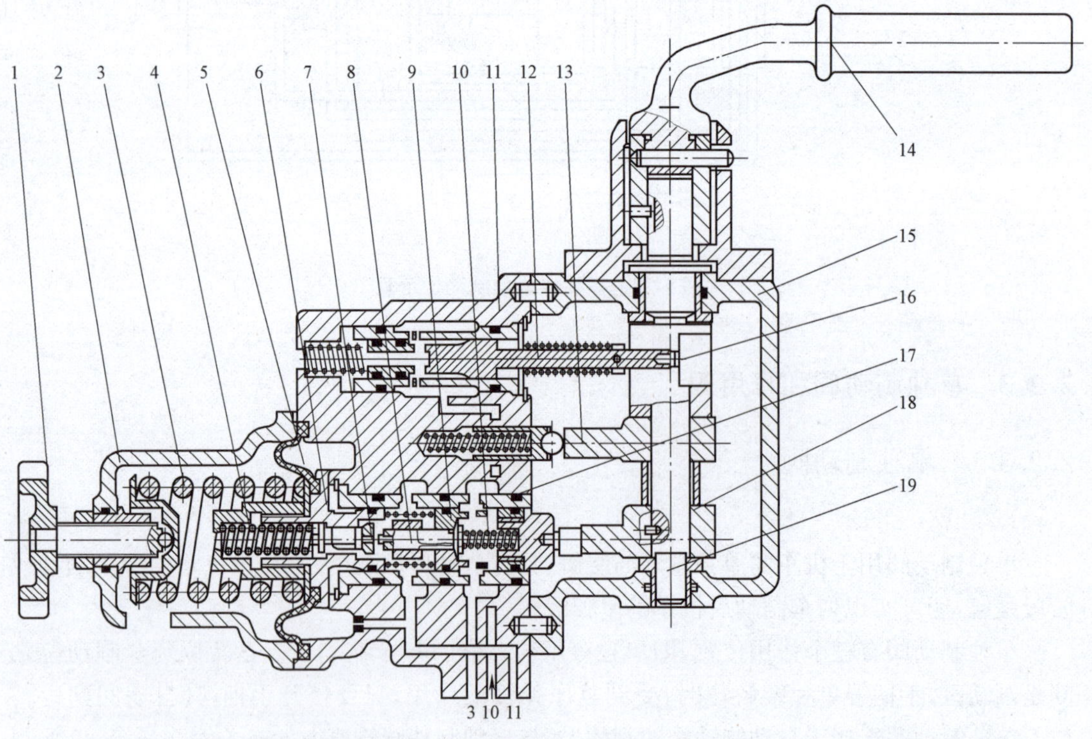

1—调整手轮；2—调整阀盖；3—调整弹簧；4—排气阀弹簧；5—调整阀膜板；6—调整阀座；7—排气阀；8—供气阀；9—调整阀柱塞；10—供气阀弹簧；11—阀体；12—单缓柱塞阀；13—定位凸轮；14—手柄；15—凸轮盒；16—单缓凸轮；17—O 形密封圈；18—调整阀凸轮；19—手柄转轴。

图 2-24　单独制动阀(单独缓解位)

(2)运转位

单独制动阀手柄置于运转位，调整阀凸轮得到一个降程。调整阀柱塞在单独作用管内的压力空气作用下处于右极端，使供气阀口处于关闭状态，排气阀在其弹簧力的作用下使排气阀口开启，单独作用管内的压力经排气阀口排向大气，机车制动得到缓解，如图 2-25 所示。此时，单缓柱塞阀无通路。

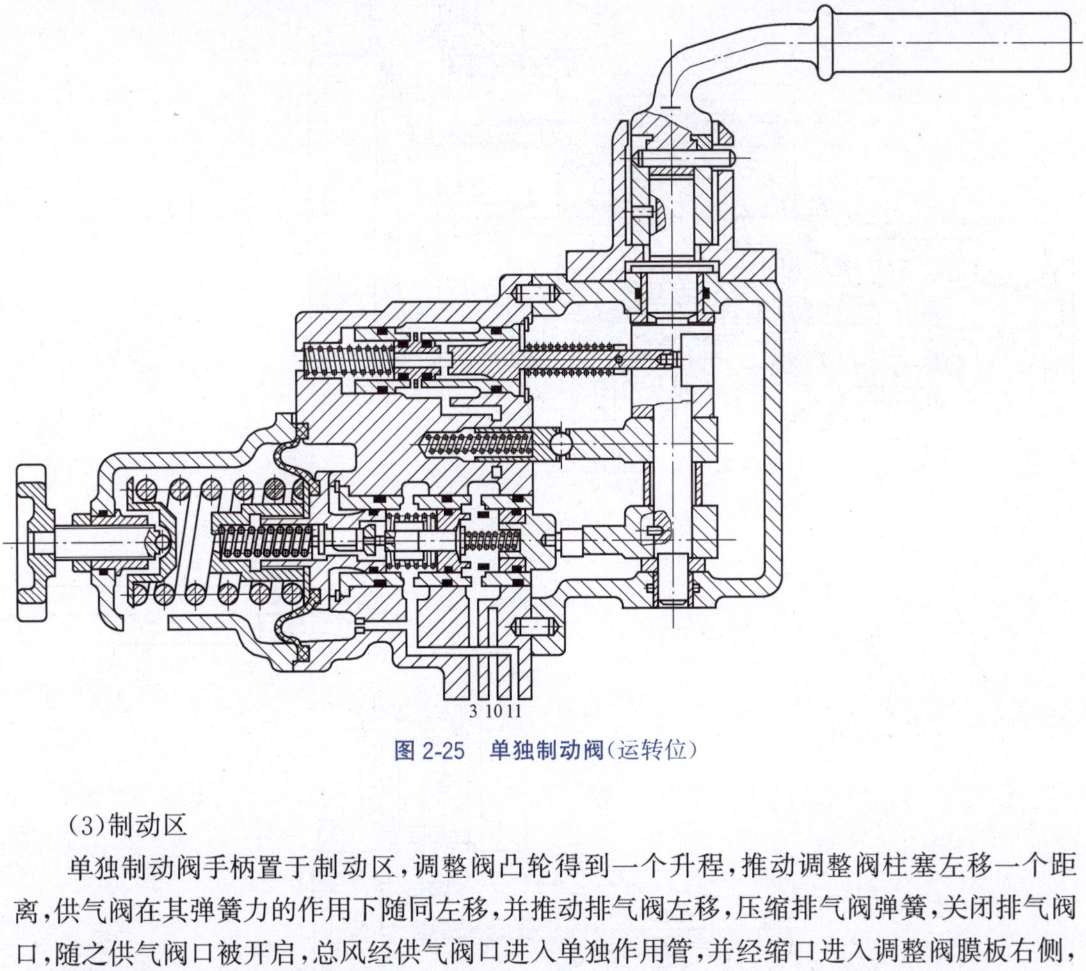

图 2-25　单独制动阀(运转位)

(3)制动区

单独制动阀手柄置于制动区，调整阀凸轮得到一个升程，推动调整阀柱塞左移一个距离，供气阀在其弹簧力的作用下随同左移，并推动排气阀左移，压缩排气阀弹簧，关闭排气阀口，随之供气阀口被开启，总风经供气阀口进入单独作用管，并经缩口进入调整阀膜板右侧，如图 2-26 所示。此时，单缓柱塞阀无通路。

当膜板右侧压力与左侧弹簧力达到平衡时，膜板与调整阀座停止移动，供气阀在其弹簧力作用下关闭供气阀口，此时，供气阀杆端部仍和排气阀顶部接触，排气阀仍处于关闭状态，单独作用管停止增压。当机车制动缸压力升至与单独作用管压力相等时，作用阀自动呈保压位，机车单独制动后形成保压，如图 2-27 所示。

若单独制动阀手柄在制动区阶段右移，机车可阶段制动；若单独制动阀手柄在制动区阶段左移，机车可阶段缓解。单独制动阀手柄移至全制动位，机车制动缸压力应为 300 kPa，该压力可通过调整手轮进行调整。

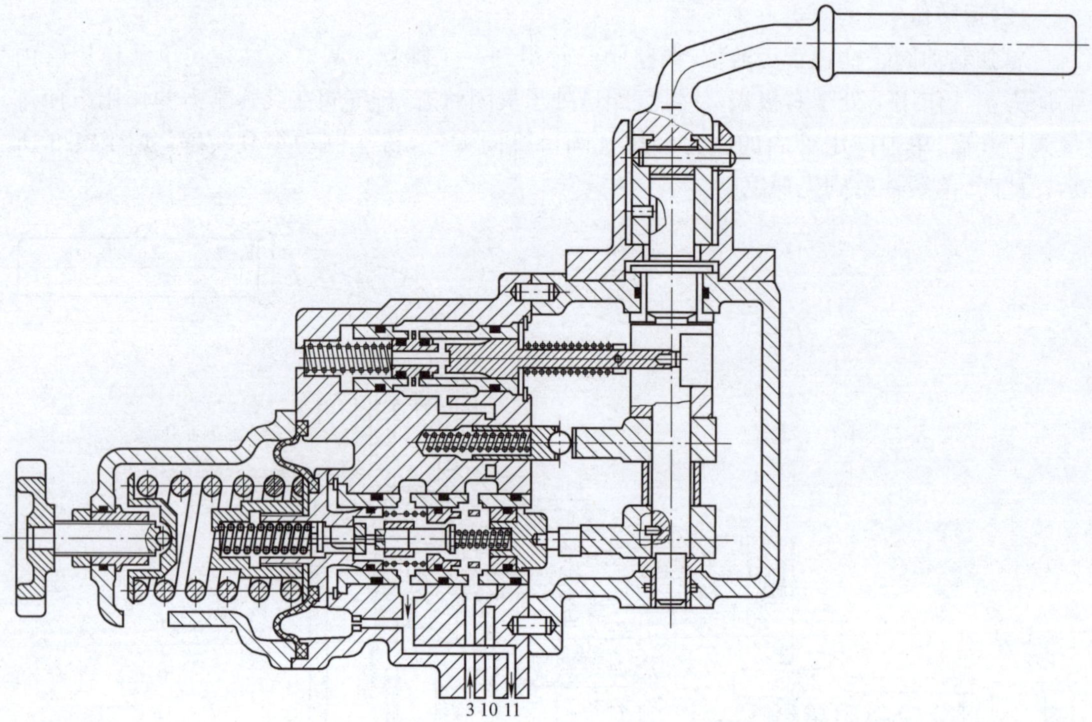

图 2-26　单独制动阀(制动区)

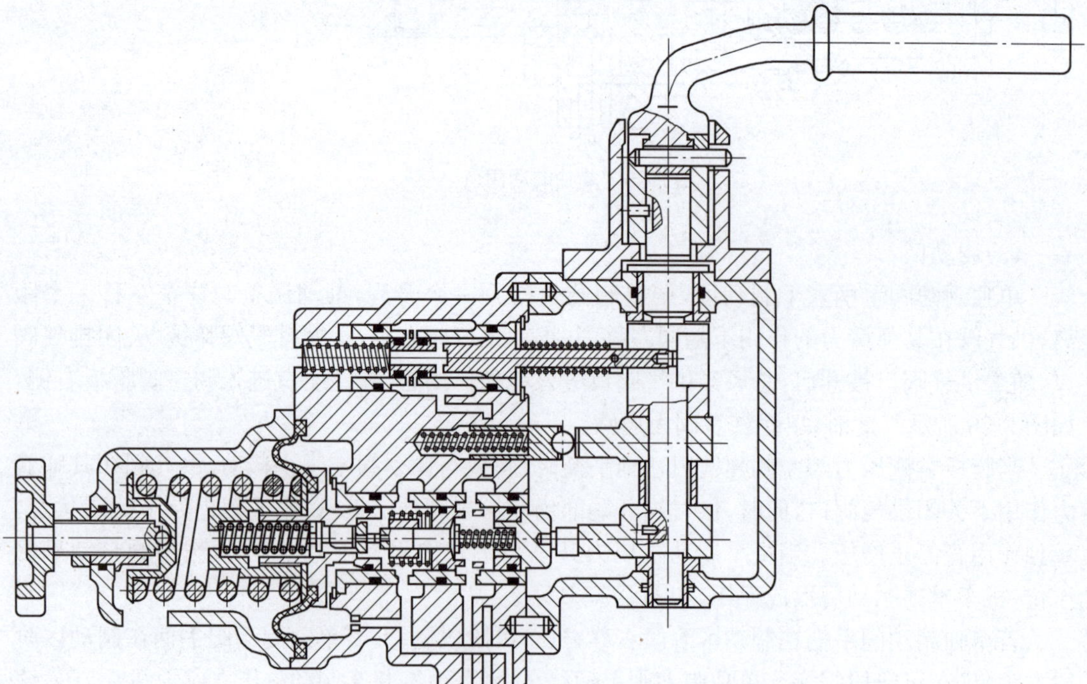

图 2-27　单独制动阀(制动后保压位)

2.2.3.2　作用阀

作用阀是根据作用风缸或单独作用管内空气压力的变化控制机车制动缸的充气或排气，使机车得到缓解、制动或保压作用。

1. 缓解位

作用活塞下方空气压力下降，作用活塞连同空心阀杆在缓解弹簧作用下向下移动，空心阀杆顶端离开供气阀，供气阀依靠其上部弹簧力与自重下移关闭供气阀口；空心阀杆下移使阀杆外周空腔经阀杆空心与排气阀连通，制动缸内的压力空气经制动缸管会同阀杆外周空腔经作用活塞上方压力空气，由作用阀排气口排向大气，机车缓解。当作用空心阀杆下方空气压力降至 0 时，机车完全缓解，如图 2-28 所示。

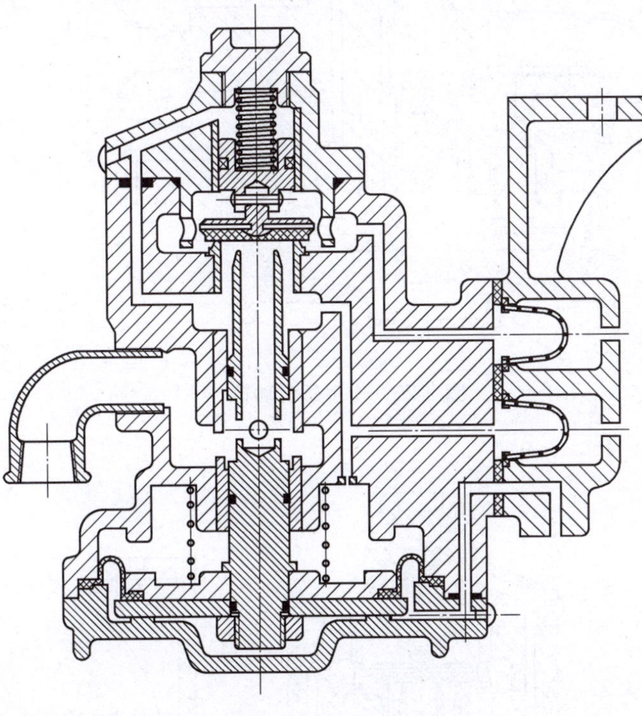

图 2-28　作用阀缓解位

2. 制动位

当单独作用管或作用风缸管充入一定的压力空气时，作用活塞下方增压，推动作用活塞连同空心阀杆上移。当空心阀杆顶端与供气阀底面紧贴时，排气口首先关闭，空心阀杆继续上移。当克服供气阀上部弹簧力时，供气阀被顶起离开阀座，供气阀口开启，总风缸管的压力空气经供气阀口向制动缸充气，机车制动，如图 2-29 所示。

3. 保压位

当制动缸与作用活塞上方压力上升到与作用活塞下方的压力逐渐平衡时，作用活塞在供气阀弹簧及缓解弹簧的共同作用下向下移动，供气阀口开度逐渐减小，直至作用活塞上下压力平衡，供气阀口关闭。此时空心阀杆顶面仍和供气阀底面紧密接触，排气口也未开启，制动缸停止增压，机车保持制动状态，如图 2-30 所示。

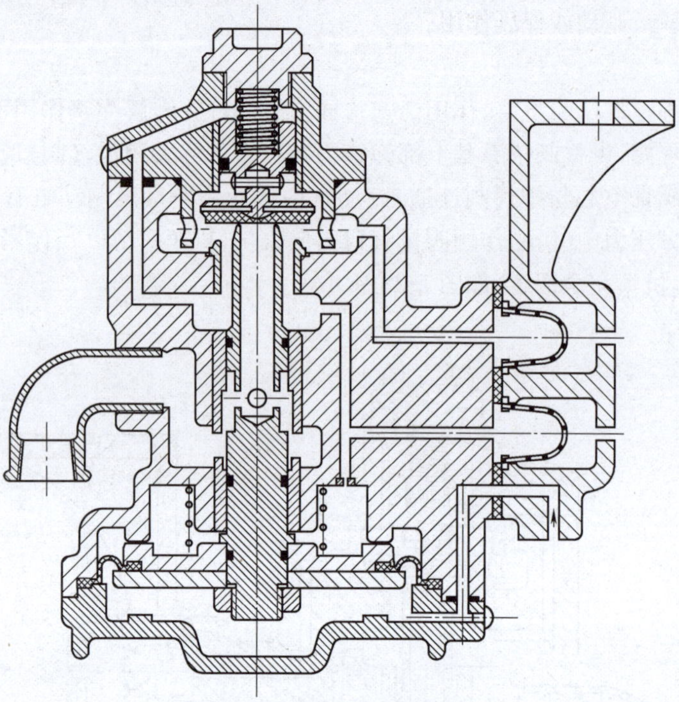

图 2-29　作用阀制动位

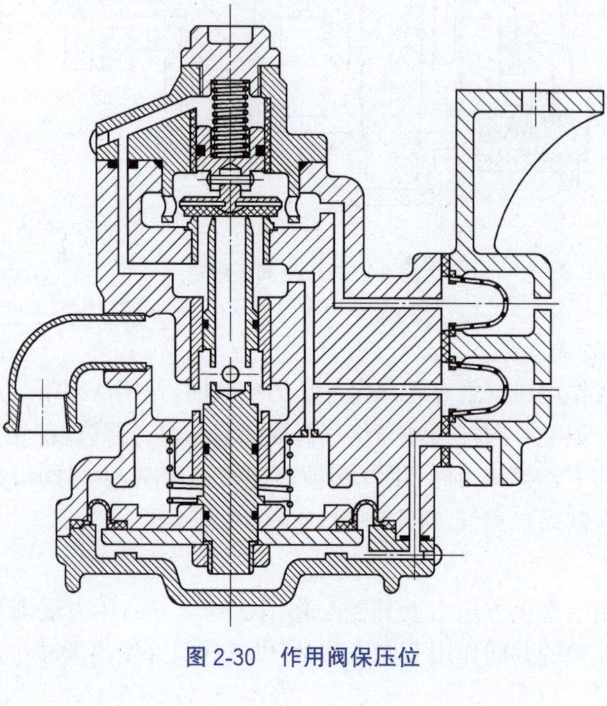

图 2-30　作用阀保压位

JZ-7 型空气制动装置为了实现单独制动阀、自动制动阀对机车制动装置(作用阀)的互锁控制,设有作用风缸管变向阀,通过来自单独作用管或作用风缸管的压力空气使阀内柱塞向无压力空气端移动,自动实现自动制动阀或单独制动阀对作用阀的控制;为了实现机车两端单独制动阀对作用阀的互锁控制,通过单独作用管变向阀阀内柱塞向无压力空气端移动,自动实现操纵端单独制动阀对作用阀的控制,如图 2-31 所示。

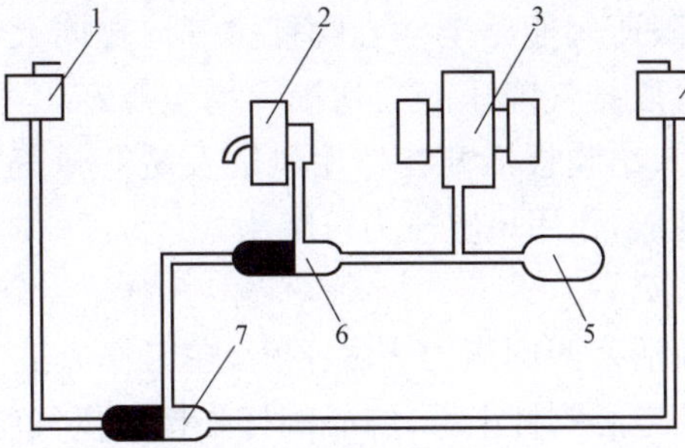

1、4—单独制动阀;2—作用阀;3—分配阀;5—作用风缸;
6—作用风缸管变向阀;7—单独作用管变向阀。

图 2-31　变向阀作用示意

2.2.4　分配阀

JZ-7 型空气分配阀是 JZ-7 型空气制动装置的重要部件(也称 F7 分配阀)与客车 F8 分配阀结构原理相似,具体结构原理不再作详细说明(参照 6.2 节中 F8 分配阀的作用原理)。

F7 分配阀根据列车管内空气的压力变化来控制作用风缸的充气和排气,并通过变向阀、作用阀的作用实现机车的制动、保压或缓解。

这里作用风缸相当于客车制动装置的制动缸或者客车空重车阀的先导风缸。

F7 分配阀由主阀部、副阀部、紧急放风阀等组成,另外还附设 4 个风缸。其中工作风缸控制主阀的动作,降压风缸控制副阀的动作,紧急风缸控制紧急放风阀的动作,作用风缸控制主阀和作用阀的动作。

2.2.4.1　主阀部

F7 分配阀的主要作用依靠主阀部完成。主阀部由主阀、工作风缸充气止回阀、常用限压阀和紧急限压阀组成。

1. 主阀

主阀用于机车本身的制动、保压与缓解作用,主要由大膜板活塞、小膜板活塞、空心阀杆及供气阀等部件组成。

主阀属于三压力机构阀,大膜板活塞上方是列车管压力,下方是工作风缸压力,与 F8 分配阀相同;小膜板活塞上方是作用风缸压力(F8 分配阀是制动缸压力),小膜板活塞下方通向大气,主阀各运动部件受这三者压力差的控制而产生联动,总风通向供气阀室,制动时向作用风缸充气，再通过作用阀的作用风缸压力打开总风缸，通机车制动缸的通路实现机车制动作用(F8 分配阀是直接向制动缸充气)。

根据列车管压力变化，主阀有如下三个作用位置：

(1)缓解位

当列车管增压时，大膜板活塞上侧压力增高而促使大膜板向下移动，小膜板活塞在作用风缸压力及缓解弹簧力的作用下带动空心阀杆一起下移，空心阀杆脱离供气阀，开启排气口。作用风缸的压力空气经限压阀通路至空心阀杆排气口排向大气，形成缓解作用。若列车管阶段增压，作用风缸可阶段排气降压。当列车管增至规定压力即与工作风缸压力相等时，大膜板活塞上下压力平衡，小膜板活塞在作用风缸及缓解弹簧力的作用下，膜板活塞处于下极端位置，排气口始终开放，作用风缸压力可降为 0。

(2)制动位

当列车管减压时，大膜板活塞两侧压力失去平衡，在工作风缸空气压力作用下，大膜板活塞推动顶杆、小膜板活塞及空心阀杆上移，空心阀杆先接触供气阀，关闭排气口，继而克服供气阀弹簧力，顶开供气阀。总风一路经供气阀口、限压阀通路向作用风缸充气，并经缩口向小膜板活塞上侧充气，另一路经暗道进入平衡室，形成制动作用。

(3)保压位

作用风缸增压的同时，小膜板上方也同时增压，当作用风缸压力增至与列车管减压量相适应时，形成上下压力平衡，供气阀在其弹簧力作用下，使空心阀杆及膜板活塞下移，关闭供气阀口，空心阀杆仍与供气阀接触，排气口仍关闭，呈制动后保压状态。

2. 工作风缸充气止回阀

工作风缸充气止回阀控制列车管向工作风缸单向充气。当缓解充气时，列车管压力空气经止回阀向工作风缸充气；当列车管减压时，可防止工作风缸内压力空气向列车管逆流，避免产生不制动或制动力不成比例的现象。

3. 常用限压阀

在常用全制动位时，通过限制作用风缸压力在 420～450 kPa，从而限制机车制动缸压力(避免滑行)。

来自主阀供气阀口的总风，通过柱塞限压阀凹槽，进入作用风缸和限压阀下部，常用限压阀呈正常状态；当作用风缸的空气压力上升到限压弹簧调定的压力值时，柱塞限压阀上移，切断总风通往作用风缸通路(F8 分配阀的限压阀是切断副风缸通制动缸的通路)，作用风缸压力停止上升(F8 分配阀是制动缸压力停止上升)，常用限压阀呈限压状态。

4. 紧急限压阀

紧急限压阀的作用有两点：一是紧急制动时，限制作用风缸压力不超过 450 kPa；二是主阀形成缓解位时，提供一条使作用风缸排气的通路，保证常用限压阀由限压状态自动转换为正常状态，使作用风缸的缓解得以实现。

紧急限压阀有如下四种工作状态：

(1)制动状态

当施行紧急制动时,柱塞活塞大直径下部的列车管压力空气迅速降低,柱塞活塞在限压弹簧力的作用下迅速下移,柱塞活塞顶杆顶开止阀,开放阀口,从主阀供气阀口来的总风经止阀口向作用风缸充气,呈制动状态。

(2)限压状态

当作用风缸的压力上升到紧急制动所规定的压力 450 kPa 时,在作用风缸空气压力作用下,柱塞活塞克服限压弹簧力而上移,顶杆脱离止阀,止阀在下部弹簧力的推动下上移,阀口关闭,总风停止向作用风缸充气,呈限压状态。

(3)正在缓解状态

当紧急制动缓解时,主阀排气口开启。由于常用限压阀已呈限压状态,作用风缸的压力空气不能直接经过常用限压阀通往主阀空心阀杆排气口排向大气。此时紧急限压阀套下部及止阀周围已不是总风,由于主阀呈缓解位而与大气相通。因此止阀上方的作用风缸的空气压力顶开止阀,使作用风缸内的压力空气经止阀口至主阀空心阀杆排气口通向大气,为作用风缸压力空气排向大气提供了通路,呈正在缓解状态。

当作用风缸压力下降至低于常用限压阀限制压力时,常用限压阀便由限压状态自动转换为正常状态,作用风缸压力空气可同时经过常用限压阀柱塞凹槽的连通,由主阀空心阀杆排气口排向大气。

(4)缓解状态

紧急限压阀止阀直到作用风缸压力降低至低于止阀弹簧力时,止阀口才关闭,呈缓解状态。而作用风缸剩余压力空气,只能经过常用限压阀柱塞凹槽由主阀空心阀杆排气口排向大气。

2.2.4.2　副阀部

副阀部的主要作用如下:

(1)消除工作风缸及降压风缸的过充压力。当自动制动阀手柄由过充位移至运转位后,使工作风缸及降压风缸的过充压力由原充气通路回流到列车管,随列车管过充压力一起缓慢自动消除。

(2)加快主阀缓解速度。主阀是三压力机构,要使机车完全缓解,通过副阀将主阀大膜板上下两侧沟通,使其成为一次缓解型,在阶段缓解时,使工作风缸压力空气降一部分到降压风缸,提高主阀缓解速度。

(3)初制动时,能使列车管起局减作用。即使机车连挂于列车尾部无动力回送及后部的车辆,在本务机车施行小量减压时,均能起制动作用。

副阀部主要由副阀、充气阀、保持阀和局减止回阀等组成。

1. 副阀

副阀有四个作用:控制降压风缸的充气或排气;初制动时,使列车管起局减作用;与转换盖板配合使制动装置产生一次缓解或阶段缓解作用;当自动制动阀手柄由过充位移回运转位后,使工作风缸及降压风缸的过充压力由原充气通路逆流到列车管从而自动消除。

2. 充气阀

充气阀有三个作用：使工作风缸及降压风缸获得过充压力空气，能逆流至列车管并自动缓慢地加以消除；初制动时可使副阀起局减作用；阶段缓解时防止工作风缸压力空气向列车管逆流。

3. 保持阀

保持阀的作用是当施行常用全制动、过量减压或紧急制动时，能使降压风缸空气压力保持在 280～340 kPa，使其与后部车辆制动装置的副风缸在全制动位后的压力大致保持一致，提高机车车辆缓解再充气时的一致性。

4. 局减止回阀

局减止回阀和工作风缸充气止回阀作用相同，再制动时，可防止局减室压力空气向列车管逆流，避免引起副阀的自然缓解。

2.2.4.3 紧急放风阀

紧急放风阀的作用是紧急制动时，将列车管压力空气迅速排向大气，提高紧急制动波速，达到紧急制动的目的。紧急放风阀同样有三个作用位置。

1. 充气缓解位

列车管压力空气充入紧急膜板活塞上侧，通过充气限制堵到紧急风缸和紧急膜板活塞下侧，膜板活塞处于下端位置，没有通路。

2. 常用制动位

常用制动减压时，紧急膜板活塞两侧形成一定的压力差，使紧急活塞及柱塞杆一起上移，压缩复原弹簧至柱塞杆顶部触头与放风阀接触时为止，放风阀仍处于关闭状态。此时紧急风缸压力空气一方面由充气限制堵向列车管逆流，另一方面则经柱塞杆凹槽至第一排风限制堵排向大气。由于两个风堵的限制，紧急风缸降压速度与列车管常用减压速度几乎相等，活塞处于相对安定状态。

3. 紧急制动位

紧急制动时，由于列车管压力空气经自动制动阀的放风阀迅速排向大气，紧急活塞上侧列车管压力急剧下降，造成紧急活塞上、下两侧压差较大，活塞及柱塞杆迅速上移顶开放风阀，列车管压力空气又经此放风阀迅速排向大气，提高紧急制动波速，达到紧急制动的目的。紧急风缸的压力空气除经充风限制堵向列车管逆流外，还经第一排风限制堵和第二排风限制堵排向大气。当紧急风缸压力小于放风阀弹簧力时，放风阀关闭，紧急放风阀恢复到常用制动位。由于其压力继续下降，借助复原弹簧作用力，活塞及柱塞杆也下移至极端，关闭紧急风缸经两个缩口堵排向大气的通路，紧急放风阀恢复到充气缓解位状态。

2.3　综合作用

2.3.1　自动制动阀的综合作用

单独制动阀手柄在运转位时，自动制动阀在各个位置的综合作用如下：

1. 过充位

该位置在初充气或再充气时使用。需要迅速向列车管充气时，可促使列车快速缓解；与运转位不同之处是，使列车管获得过充压力，以提高列车管的充气速度。

(1)自动制动阀

调整阀呈充气状态，供气阀开启，排气阀关闭，总风缸压力空气经供气阀向均衡风缸及膜板活塞右侧充气，当达到定压时，自动呈充气后的保压状态。

重联柱塞阀将均衡风缸管与中均管连通。

缓解柱塞阀将总风遮断阀管经客货车转换阀和缓解柱塞阀凹槽与大气连通，并使总风缸管经缓解柱塞尾端与过充管和过充风缸连通。

(2)中继阀

因总风遮断阀管通向大气，总风遮断阀口开启，总风缸压缩空气可进入双阀口式中继阀的供气阀室。中均管使中均室同时增压，双阀口式中继阀呈缓解充气位，满足列车管充气增压的必要条件，列车管增压；因过充管获得总风缸压力空气，使过充柱塞作用在中继阀膜板柱塞左侧，列车管获得比定压高出 30～40 kPa 的过充压力，双阀口式中继阀由缓解充气位自动转换为缓解后保压位。列车管迅速增压，车辆迅速缓解。

(3)分配阀

由于列车管增压，主阀、副阀、紧急放风阀均处于缓解位，列车管向工作风缸、降压风缸、紧急风缸及各气室充气，均充到比定压高 30～40 kPa 的压力空气。作用风缸压力空气经过常用限压阀、紧急限压阀及主阀空心阀杆排气口排向大气，最终分配阀各部处于缓解充气位。

(4)作用阀

因作用风缸压力下降，作用阀呈缓解位，机车制动缸压力空气由作用阀排气口排向大气，机车缓解，最终可缓解到 0。

2. 运转位

该位置在列车缓解再充气及正常运行状态时使用。与过充位基本相同，不同之处如下：

(1)自动制动阀

缓解柱塞阀遮断总风缸压力空气经柱塞尾端向过充管和过充风缸充气的通路，过充风缸内的压力空气经本身的小孔排向大气。

(2)中继阀

由于过充风缸内的压力空气逐渐消失，使过充柱塞作用在中继阀膜板柱塞左侧的附加力逐渐减小，中继阀膜板活塞两侧压力失去平衡，带动顶杆左移，开启排气口，列车管内的过充压力由排气口缓慢排出，待列车管恢复定压时，中继阀又自动呈缓解后的保压位。由于此过程是在过充风缸控制下进行的，不会引起自然制动。

(3)分配阀

工作风缸及降压风缸的过充压力经副阀部的原充气通路逆流到列车管消除，紧急风缸的过充压力由原充气通路经充气限制堵逆流到列车管消除，各气室的过充压力也随之消失。

3. 常用制动区

该位置在列车运行中正常停车或调速时使用。常用制动区设有最小减压量和最大减压量位置，在两位置之间随着手柄移动的位置不同，列车管可得到相应的减压量。

(1)自动制动阀

调整阀处于制动状态。均衡风缸和膜板活塞右侧的压力空气经排气阀口排向大气，待膜板活塞两侧压力平衡时，调整阀呈制动后的保压状态。重联柱塞阀仍连通均衡风缸管和中均管。缓解柱塞阀将总风遮断阀管经客货车转换阀与总风缸管连通，柱塞凹槽将过充管与大气连通，防止过充柱塞左侧空气影响制动。

(2)中继阀

由于总风经缓解柱塞阀、客货车转换阀(货车位)通向总风遮断阀套弹簧侧，使总风遮断阀呈关闭状态。由于均衡风缸减压，中继阀膜板活塞左侧中均室压力降低，在列车管及膜板活塞右侧的压力空气推动下打开排气阀口排气，其减压量与均衡风缸减压量相同。待膜板活塞两侧压力平衡后，自动呈中立位停止排风。

(3)分配阀

副阀呈制动位，列车管产生局减作用，使主阀动作可靠，同时提高常用制动波速，缓和制动时引起的冲动。降压风缸压力空气经保持阀排向大气，降至与列车管等压时，副阀自动呈保压位。主阀呈制动位，总风缸压力空气由主阀供气阀口经过常用限压阀充入作用风缸，其压力增至与列车管减压量相适应时，主阀自动转换为保压位，作用风缸停止增压。当作用风缸压力增至 24 kPa 以上时，充气阀由缓解位转换为作用位，局减作用停止。追加减压时，局减止回阀可防止局减室压力空气向列车管逆流。作用风缸增压达常用限压值时，常用限压阀自动呈限压状态，此时主阀即使呈制动位，作用风缸也不能继续增压。

(4)作用阀

因作用风缸增压而呈制动位，总风缸可向机车制动缸充气，机车制动；当制动缸增压至与作用风缸等压时，作用阀自动呈保压位，制动缸停止增压，机车保持制动。

制动后，工作风缸没有降压，仍保持规定压力。均衡风缸、列车管、降压风缸及紧急风缸均排出相应的压力空气，降压后压力相同。作用风缸及机车制动缸均获得充气。

若自动制动阀手柄在制动区分阶段右移，均衡风缸阶段降压，中继阀、分配阀、作用阀的作用也阶段控制，列车就产生阶段制动作用。

4. 过量减压位

该位置在由于制动频繁或制动后不久，列车管和车辆副风缸还没有恢复定压又需要制动时使用。过量减压位与常用制动区基本相同，唯一不同之处是调整阀柱塞向右移动的量比常用制动区大，因此均衡风缸与列车管的减压量自 170 kPa 增大为 240～260 kPa。

5. 手柄取出位

该位置在重联机车、无动力回送机车及本务机车非操纵端时使用。

(1)自动制动阀

调整阀的作用与过量减压位相同,均衡风缸的减压量仍为240～260 kPa,重联柱塞阀遮断均衡风缸管与中均管的通路,使均衡风缸风压变化不影响中均管,自动制动阀不能操纵中继阀及列车。连通中均管与列车管的通路后,中继阀将自锁,防止误动作。

(2)中继阀

由于中均管与列车管连通,双阀口式中继阀膜板活塞两侧相通,失去对列车管的充、排气控制能力,处于自锁状态,不能操纵列车。

6. 紧急制动位

该位置在列车运行中遇有紧急情况需要立即停车时使用。

(1)自动制动阀

调整阀、缓解柱塞阀与过量减压位相同。

重联柱塞阀柱塞凹槽连通中均管与列车管时中继阀自锁;柱塞尾端还连通总风与撒砂管,实现机车的自动撒砂。放风阀此时迅速开启,列车管压力空气直接由放风阀口迅速排向大气。单机时,列车管压力空气在3 s内排至0。

(2)中继阀

紧急制动位时,中继阀仍处于自锁状态。

(3)分配阀

由于列车管压力迅速下降,紧急放风阀呈紧急制动位,列车管进一步加速减压。副阀呈制动位,开启局减通路和降压风缸经保持阀排向大气的通路。在保持阀弹簧的作用下,降压风缸压力可保持在340 kPa(列车管定压600 kPa)。

主阀呈制动位,总风经排气阀口、常用限压阀、紧急限压阀向作用风缸等处充气。当作用风缸压力上升到24 kPa时,充气阀由缓解位上移到作用位。当作用风缸压力达到常用限压阀的调定压力时,常用限压阀呈限压状态,关闭充气通路。此时由于列车管迅速减压,紧急限压阀呈开放状态,由供气阀口来的总风经紧急限压阀止阀口继续向作用风缸等处充气增压。当作用风缸压力达到450 kPa时,紧急限压阀呈限压状态停止增压。

(4)作用阀

由于作用风缸迅速增压呈制动位,总风经供气阀口向制动缸和膜板活塞上方充气。待制动缸压力达到450 kPa时,膜板活塞两侧压力平衡呈中立位,停止充气并保压。

2.3.2　单独制动阀的综合作用

单独制动阀的综合作用是指自动制动阀手柄在运转位,操纵单独制动阀的各项性能。运转位是机车单独制动后缓解或运行状态时使用的位置。

1. 单独制动阀

当单独制动阀手柄由制动区移至运转位时,调整阀处于缓解状态,排气阀开启。作用阀膜板活塞下侧室的压力空气经作用阀管、作用风缸管变向阀、单独作用管变向阀、单独作用管，与调整阀膜板右侧室的压力空气经排气阀口排向大气。

2. 作用阀

由于膜板活塞下侧室的压力空气排向大气，作用阀呈缓解位。制动缸及膜板活塞上方压力空气经作用阀排气口排向大气，机车制动得到完全缓解。

若单独制动阀手柄在制动区阶段右移，总风经调整阀向单独作用管阶段充气，单独作用管阶段增压，使作用阀在制动位和中立位之间重复动作，总风向制动缸阶段充气实现阶段制动。单独制动阀手柄在全制动位，制动缸的最高压力规定为 300 kPa。

若单独制动阀手柄在制动区阶段左移，单独作用管的压力空气经调整阀阶段排向大气，单独作用管阶段减压，使作用阀在缓解位和中立位之间重复动作，制动缸的压力空气经作用阀阶段排向大气，实现阶段缓解。

2.3.3 自动制动阀和单独制动阀的联合作用

1. 自动制动阀手柄在制动区，单独制动阀手柄在单独缓解位

此位置用于调节列车运行速度，列车制动后缓解机车制动。

(1)单独制动阀

单缓柱塞使单独缓解管与大气相通，将工作风缸及主阀大膜板活塞下方的压力空气经单独缓解管及单缓柱塞阀排气口排向大气。

(2)分配阀

由于主阀大膜板下方减压，主阀呈缓解位，排气口开启，作用风缸及作用阀膜板活塞下方的压力空气经过常用限压阀，由主阀空心阀杆排气口排向大气。

(3)作用阀

由于作用阀膜板活塞下方减压，作用阀呈缓解位，机车制动缸及膜板活塞上方压力空气经作用阀空心阀杆排气口排向大气。机车制动得到单独缓解。

操纵工作风缸压力降至与列车管等压时，即可将单独制动阀手柄移回运转位。若工作风缸压力继续下降，工作风缸充气止回阀口就会开启，列车管压力空气由单缓柱塞阀排向大气。因此列车制动后操纵机车单独缓解时，只要使工作风缸压力降至与列车管等压即可，切不可将单独制动阀手柄在单独缓解位停留时间过长。

此外，列车施行常用制动后，副阀呈制动后保压位，充气阀呈作用位，局减室排气通路被充气阀切断。此时若将手柄推单独缓解位，待制动缸压力完全缓解后松开手柄，副阀作用位置未变，但充气阀已呈缓解位，列车管将产生局减作用，相当于增大列车管的减压量，因此不允许将机车制动装置完全缓解。

自动制动阀施行紧急制动后，再操纵机车的单独缓解，需将单独制动阀手柄推向单缓位，并经 12～15 s 后，主阀才能开始缓解，这一时间称“空排时间”，机车制动缸压力单独缓解至 35 kPa 的时间为 20～28 s。

2. 自动制动阀手柄在运转位，单独制动阀手柄在制动区

单机运行或调车作业(不接风管)需减速或停车时或机车单独制动时，均使用此位置。

(1)单独制动阀

单独制动阀呈单独制动位，单独作用管增压，其压力增至与调整阀凸轮升程量相适应时，自动转换为保压位，单独作用管停止增压。

(2)作用阀

因单独作用管增压，单独作用管变向阀柱塞切断分配阀与作用阀间的联系，故作用阀在单独作用管压力空气的控制下呈制动位，制动缸增压，机车制动。制动缸压力增至与单独作用管等压时，作用阀自动转换为保压位，制动缸停止增压，机车保持制动。

若单独制动阀手柄在制动区阶段右移，机车可得到阶段制动作用，右移至制动位时，机车制动缸达最高压力 300 kPa；若单独制动阀手柄在制动区阶段左移，机车可得到阶段缓解作用，左移至运转位时，机车方可安全缓解。

思　考　题

1. 简述均衡风缸开始减压至机车制动作用产生的流程。
2. 简述设置均衡风缸的原因。
3. 以充气位为例简述中继阀的作用原理。
4. 简述单独制动阀单缓的作用原理。

第3章 DK-1型电空制动装置

DK-1 型电空制动装置是国产 SS 系列电力机车的主型制动装置。其与 JZ-7 型空气制动装置的最大区别就是以电信号作为指令、压力空气作为动力源，依靠电磁阀的动作打开或关闭相应的压力空气通路。本章着重介绍 SS_{4G} 型、SS_9 型电力机车制动装置的组成、作用原理，以及常见故障处理。由于机车 109 型分配阀与客车 104 型分配阀相似，不再赘述。

3.1 概　　述

DK-1 型电空制动装置由安装在车内的电空制动控制屏、中继阀、分配阀、电动放风阀、紧急阀，以及均衡风缸、过充风缸、初制动风缸、工作风缸等组成，如图 3-1 所示。

DK-1 型电空制动装置主控系统包括安装在司机室的电空制动控制器和空气制动阀，主要功能是使机车和车辆产生制动、保压和缓解作用。

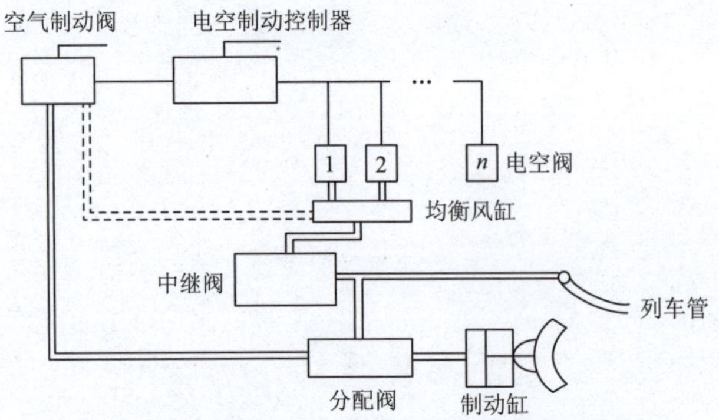

图中：单线为电路，双线为管路，双虚线为空气位控制管路。

图 3-1　DK-1 型电空制动装置组成示意

3.1.1　主控系统的分类

主控系统的零部件按作用原理可分为控制、中继、执行三部分。

(1)控制部分主要包括电空制动控制器、空气制动阀、电空阀、调压阀等，其用来控制均衡风缸压力。

(2)中继部分包括均衡风缸和中继阀，用来控制列车管压力(与 JZ-7 型相似)。

(3)执行部分包括 109 型分配阀、电动放风阀和紧急阀，用来控制制动缸压力。

3.1.2　组成部件及气路电路(图 3-2、图 3-3)

图 3-2　DK-1 型电空制动装置组成部件

1. 各层部件

(1)底层安装控制风缸及工作风缸,其前部则配接控制管路系统的 2 个止回阀、2 个调压阀及塞门等。

(2)下层中央安装分配阀,左侧安装紧急阀、电动放风阀与保护电空阀,而右侧上部则安装重联阀。

(3)上层右侧为电空制动屏和接线盒,左侧为逻辑控制单元、压力传感器、显示控制风缸和辅助风缸压力的双针压力表等;下方前侧为压力控制器,下方后侧则为均衡—过充风缸。

(4)顶层左侧为辅助风缸,右侧为辅助压缩机组。各种塞门及管路附件本着便于操作及检修原则穿插布置于屏柜内部。

2. 司机操纵台

(1)电空制动控制器(与 JZ-7 自动制动阀相似):用来控制全列车的制动与缓解。

(2)空气制动阀(与 JZ-7 单独制动阀相似):在正常情况下,空气制动阀用来单独控制机车的制动与缓解。但是如果电控部分出现故障,空气制动阀也可方便地控制全列车的制动与缓解。

(3)压力表:设置两块双针压力表和一块单针压力表,分别显示总风缸、均衡风缸、列车管及Ⅰ、Ⅱ端制动缸的压力。

(4)充气及消除按钮:在开车前或运行中,为检查列车管折角塞门是否开通而设置。

3. 副司机操纵台

(1)紧急停车按钮:设在副司机操纵台仪表架上,当副司机发现有危及行车及人身安全的情况,又来不及告知司机时,可直接按下紧急停车按钮,使停车中间继电器得电,从而使电动放风阀动作,产生紧急制动停车。

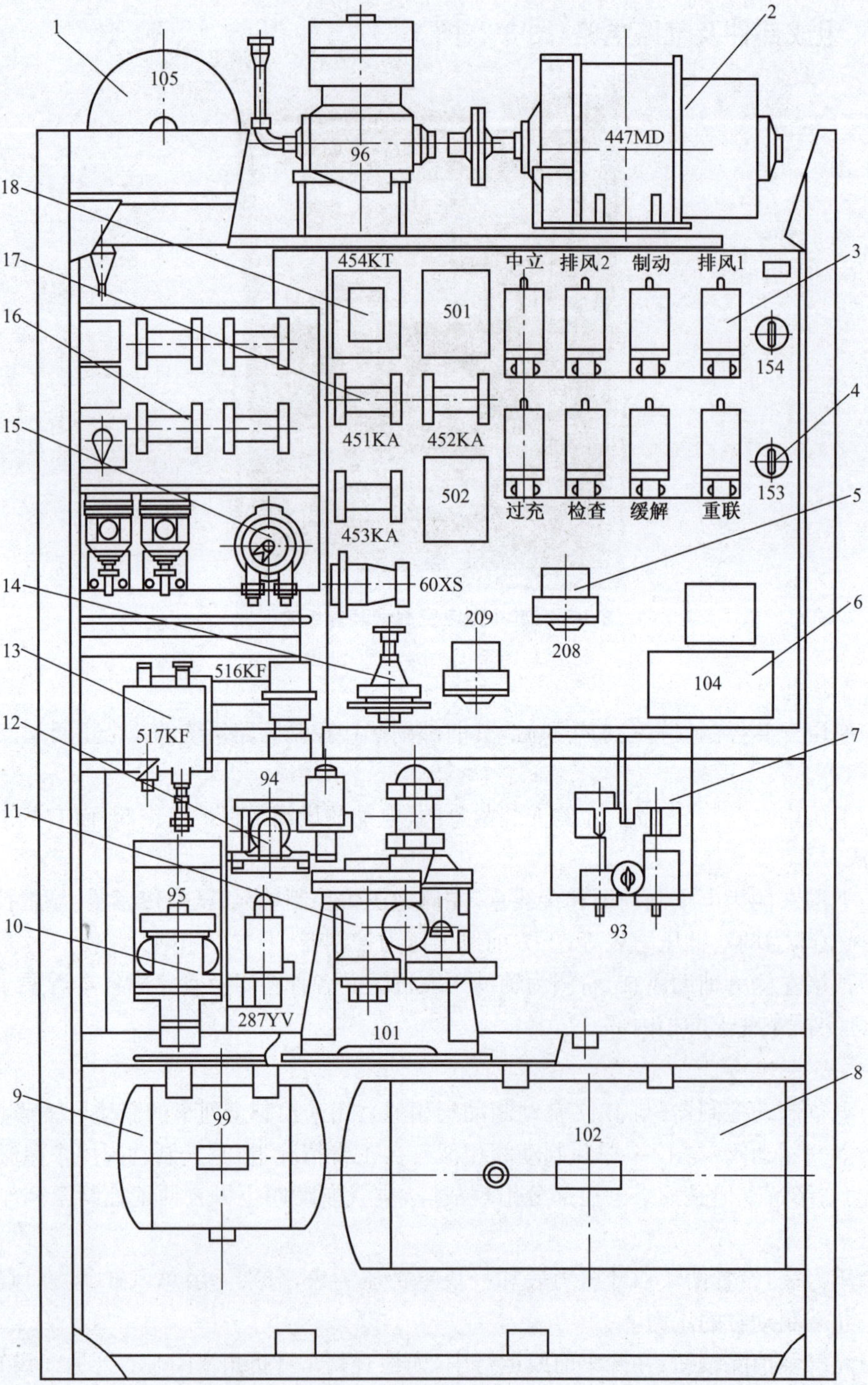

1—辅助风缸；2—辅助压缩机组；3—电空阀；4—转换阀；5—压力开关；6—中继阀；7—重联阀；8—控制风缸；9—工作风缸；10—紧急阀；11—分配阀；12—电动放风阀；13—压力控制器；14—调压阀；15—双针压力表；16—空电联合制动板；17—中间继电器；18—电子时间继电器。

图 3-3 DK-1 型电空制动装置组成部件结构

(2)手动放风塞门:设在司机室右侧壁附近的列车管支管上。当制动装置失效时,可使用手动放风塞门直接排出列车管内的压力空气,使列车紧急制动停车。

4. 电空制动屏柜

(1)电空阀:为中间控制部件,用于接受电空制动控制器的电信号指令,控制中继阀、电动放风阀等有关部件,从而实现 DK-1 型电空制动装置电器线路与空气管路的联锁作用,以连通或切除相应气路。

(2)调压阀:用于将来自总风缸的高且不稳定的压力空气调整到一定压力值后,供给相关处所使用。

(3)双阀口式中继阀:根据均衡风缸的压力变化来控制列车管的压力变化,以实现列车的制动、缓解与保压作用。

(4)总风遮断阀:用于控制双阀口式中继阀的充风风源,以适应不同运行工况的要求。因此,也可将双阀口式中继阀和总风遮断阀统称为中继阀。

(5)分配阀:根据列车管压力变化来控制容积室(或作用管)的压力变化,或由空气制动阀直接控制容积室(或作用管)的压力变化,以实现机车的制动、缓解与保压作用。

(6)电动放风阀:当紧急电空阀得电时,使其迅速排放列车管压力空气,以产生紧急制动作用。

(7)紧急阀:用于紧急制动时,加速列车管的排风,同时联动电气联锁,以切除牵引工况下的机车动力,确保紧急制动停车。

(8)压力开关:启动电器,根据空气压力的变化实现相关电路的自动控制。

(9)电子时间继电器及中间继电器:用于实现电路的相关联锁和自动控制。

3.1.3　DK-1 型电空制动控制器控制关系(图 3-4)

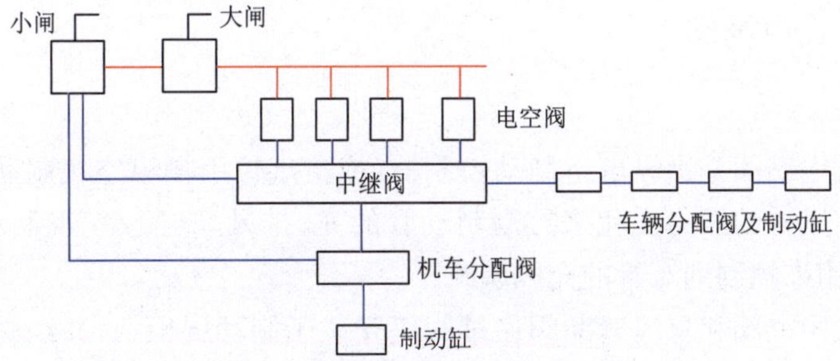

图 3-4　DK-1 型电空制动控制器控制关系示意

1. 控制全列车

电空制动控制器→电空阀→均衡风缸→中继阀→列车管压力变化→机车分配阀→机车制动缸;同步列车管压力变化→车辆制动装置。

2. 控制机车

空气制动阀→作用管→机车分配阀→机车制动缸。

3.1.4 DK-1 型空气制动阀控制关系

1. 控制全列车

空气制动阀→均衡风缸→中继阀→列车管压力变化→机车分配阀→机车制动缸；同步列车管压力变化→车辆制动装置。

2. 控制机车

空气制动阀（下压手把）→作用管→机车分配阀→机车制动缸（单缓）。

3.1.5 特　　点

（1）减压量准确，无压力回升；充风快，排风快；操纵手把轻巧灵活，转动自如；司机室无排风声，减少噪声污染。

（2）具有多重安全措施。

（3）电路故障时，可通过电转换装置转为空气位和失电排风制动。

（4）司机通过自动制动阀操纵电空阀，向均衡风缸充风或排风，从而控制中继阀向列车管充风或排风，继而实现机车和车辆的缓解或制动作用。

（5）当电空转换后，司机可通过单独制动阀直接控制均衡风缸的压力变化，从而实现对全列车缓解、制动及其他作用的控制。

3.2 主要气动部件及作用原理

DK-1 型电空制动装置主要气动部件包括：双阀口式中继阀、总风遮断阀、电动放风阀和紧急阀、重联阀及其他附件。

3.2.1 双阀口式中继阀

1. 组成结构

（1）双阀口式中继阀是操纵电空制动控制器（或空气位下操纵空气制动阀）时的中间控制部件，根据均衡风缸的压力变化来控制制动管的充、排风。与 JZ-7 型制动装置中继阀相似。总风遮断阀用来控制列车管的充风风源。

（2）双阀口式中继阀和总风遮断阀通过阀座安装于制动屏柜上，并经阀座与总风缸管、列车管、均衡风缸管、过充风缸管和总风遮断阀管等 5 条空气管路连接。

2. 作用原理

根据均衡风缸压力变化使作用在活塞膜板两侧的作用力之差发生变化，从而使活塞膜板带动顶杆左右移动，顶开供气阀口或排气阀口，以连通或切断列车管的排风或供风气路，实现列车管的充、排气。

（1）充气缓解位

当均衡风缸压力增加时，活塞膜板左侧的压力升高，使其产生向右的作用力之差，活塞膜板带动顶杆右移，并压缩供气阀弹簧推动供气阀右移，从而顶开供气阀口，则由总风遮断阀过来的总风缸压力空气(以下简称总风,其压力为 750～900 kPa)经开启的供气阀口向列车管充风,同时总风经缩堵(1 mm)向活塞膜板右侧充风。

当活塞左右侧压力相等,供气阀关闭,制动管停止充风,呈保压状态,如图 3-5 所示。

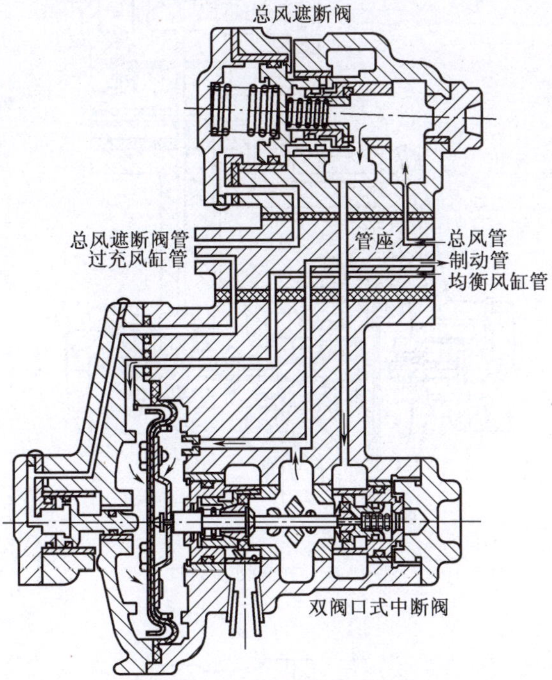

图 3-5　中继阀充气缓解位

(2)制动位

当均衡风缸压力减小时,活塞膜板左侧的压力下降,使其产生向左的作用力之差,因此活塞膜板带动顶杆左移,并压缩排气弹簧推动排气阀左移,从而打开排气阀口,则列车管向大气排风,同时膜板右侧的压力空气经缩堵、排气阀口向大气排风。

当活塞两侧压力相等时,排气阀关闭,呈制动保压状态,如图 3-6 所示。

(3)快速充风位

当司机将电空制动控制器手柄置于过充位时,连通总风向过充风缸充风的气路,即过充柱塞左侧压力升高,推动过充柱塞右移,并作用在活塞膜板上(该作用力大小相当于 30～40 kPa 的压力空气所产生的作用力);同时,连通总风经调压阀经调压阀、缓解电空阀向均衡风缸充风的气路,即活塞膜板左侧压力也升高。在二者共同作用下,活塞膜板带动顶杆迅速右移,顶开供气阀口(且阀口开启较大),使总风迅速向列车管及活塞膜板右侧充风。

当活塞膜板右侧压力(即列车管压力)与活塞膜板左侧压力平衡时,在供气阀弹簧作用下,关闭供气阀口,即列车管快速充风结束。可见,当电空控制器手柄置于过充位时,经双阀口式中继阀动作,能够实现列车管的快速充风,若在此位置放的时间稍长,将使列车管压力得到过充压力(即超过定压 30～40 kPa),如图 3-7 所示。

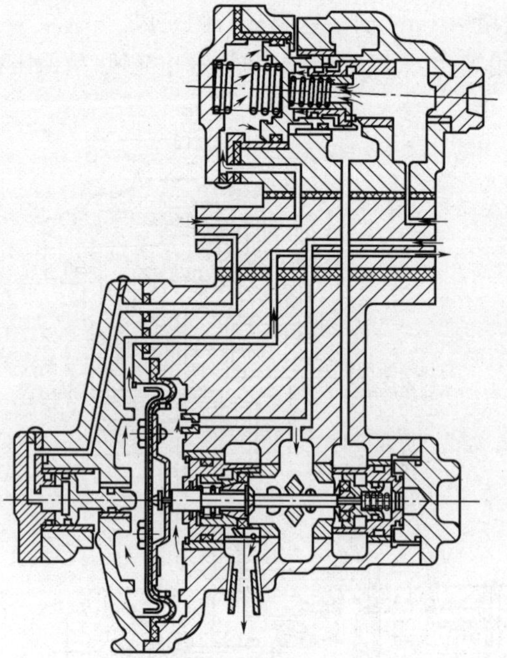

图 3-6 中继阀制动位

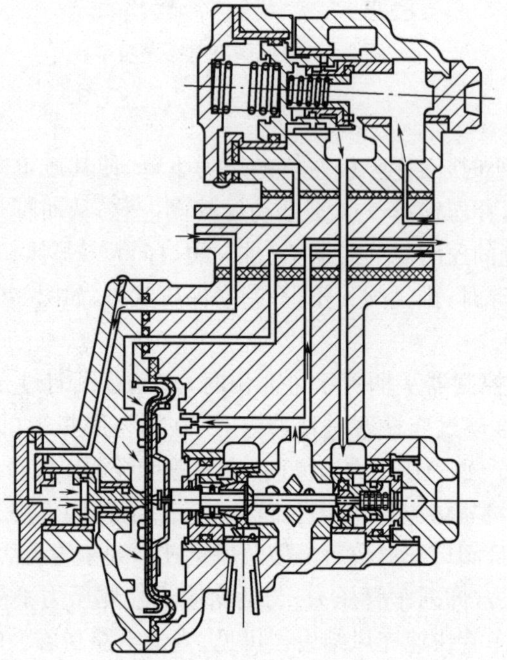

图 3-7 中继阀快速充风位

欲消除过充压力，可将电空制动控制器手柄由过充位转换至运转位，列车管过充压力缓慢排向大气，而不会引起后部车辆的自然制动。

3.2.2　总风遮断阀

总风遮断阀用于控制总风能否通往双阀口式中继阀的供气室，即控制列车管的供气源（与 JZ-7 型略有不同）。

1. 阀口关闭状态

当中立电空阀 253YV 得电时，总风向总风遮断阀充风，遮断阀在其左侧的总风压力及弹簧力的作用下右移，迅速关闭遮断阀口，切断总风通往中继阀供气室的通路，如图 3-8 所示。

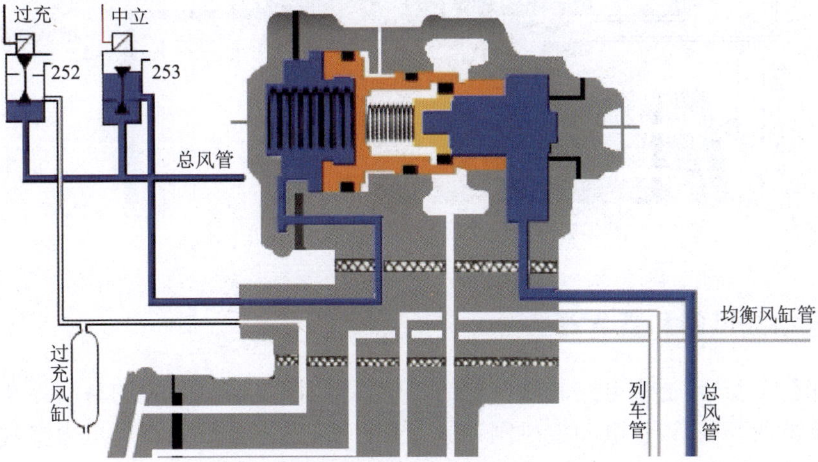

图 3-8　总风遮断阀阀口关闭状态示意

2. 阀口开启状态

当中立电空阀 253YV 失电时，总风遮断阀管向大气排风，遮断阀套左侧无压力空气时，遮断阀在其右侧的总风压力作用下，克服弹簧的反作用力左移，遮断阀口呈开启状态，连通总风通往中继阀供气室的通路。

总风遮断阀左侧压力空气→中立电磁阀→大气，如图 3-9 所示。

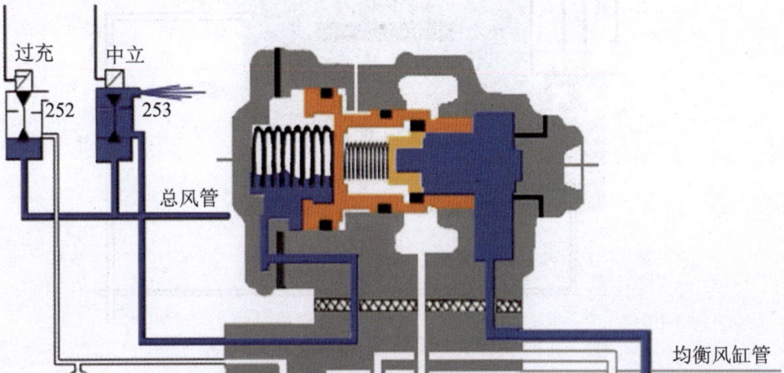

图 3-9　总风缸给列车管充气示意（第一步）

随着总风遮断阀左侧压力空气排出，总风遮断阀左移。总风管压力空气→总风遮断阀→供气阀→列车管，如图 3-10 所示。

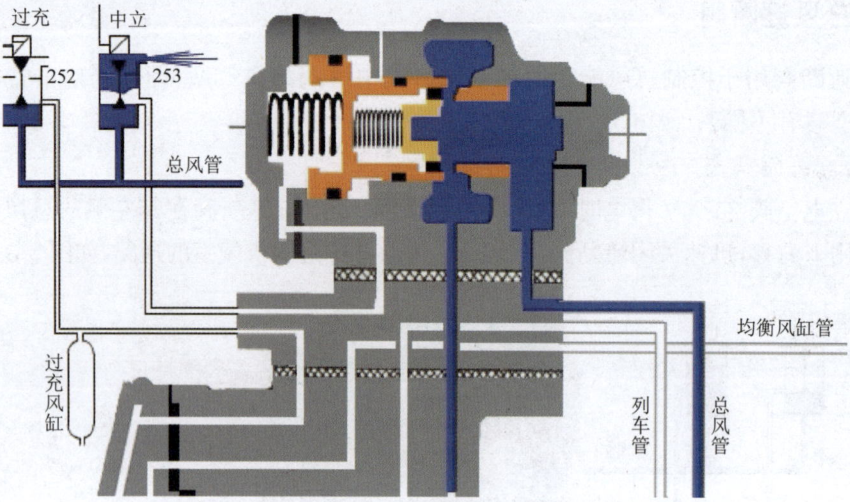

图 3-10　总风缸给列车管充气示意(第二步)

3.2.3　电动放风阀和紧急阀

为确保行车安全，适应电空制动装置的工作性能，满足监控装置的自动停车、车长阀制动及断钩保护的要求，设置电动放风阀和紧急阀，用来迅速排放列车管压力空气，进而有效实现全列车的紧急制动。

1. 电动放风阀

电空阀线圈得电，总风管压力空气顶起放风阀活塞杆，列车管压力空气排向大气，如图 3-11 所示。

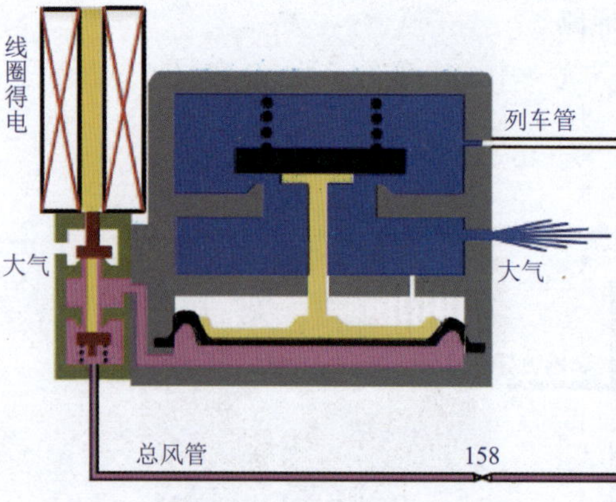

图 3-11　电动放风阀线圈得电状态通路示意

线圈失电,关闭总风管通放风阀膜板下方的通路,打开膜板下方与大气的通路,放风阀活塞下移,关闭列车管与大气的通路,如图 3-12 所示。

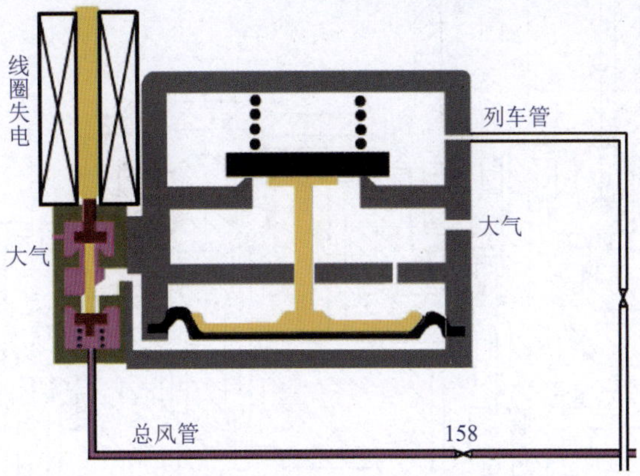

图 3-12 电动放风阀线圈失电状态通路示意

2. 紧急阀

紧急阀根据列车管排风速度的快慢,自动选择作用位置。

在紧急制动时,紧急阀参与电动放风阀排风,从而加快列车管的排风速度,并实现 DK-1 型电空制动装置与自动停车、列车分离、车长阀制动的配合。

紧急制动时通过机车电气线路联锁,切除牵引工况机车的动力源,使紧急制动作用更为可靠。紧急阀在 SS_{4G} 型电力机车上装设在制动屏柜内。注意事项:紧急制动后 15 s 内,若司机进行缓解操纵,则 DK-1 型电空制动装置不能可靠实现缓解。因为紧急制动后 15 s 内,紧急阀放风阀口一直处于开启状态,充入的列车管压力空气还会经开启的放风阀口排入大气,列车管充气无效。所以,若此时进行缓解操纵,制动系统不能实现可靠缓解。

3.2.4 重联阀

为适应双机或多机重联牵引的需要,SS_{4G} 型 DK-1 型电空制动装置增设重联阀。

重联阀可使重联机车制动装置的制动、缓解作用与本务机车协调一致。重联运行中一旦发生机车分离,重联阀自动保持制动缸压力,便于操纵列车,起到分离后的保护作用。

1. 组成结构

重联阀主要由本—补转换阀部、重联阀部、制动缸遮断阀部、阀体、管座等组成。其连接管路包括作用管、平均管、总风联管及制动缸管,如图 3-13 所示。

(1)本—补转换阀部设本机位和补机位两个工作位置。本机位切断总风联管与重联阀活塞下侧之间的气路,而连通重联阀活塞下侧与大气之间的气路;补机位连通总风联管与重联阀活塞下侧之间的气路。

(2)重联阀部主要由重联阀活塞、活塞杆、重联阀弹簧、阀套、O 形密封圈及止回阀、止回阀弹簧等组成。

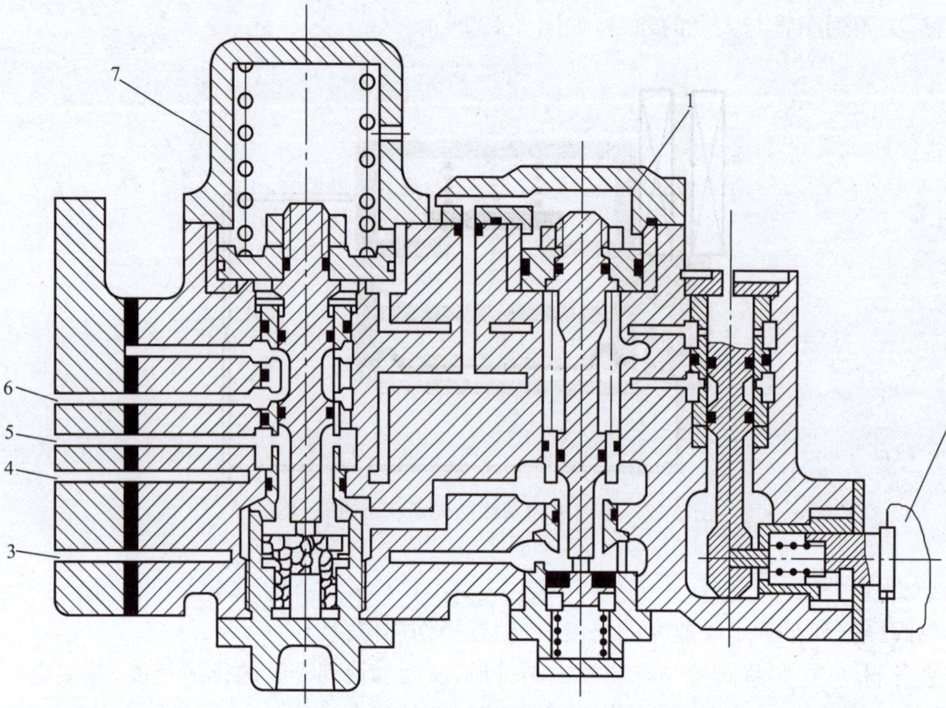

1—遮断阀；2—本—补转换阀(本机位)；3—制动缸管；4—总风联管；5—平均管；6—作用管；7—重联阀。

图 3-13 重联阀结构原理(本机位)

重联阀部的工作受转换阀部控制。当本—补转换阀部的转换按钮置于不同位置时，根据重联阀活塞上下两侧的作用力之差带动活塞杆上下移动，关闭或顶开止回阀，并由活塞杆连通或切断相应气路。

(3)制动缸遮断阀部主要由制动缸遮断阀活塞、活塞杆、遮断阀弹簧、阀套、O 形密封圈及止回阀、止回阀弹簧等组成。

正常运行时，制动缸遮断阀活塞和活塞杆下移顶开止回阀，连通制动缸与相应管路之间的气路。一旦发生机车间断钩分离，由于总风联管压力很低，在遮断阀弹簧作用下，活塞杆上移，止回阀关闭，切断制动缸与其他管路之间的气路，并保持机车制动缸的压力。

2. 作用原理

(1)本机位

转换按钮置于本机位时，连通制动缸与平均管之间的气路。本—补转换阀连通重联阀活塞下侧与大气之间的气路；活塞杆下移，顶开止回阀口，连通平均管与制动缸遮断阀部止回阀上侧之间的气路。

总风联管压力空气(750～900 kPa)通往制动缸遮断阀部活塞上侧，使活塞、活塞杆压缩弹簧而下移，顶开止回阀口，连通制动缸与制动缸遮断阀部止回阀上侧之间的气路。

本务机车制动装置进行制动、缓解时，其制动缸的压力变化经平均管和机车间的平均塞门、平均软管传入重联机车的平均管。

运行中一旦机车间发生断钩分离，制动管、总风联管、平均管等连接软管均被拉断，本务机车产生紧急制动。由于总风联管内压力迅速下降，制动缸遮断阀活塞在其弹簧作用下，带动活塞杆上移，关闭止回阀口，切断制动缸管与重联阀止回阀处的制动缸通路，防止制动缸压力空气经重联阀部止回阀、平均管向大气排风，保证本务机车紧急制动的可靠实施。

(2)补机位

当转换按钮置于补机位时，本—补转换阀部连通总风联管与重联阀活塞下侧之间的气路；重联阀部活塞带动其活塞杆压缩弹簧而上移，关闭止回阀口，连通作用管与平均管之间的气路；遮断阀部在总风联管压力作用下，使活塞带动其活塞杆压缩弹簧而下移，顶开止回阀口，使制动缸与制动缸遮断阀部止回阀上侧的气路连通，该气路被重联阀部止回阀遮断。

3.2.5　其他附件

DK-1型电空制动装置的其他附件主要包括调压阀、压力开关、转换阀、机车无动力装置、制动逻辑控制装置(DKL)、管道滤尘器及风缸等。SS_9型电力机车还新增列车电空制动、列车平稳操纵制动及停放制动装置。

1. 调压阀

调压阀是为满足空气管路系统内不同的整定压力并保证稳定供给而设置。

DK-1型电空制动装置中采用QTY型调压阀，如图3-14所示。SS_9型电力机车空气管路中使用三个调压阀，代号分别为53、54、55。其中调压阀53、54设在通往空气制动阀的总风支管上，用来调整通往空气制动阀的总风压力。整定值为：电空位为300 kPa；空气位为定压，即600 kPa。调压阀55设在制动屏柜，用来调整供给均衡风缸用风的总风压力，整定值为定压，即600 kPa。

QTY型调压阀的基本作用原理为：根据膜板上、下两侧，调整弹簧与中央气室之间的压力差，联动阀杆上、下移动，从而开启或关闭进气阀口，以控制出风口处的空气压力保持某一数值。

当调压阀左侧通入压力空气时，由于调压弹簧作用，膜板下凹，推动阀杆下移，顶开进气阀口，使压力空气经打开的进气阀通向右侧输出，同时经小孔充入膜板下侧的中央气室。随着出风口侧的压力逐渐升高，膜板将渐趋平衡，进气阀口逐渐关闭。当出风口侧或中央气室压力与调整弹簧整定压力相等时，进气阀关闭，出

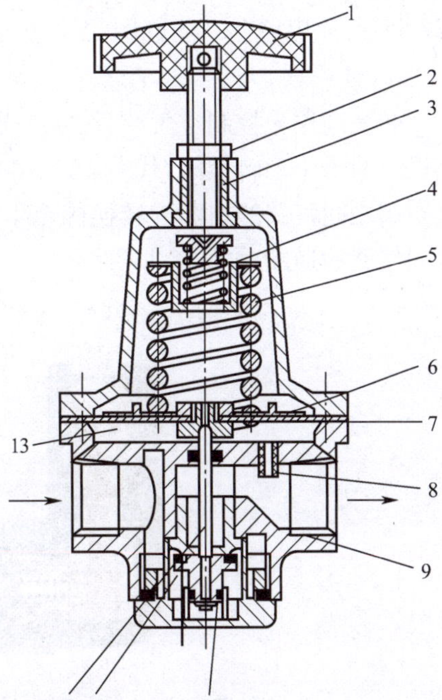

1—调整手轮；2—紧固螺母；3—上体；
4—一级调整弹簧；5—二级调整弹簧；6—溢流阀；
7—膜板；8—小孔；9—下体；10—进气阀；
11—进气阀弹簧；12—阀杆；13—中央气室。

图3-14　QTY型调压阀

风口侧压力不再升高。

当出风口侧(或中央气室)压力高于调整弹簧整定压力时,膜板上凸,带动阀杆上移,开启溢流阀,且进气阀保持关闭,使多余的压力空气经打开的溢流阀口排出,直至再次平衡,关闭溢流阀口,停止溢流。

调整方法:顺时针旋转调整手轮为调高输出压力,反之为调低;静态和动态不同工况下,调整值会有所变动。

2. 压力开关

压力开关设置在制动屏柜,SS_4 改型设两个压力开关代号为 208、209。208 用来自动控制均衡风缸或制动管的过量减压量,整定值为 190~230 kPa,微动开关代号 208SA;209 用于电阻制动与空气制动配合时,自动控制空气初制动减压量的大小,整定值为 20 kPa,微动开关代号 209SA。

压力开关内部被模板隔离为上、下两气室。下气室与均衡风缸管连,上气室与调压阀管连。作用原理是利用上下气室的压力差,使模板上凸或下凹,带动芯杆上下移动,以联动开关实现电路控制。

压力开关 208:常闭联锁外接导线 808、800。均衡风缸风至定压,导线断开。

压力开关 209:常开联锁外接导线 807、827,常闭联锁外接导线 822、800。均衡风缸风至定压时,电路 822、800 断开,电路 807、827 接通。均衡风缸减压大于 20 kPa 时,电路 807、827 断开,而电路 822、800 闭合。

3. 转换阀

转换阀用来控制空气管路的开通与关断,并保证良好的气密性和制动屏柜布置需要。其设有两个手动转换阀,代号 153、154。转换阀 153 为电—空转换阀,用来控制均衡风缸与电空阀之间气路的通断。转换阀 154 为客—货转换阀,用来控制两个初置风缸 58(1)、58(2)之间气路的通断,如图 3-15 所示。

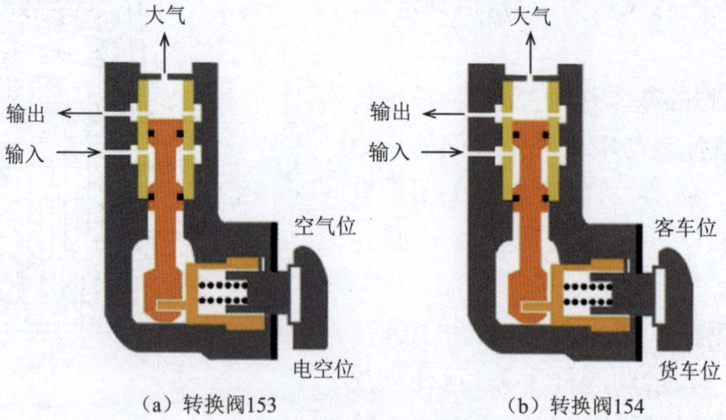

(a) 转换阀153　　(b) 转换阀154

图 3-15　转换阀控制示意

转换按钮向里推,转动 180°松开,偏心杆转动,带动柱塞上下移动,连同或切断通路。转换阀 153 串接在均衡风缸与电空制动屏柜的均衡管之间,正常位时连通,空气位时两条通路断开;转换阀 154 串接在两个初置风缸之间,货车位是连通,客车位是断开。

4. 机车无动力装置(图 3-16)

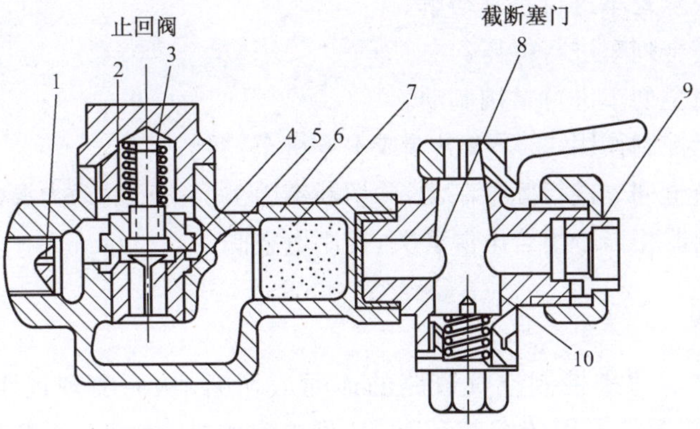

1—阻流塞；2—皮垫座；3—止回阀弹簧；4—止回阀；5—止回阀座；6—止回阀体；7—滤尘网；8—截断塞门芯；9—管接头；10—截断塞门体。

图 3-16　机车无动力装置

机车无动力回送时，将截断塞门 155 的手柄旋转至开放位，列车管压力空气经截断塞门、滤尘网，并压缩止回阀弹簧打开止回阀口，向无动力机车总风缸充风。当列车管减压制动时，尽管无动力机车总风缸压力大于列车管压力，由于止回阀的作用，保证全列车制动的可靠性。

机车正常运用应关闭截断塞门 155，切断列车管经机车无动力装置向总风缸充风的气路。止回阀弹簧的整定值为 140 kPa，因此，当列车管定压 600 kPa 时，充入无动力机车总风缸的最大压力为 460 kPa。

3.3　主要电器部件及作用原理

3.3.1　电空制动控制器

电空制动控制器是 DK-1 型电空制动装置的操纵部件。司机通过操纵电空制动控制器产生的电信号，来控制列车空气制动系统进行制动、缓解与保压。

1. 组成结构

电空制动控制器由操纵手柄、凸轮轴组装、静触头组、定位机构等组成。

操纵手柄为司机操纵部件，共设六个工作位置，按逆时针排列顺序为：过充位、运转位、中立位、制动位、重联位及紧急位，如图 3-17 所示。

操纵手柄通过限位装置只能在重联位取出或装入，对于双端操纵的机车，两个电空制动控制器只配备一个操纵手柄，以确保行车安全。

图 3-17　电空制动控制器

2. 手柄位置的作用

(1)过充位：使列车以高出列车管定压 30～40 kPa 的

充风压力快速充风缓解，并使机车保压。

(2)运转位：使全列车进行正常缓解。

(3)中立位：使全列车进行保压。

(4)制动位：使全列车进行常用制动。

(5)重联位：无控制作用，接受操纵端或本务机车控制。

(6)紧急位：使全列车进行紧急制动，并切断牵引工况机车的动力源(即总电源)。

电空制动控制器相当于组合电源开关，控制电空阀。

3.3.2 电 空 阀

电空阀通过电磁力来控制空气管路的连通或切断，从而实现远距离控制气动装置。DK-1 型电空制动装置除采用传统的 TFK1B 型电空阀外，为满足系统的性能还装用 TFK 型电空阀(也称三通电空阀)。其结构由电磁机构及气阀两大部分组成。

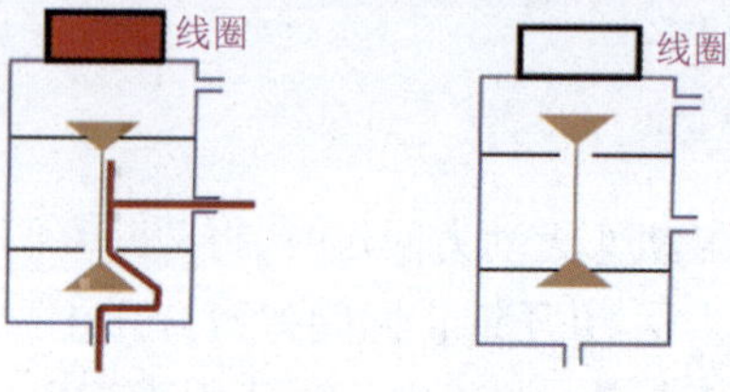

图 3-18 电空阀得失电状态示意

失电状态[图 3-18(a)]：励磁线圈失电，励磁线圈内不产生电磁力，在弹簧作用下，推动下阀门、阀杆、上阀门、芯杆、动铁芯上移，关闭下阀口，并开启上阀口，连通输出口与排气口之间的气路。得电状态[图 3-18(b)]：励磁线圈得电，所产生的电磁力推动动铁芯、芯杆、上阀门、阀杆、下阀门压缩弹簧下移，从而关闭上阀口，并开启下阀口，连通输入口与输出口之间的气路。

电空阀包含以下几种：

(1)中立电空阀(253YV)：输入接总风管，输出接总风遮断阀管，排气口通向大气。得电连通总风向总风遮断阀充风的气路，关闭总风遮断阀口，切断列车管供风风源；失电时开通列车管的供风风源。

(2)排风 2 电空阀(256YV)：输入口被堵，输出接过充风缸管，排气口通向大气。得电时，切断；失电时，加快过充风缸的排风。

(3)制动电空阀(257YV)：输入口被堵，输出口接初制风缸和缓解电空阀 258YV 的排气口，排气口通向大气。失电时连通初制风缸和缓解电空阀 258YV 向大气排风的气路；得电时切断。

(4)排风 1 电空阀(254YV)：输入接作用管，输出口和排气口通向大气。得电时连通作用管与大气相通，缓解机车；失电时切断。

(5)过充电空阀(252YV)：输入接总风管，输出接过充风缸管，排气口被堵。得电连通总风通过充风缸的气路，控制双阀口中继阀动作，列车管得到过充压力。

(6)检查电空阀(255YV)：输入接总风管，输出接均衡风缸管，排气口被堵。按下充气按钮得电时，连通总风向均衡风缸充风的气路，完成列车管折角塞门开通状态的检查。

(7)缓解电空阀(258YV)：输入口经止回阀 203、调压阀 55 接总风管，输出接均衡风缸管，排气口与初制风缸和制动电空阀输出口连接。得电时连通总风经调压阀向均衡风缸充风的气路，使其得到定压；失电时连通均衡风缸与初制风缸、制动电空阀输出口的气路。

(8)重联电空阀(259YV):输入口接列车管,输出口接均衡风缸管,排气口被堵。得电时连通均衡风缸与列车管的气路,实现中继阀自锁;失电时切断。

(9)紧急电空阀(94YV):输入口接总风管,输出口与电动放风阀膜板下侧连通,排气口通向大气。得电时连通总风向电动放风阀膜板下侧向大气排风的气路,控制电动放风阀切断列车管的放风气路。

(10)撒砂电空阀(240YV):输入口接总风管,输出口经止回阀与撒砂器连接,排气口通向大气。当电空制动控制器置紧急制动位时,得电完成自动撒砂,防止车轮滑行。

(11)停放制动电空阀(239YV):输入口接总风管,输出口与停放制动缸连通,排气口通向大气。得电时连通总风向停放制动缸充风的气路,停放制动缓解;失电时连通停放制动缸向大气排风的气路,停放制动施加。

3.3.3 空气制动阀

空气制动阀(俗称小闸)是 DK-1 型电空制动装置的操纵部件。空气制动阀包括电空位和空气位两种工况。

1. 电空位

电空位为空气制动阀的正常工作位置,用于单独控制机车的制动与缓解,具有四个工作位置:缓解位、制动位、运转位、中立位。转换柱塞处于左极端位置,转换柱塞凹槽连通作用管与 b 管的气路,同时微动开关 3SA1 动作,闭合电路 899-801,断开电路 899-800。

(1)缓解位

作用柱塞阀开通作用管的排风气路(作用管→电空转换阀→b 管→作用柱塞阀→大气),机车单独缓解,如图 3-19 所示。

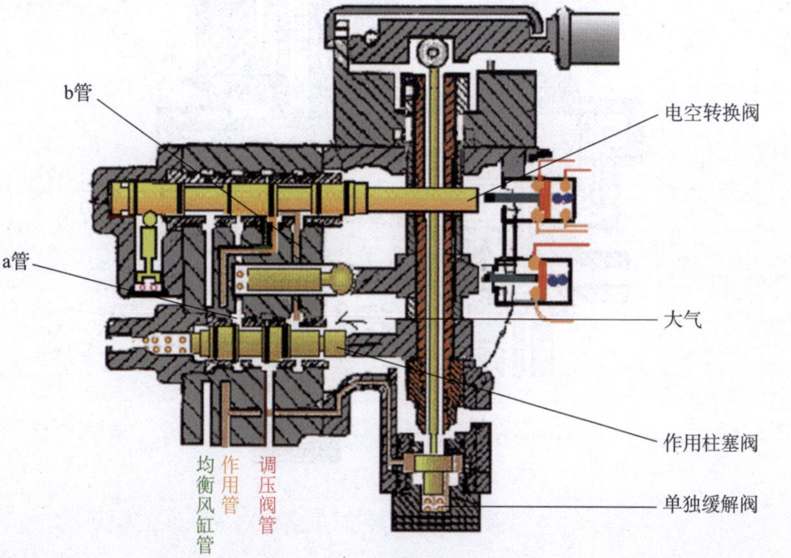

图 3-19 缓解位(电空位)*

* 注:3.3.3 节中与空气制动阀相关结构部件的标注均同图 3-19,不再赘述。

(2)制动位

作用柱塞阀开通作用管充风气路(调压阀管→作用柱塞阀→b 管→电空转换阀→作用管),实现机车的单独制动,如图 3-20 所示。

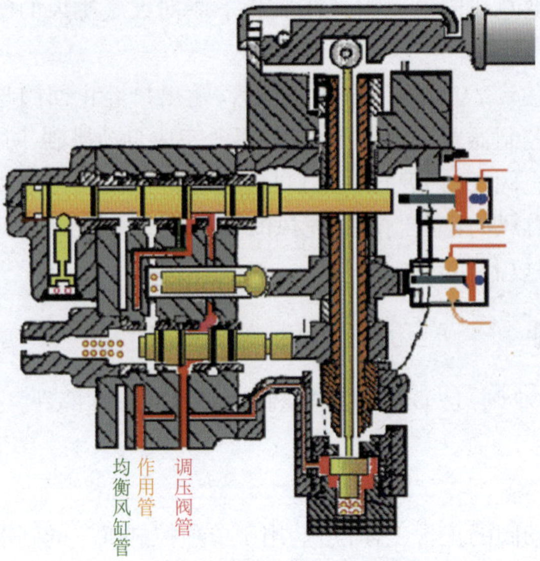

图 3-20 制动位(电空位)

(3)运转位

作用柱塞阀左移至中间位切断所有气路,如图 3-21 所示。

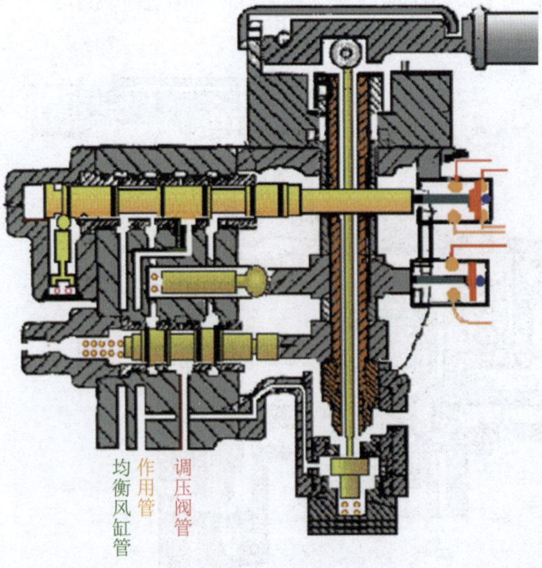

图 3-21 运转位(电空位)

(4)中立位

作用柱塞阀切断所有气路,如图 3-22 所示。

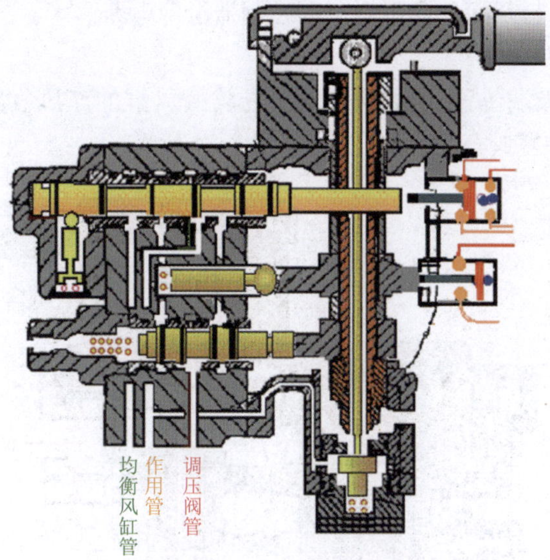

图 3-22　中立位(电空位)

当中立位下压手柄时,推动顶杆压缩单缓阀弹簧,顶开单缓阀口,从而连通作用管向大气排风的气路,实现机车的单独缓解。下压手柄单缓机车:作用管→单独缓解阀→大气,如图 3-23 所示。

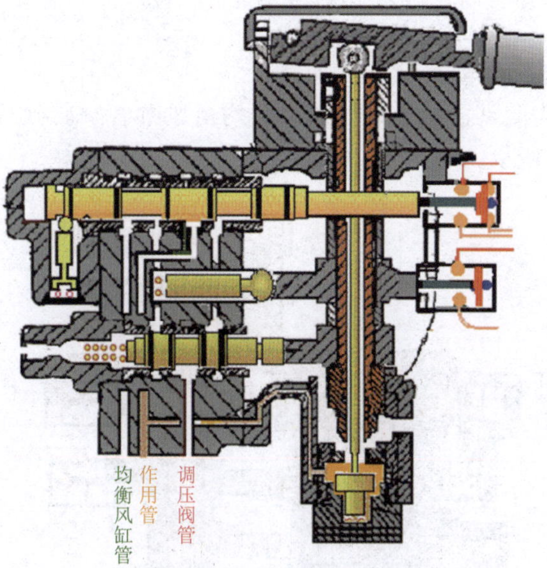

图 3-23　下压手柄单缓机车示意

2. 空气位

空气位为空气制动阀的非正常工作位,可实现控制全列车的常用制动与缓解,具有三个工作位置:缓解位、制动位和保压位。转换柱塞处于右极端位置,转换柱塞凹槽连通均衡风缸管与 a 管的气路。微动开关 3SA1 动作,闭合电路 899-800,单独使制动电空阀 257YV 得电,并断开电路 899-801,从而切断电空制动控制器电源电路。

(1)缓解位

作用柱塞处于左极端位置,连通调压阀管与均衡风缸的充风气路,即:调压阀管→作用柱塞阀→a 管→转换柱塞阀→均衡风缸管,如图 3-24 所示。

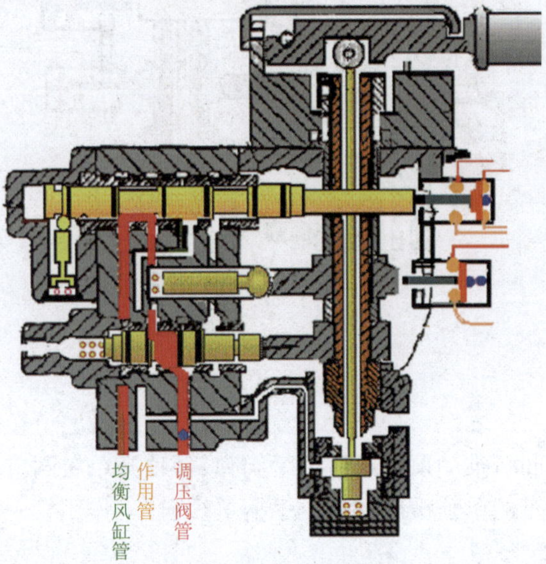

图 3-24 缓解位(空气位)

(2)制动位

作用柱塞阀开通均衡风缸的排风气路,即:均衡风缸管→转换柱塞阀→作用柱塞阀→a 管→大气,如图 3-25 所示。

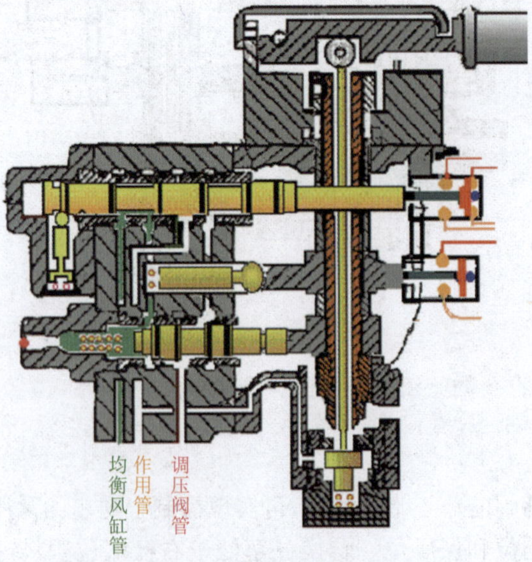

图 3-25 制动位(空气位)

(3)保压位

作用柱塞处于中间位置,调压阀管与均衡风缸管以及均衡风缸与大气的通路均被切断,定位凸轮控制的微动开关电路不参与作用,两个位置作用相同,均为保压作用,如图 3-26 所示。

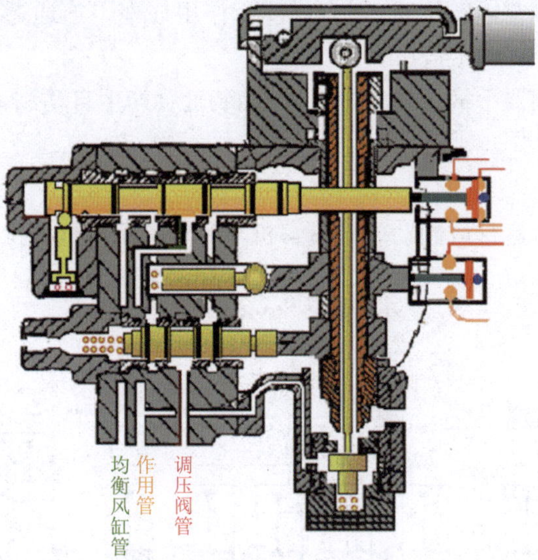

图 3-26　保压位(空气位)

空气位下压手柄与电空位下压手柄空气通路相同:作用管→单独缓解阀→大气,如图 3-23 所示。

在空气位操纵空气制动阀时,通过直接控制均衡风缸的压力变化来控制中继阀的动作,最终实现全列车的制动、缓解与保压。下压空气制动阀手柄时,通过控制作用管的排风来控制分配阀均衡部的动作,以实现机车的单独缓解。

无论是电空位下操纵,还是空气位下操纵,作用管或均衡风缸都是由调压阀管 53 或 54 充风,但两者的充风压力不同:电空位时,调压阀的调整值为 300 kPa;空气位时,调压阀的调整值为 600 kPa。

3.4　综合作用

DK-1 型电空制动装置(SS_9 型电力机车为例)的综合作用,主要通过逻辑控制装置来实现。

DKL 根据输入单元输入的自动制动阀、单独制动阀的操作开关信号,送入逻辑处理单元进行逻辑运算,将信号按照机车要求的逻辑关系进行处理,处理后的信号经放大和继电器信号隔离转换,变为电空阀驱动所需要的电压,使电空阀动作。

电空位操纵分为自动制动作用和单独制动作用两种。

3.4.1　自动制动作用

将空气制动阀电空转换扳钮置电空位,则有:气路,作用管经转换柱塞上凹槽与作用柱塞处管路连通(分配阀容积室→作用管→转换柱塞阀凹槽→通道 b);电路,自动开关 615QA 导线 899(电源)经空气制动阀上微动开关 3SA1 使导线 801 有电,即电空制动控制器 1AC 得电。

当空气制动阀手柄在运转位时,则有:气路,作用柱塞不连通通道 a、b 的充、排风气路;电路,微动开关 3SA2 闭合电路 809-818。

操纵电空制动控制器手柄在各位置时,制动装置会产生自动制动作用,来操纵全列车的制动、保压与缓解。

1. 运转位

运转位是列车正常运行或制动后需缓解机车和车辆所放置的位置,如图 3-27 所示。

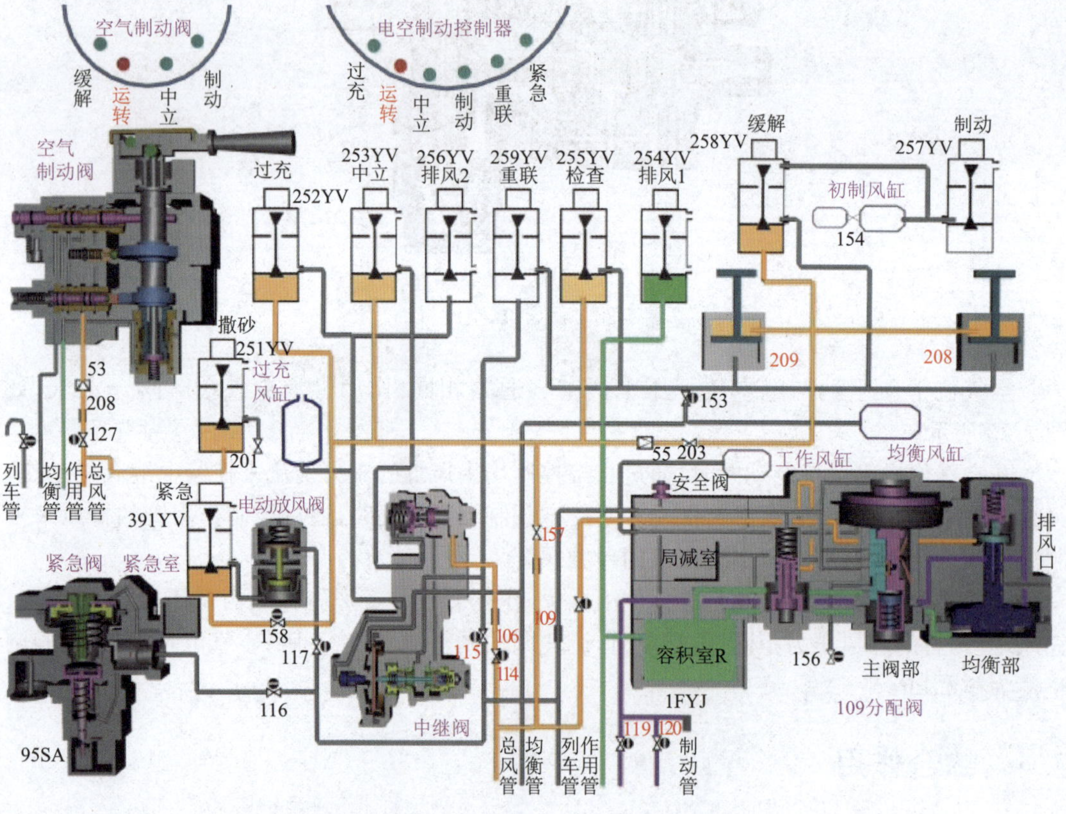

图 3-27　DK-1 型电空制动装置运转位作用原理示意

(1)电路

导线 801→电空制动控制器→导线 803→DKL→缓解电空阀 258YV、排 2 电空阀 256YV 得电。导线 809→空气制动阀上的 3SA2 →导线 818→DKL→排 1 电空阀 254YV 得电。导线 813 有电,其余电空阀均失电。

(2)气路

总风→塞门 157→调压阀 55(列车管定压)→缓解电空阀 258YV 下阀口→转换阀 153→均衡风缸。作用管→排 1 电空阀 254YV 下阀口→大气。初制风缸→制动电空阀 257YV 上阀口→大气。总风遮断阀左侧压力空气→中立电空阀 253YV 上阀口→大气。

(3)中继阀

①总风遮断阀:中立电空阀 253YV 失电,开通总风向中继阀供气室的充风气路。

②中继双阀口活塞部分:充风缓解及缓解后保压状态。连通总风向制动管及活塞膜板右侧迅速充风的气路,制动管压力迅速升高;当活塞膜板右侧及制动管的作用力升高至与活塞膜板左侧作用合力平衡时,在供气阀弹簧作用下,关闭供气阀口,且不打开排气阀口,中继阀处于保压状态。

排风 1 电空阀 254YV 得电,作用管排风。机车制动缸排向大气。机车、车辆制动装置进行快速缓解。

(4)压力表显示

总风缸 750～900 kPa;列车管、均衡风缸均为 600 kPa;制动缸为 0。

(5)重联阀

重联阀处于本机位,平均管→制动缸→大气。

2. 过充位

过充位是列车运行中,车辆快速缓解,而机车仍制动保压的工作位置。与运转位的作用基本相同,只是列车制动管压力高出列车制动管定压 30～40 kPa,如图 3-28 所示。

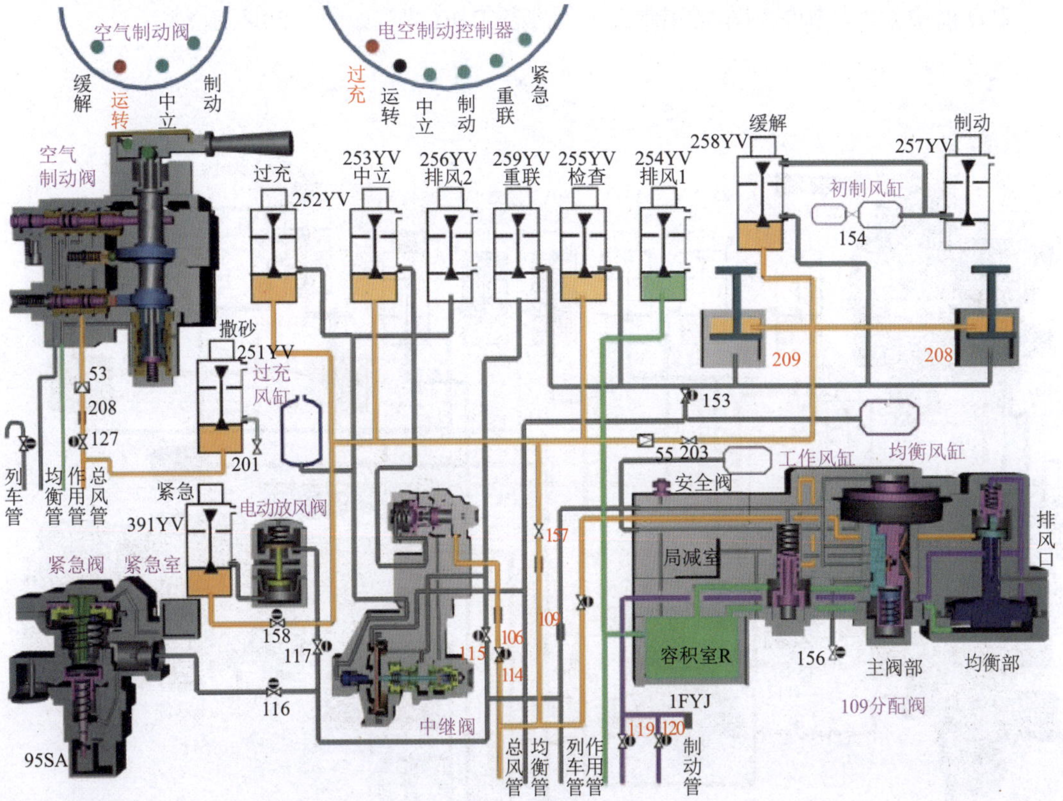

图 3-28　DK-1 型电空制动装置过充位作用原理示意

(1)电路

电空制动控制器→导线 803→DKL→缓解电空阀 258YV、排 2 电空阀 256YV 得电。导线 805→DKL→过充电空阀 252YV 得电。导线 813 有电。其余电空阀均失电。

(2)气路

总风→塞门 157→调压阀 55→缓解电空阀 258YV 下阀口→转换阀 153→均衡风缸 56。初制动风缸 58→制动电空阀 257YV 上阀口→大气。总风→塞门 157→过充电空阀 252YV 下阀口→过充风缸(同时经过充风缸 57 上排气缩孔缓慢排向大气)。总风遮断阀左侧压力空气→中立电空阀 253YV 上阀口→大气。

(3)中继阀

①总风遮断阀:中立电空阀 253YV 失电,开通总风向中继阀供气室的充风气路。

②中继双阀口活塞部分:快速充风位。总风向制动管及活塞膜板右侧迅速充风的气路,制动管压力迅速升高,并获得比定压高 30～40 kPa 的过充压力后,中继阀处于保压状态。

(4)压力表显示

总风缸 750～900 kPa;列车管高出定压 30～40 kPa;均衡风缸 600 kPa;车辆制动缸快速排气缓解。机车仍制动保压,机车制动缸不缓解。

3. 制动前中立位

制动前中立位是操纵列车常用制动前的准备工作位置,如图 3-29 所示。

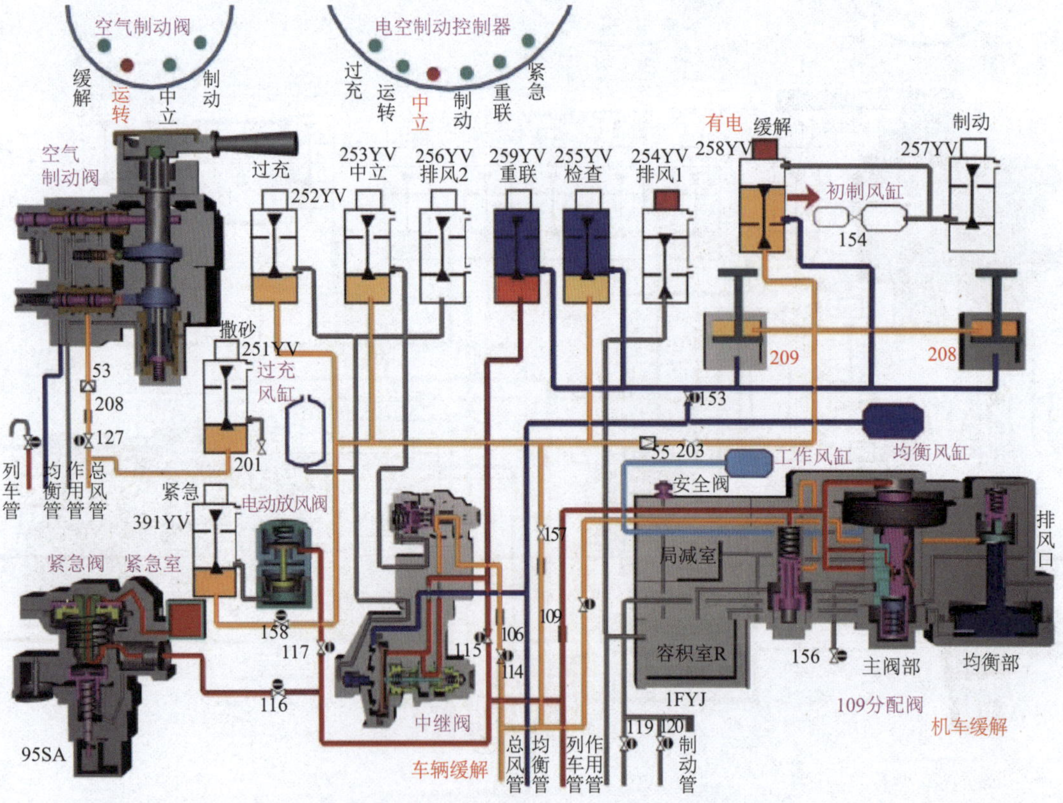

图 3-29 DK-1 型电空制动装置制动前中立位作用原理示意

(1)电路

电空制动控制器→导线806→DKL→中立电空阀253YV得电。导线807→DKL→导线800→制动电空阀257YV得电。导线899→压力开关209SA→DKL→缓解电空阀258YV，排2电空阀256YV得电。其余电空阀均失电。

(2)气路

①总风→塞门157→中立电空阀253YV下阀口→总风遮断阀左侧。

②制动前中立位：总风→塞门157→调压阀55→缓解电空阀258YV下阀口→转换阀153→均衡风缸56(继续保持充风，压力不变)。

(3)中继阀

总风遮断阀口关闭，切断列车管的风源。

制动前中立位，钮子开关463QS处于补风位，电空制动控制器中立位时中立电空阀253YV不能得电，总风不能进入总风遮断阀左侧，遮断阀不会切断列车管的风源，列车管的漏泄可以得到补充。

4. 制动位

制动位是操纵列车常用制动时的工作位置，电空制动控制器手柄在该位置停留时间的长短，控制着列车制动管的常用制动减压量。其与电空制动控制器中立位配合使用使列车制动管实现阶段常用准确减压，如图3-30所示。

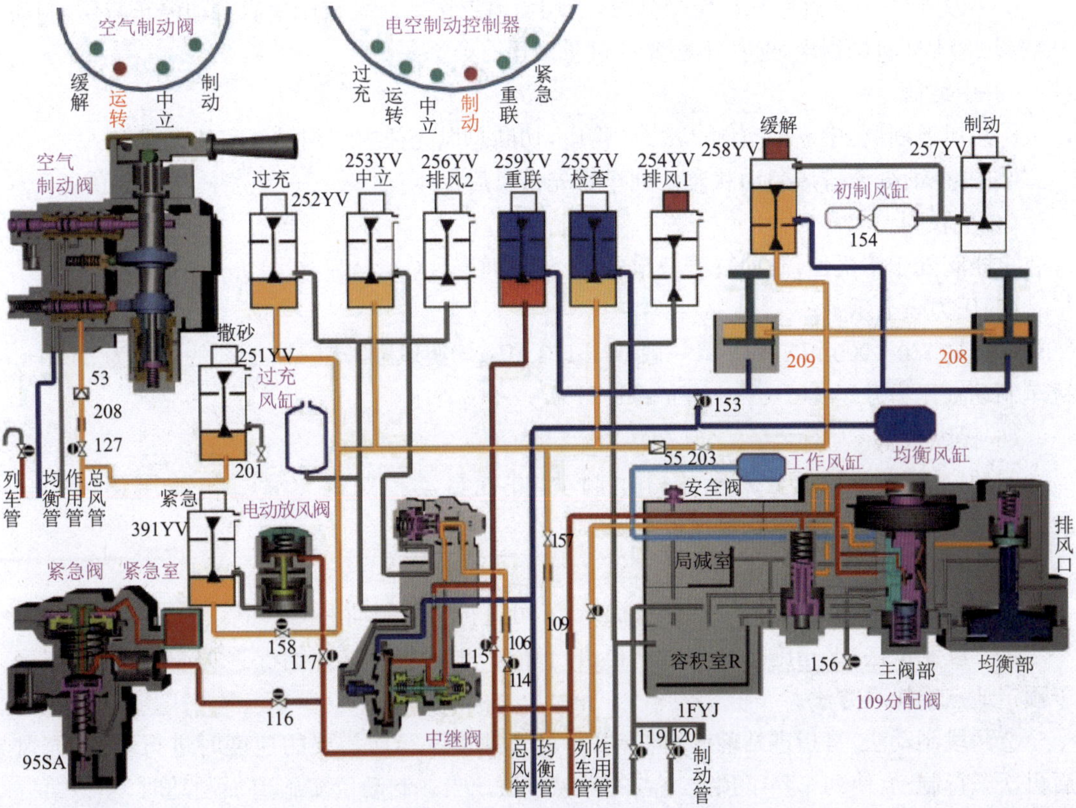

图3-30　DK-1型电空制动装置制动位作用原理示意

(1)电路

电空制动控制器→导线 806→钮子开关 463QS→导线 835→中立电空阀 253YV 得电。导线 808→压力开关 208 上的 208SA(当均衡风缸减压量大于 190～230 kPa 时,压力开关动作)→导线 800→制动电空阀 257YV 得电。导线 813 有电,其余电空阀均失电。

(2)气路

①缓解电空阀 258YV 失电,缓解电空阀的下阀口关闭,切断均衡风缸的充风通路,上阀口打开,产生以下通路:均衡风缸转换阀 153→缓解电空阀 258YV 上阀口→阀座缩孔 d3→制动电空阀 257YV 上阀口→大气;缓解电空阀 258YV 上阀口→管接头缩孔 d4→初制动风缸 58。总风→塞门 157→中立电空阀 253YV 下阀口→总风遮断阀左侧。过充风缸 57→排 2 电空阀 256YV 上阀口→大气。

②注意事项

a. 制动电空阀 257YV 失电时间的长短,即电空制动控制器手柄在“制动位”停留时间的长短,决定均衡风缸减压量的大小。

b. 初制风缸 58 可以确保使均衡风缸有一个最小有效减压量(40～50 kPa)。

c. 客货转换阀 154 将设置在集成气路板内的初制风缸分隔为两部分,以适应不同的列车管定压(当牵引货车且定压为 600 kPa 时,客货转换阀 154 置于货车位;当牵引客车且定压为 600 kPa 时,客货转换阀 154 置于客车位)。

d. 压力开关 208 可使制动位操纵时,当均衡风缸达到最大减压量后自动停止减压,制动电空阀 257YV 自动得电,避免不必要的过量减压。

(3)中继阀

①总风遮断阀:中立电空阀 253YV 得电,切断总风充往中继阀供气室的气路。

②中继阀:处于排风制动状态。列车管先排风后保压。

(4)重联阀

重联阀处于本机位,制动缸管→重联阀→平均管。

(5)压力表显示

总风缸 750～900 kPa;列车管一般减压 170 kPa;均衡风缸减压 170 kPa 的时间为 5～7 s。机车制动缸压力升至 340～380 kPa 的时间为 6～8 s。

(6)操纵效果

制动位操纵可实现全列车的常用制动,并能自动控制列车管过量减压量(190～230 kPa)。因此,用于列车调速或停车。

(7)操纵分类

实际运行中,既可进行一段制动法操纵,又可进行两段制动法操纵。

①一段制动法,是指施行制动后不再进行缓解,根据列车减速情况追加减压,使列车停于预定地点的操纵方法。

②两段制动法,是指进站前施行制动,待列车速度降至所需要的速度时进行缓解,充风后再次施行制动,使列车停于预定地点的操纵方法。当在制动位实施追加制动时,须待第一次减压排风完成后,再施行追加减压。

5. 制动后中立位

制动后中立位是操纵列车常用制动后保压的工作位置，如图 3-31 所示。

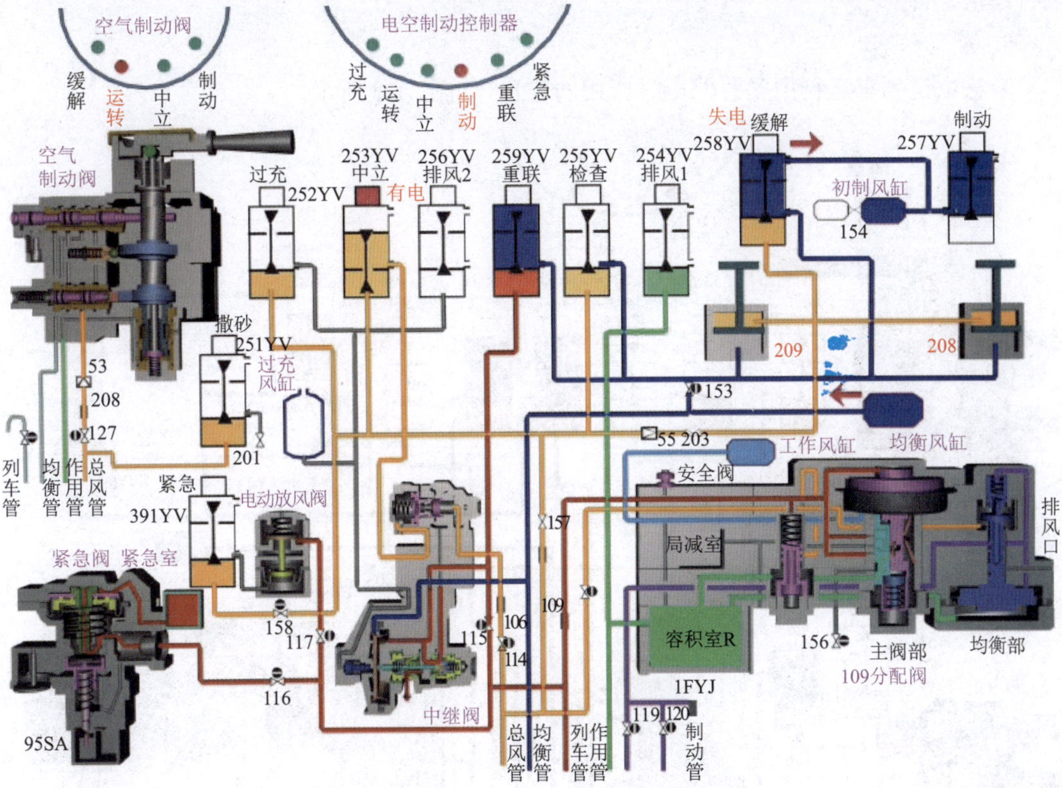

图 3-31　DK-1 型电空制动装置制动后中立位作用原理示意

（1）电路

电空制动控制器→导线 806 →DKL→中立电空阀 253YV 得电；导线 807→DKL→制动电空阀 257YV 得电。其余电空阀均失电。

（2）气路

总风→塞门 157→中立电空阀 253YV 下阀口→总风遮断阀左侧。

制动后中立位：均衡风缸 56→缓解电空阀 258YV 上阀口→制动电空阀 257YV 和初制动风缸 58。由于制动电空阀 257YV 得电，关闭均衡风缸排气口，均衡风缸不能继续减压而保压。过充风缸→排 2 电空阀 256YV 上阀口→大气。

（3）中继阀

总风遮断阀口关闭，切断列车管的风源。

制动前及制动后中立位，列车管保压，漏泄不能补充。

钮子开关 463QS 处于补风位，电空制动控制器中立位时中立电空阀 253YV 不能得电，总风不能进入总风遮断阀左侧，遮断阀不会切断列车制动管的风源，列车制动管的漏泄可以得到补充。

(4)重联阀

由于重联阀仍处于本机位,使得制动缸管与平均管相通。制动缸升压停止,平均管压力也将停止上升。

6. 紧急位

紧急位是列车运行中紧急停车时所用的位置,如图 3-32 所示。

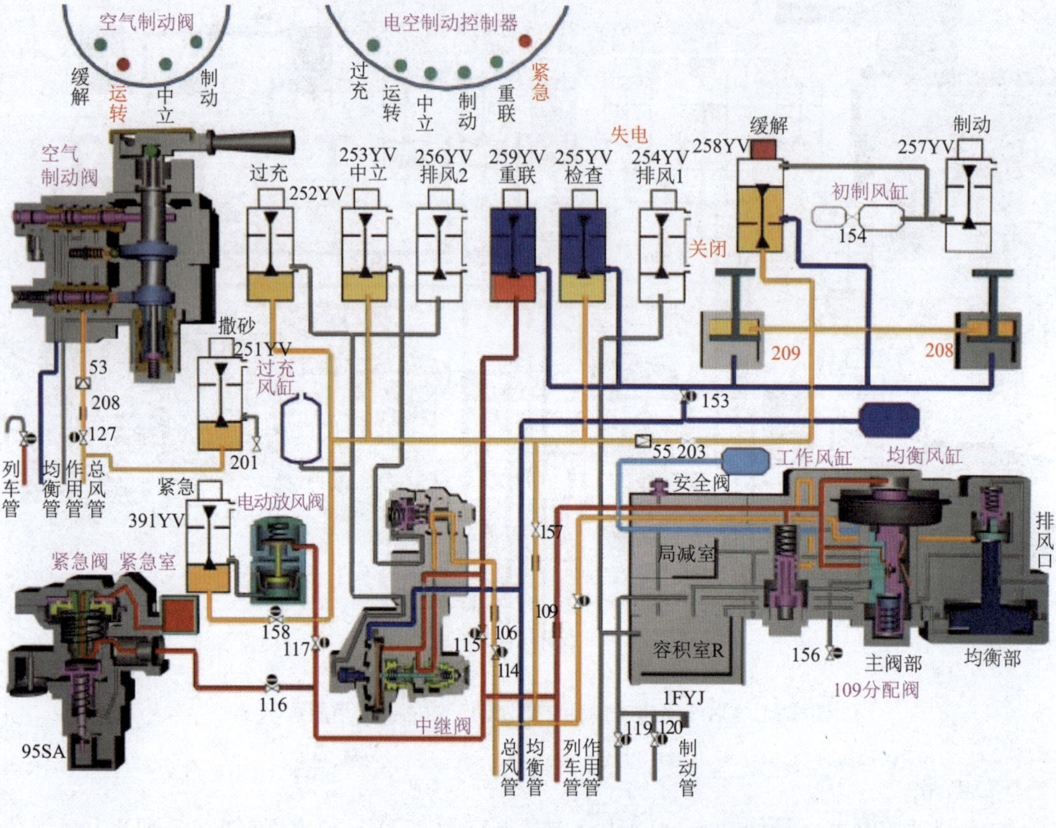

图 3-32 DK-1 型电空制动装置紧急位作用原理示意

(1)电路

电空制动控制器→导线 804→94YV 得电,同时通过重联插座使另一节机车的 94YV 也得电。导线 812→两位置转换开关辅助联锁 107QPF 或 107QPBW→导线 810 或 820→251YV、241YV 或 250YV、240YV 得电。机车根据实际运行方向撒砂。导线 806→钮子开关 463QS→导线 835→中立电空阀 253YV 得电。重联电空阀 259YV 得电;导线 821 二极管 260V 中立电空阀 253YV 得电;二极管 264V 导线 800 制动电空阀 257YV 得电。其余电空阀均失电。

(2)气路

总风→塞门 158→电动放风阀 94YV 下阀口→电动放风阀 94 膜板下方。总风→塞门 157→中立电空阀 253YV 下阀口→总风遮断阀阀套左侧。均衡风缸 56→转换阀 153→重联电空阀 259YV 下阀口→列车管→大气。过充风缸 57→排 2 电空阀 256YV 上阀口→大气。

(3)电动放风阀处于紧急制动状态

放风阀口开启,制动管→大气,即制动管压力迅速降低。

(4)紧急阀处于紧急制动位

放风阀口开启,制动管→大气放风,即加速制动管放风;联动微动开关95SA闭合电路838-839。待15 s后,关闭放风阀口,联动微动开关95SA改变电路。

(5)中继阀

①中立电空阀253YV得电使遮断阀口关闭,以切断制动管的供气风源。

②重联电空阀259YV得电使中继阀处于自锁状态,并且排风2电空阀256YV得电而排放过充风缸内的压力空气,使其失去对制动管压力变化的控制作用。

(6)重联阀

平均管压力也将迅速上升到450 kPa。

(7)压力表显示

总风缸750~900 kPa;制动管压力3 s内降为0;均衡风缸压力3 s内降为0;机车制动缸压力5 s内升至400 kPa,最高压力为450 kPa。

综上所述,该操纵可实现全列车的紧急制动,并伴随自动撒砂及切除牵引工况机车动力源,以确保列车的运行安全。

注意:紧急制动后,须15 s后再充风缓解。

7. 重联位

重联位是重联补机或换端操纵时手柄取出使用的位置(需转换司机台上的重联转换阀),如图3-33所示。

(1)电路

电空制动控制器:二极管264V导线800制动电空阀257YV得电;导线821二极管260V中立电空阀253YV得电;重联电空阀259YV得电。其余电空阀与继电器、电动放风阀均失电。

(2)气路

总风→塞门157→中立电空阀153YV下阀口→总风遮断阀阀套左侧。均衡风缸56→转换阀153→重联电空阀259YV中阀口→列车管。过充风缸→排2电空阀256YV上阀口→大气。

缓解电空阀258YV失电,切断均衡风缸充风通路;制动电空阀257YV得电,切断均衡风缸排气口;排1电空阀254YV失电,切断作用管(容积室)排风气路。

(3)中继阀

中立电空阀253YV的得电而使遮断阀口关闭,以切断制动管的供气风源。重联电空阀259YV的得电使中继阀处于自锁状态,排风2电空阀256YV得电而排放过充风缸内的压力空气,中继阀失去对制动管压力变化的控制作用。

(4)分配阀

分配阀主阀部未动作,均衡部受本务机车对作用管的控制影响。电空制动控制器手柄从运转位直接置重联位,由于制动管没有减压,分配阀仍处于充风缓解位;电空制动控制器手柄先放在制动位停留后移至重联位，均衡风缸、制动管减压后保压，分配阀如制动后的中立位，处于制动保压位。

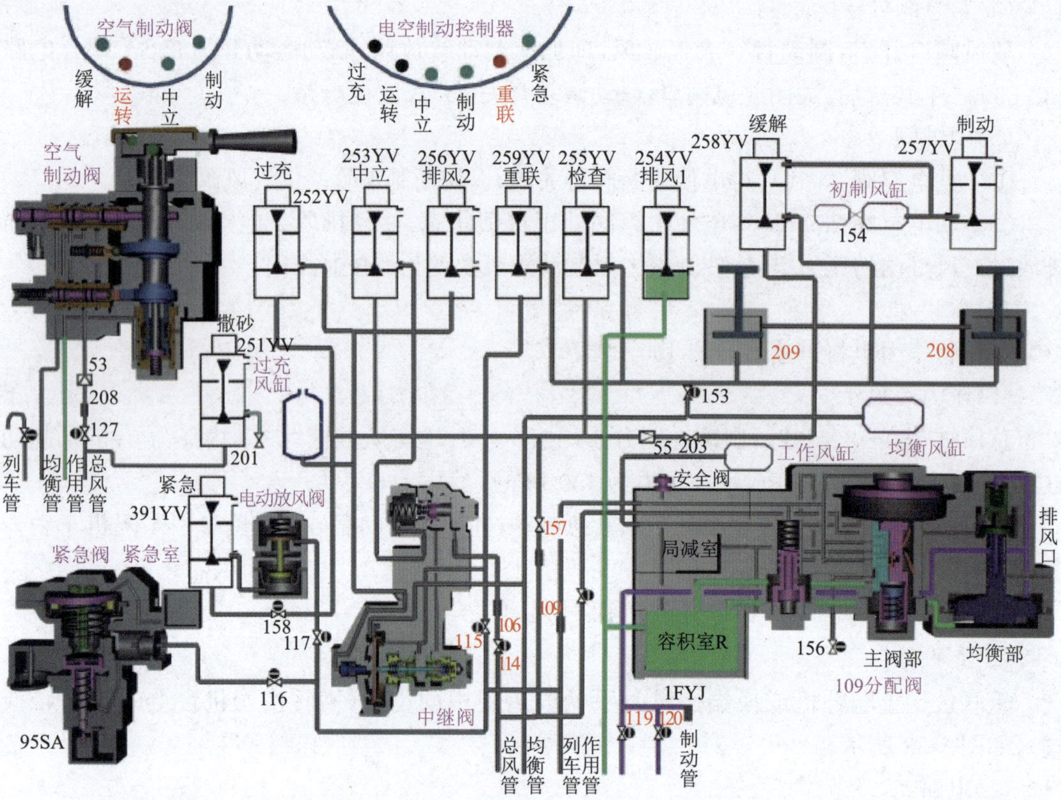

图 3-33　重联补机或换端操纵时手柄取出位置作用原理示意

(5)紧急阀

因制动管压力不变，故使紧急阀保持原状态。

(6)各压力表显示

总风缸：750～900 kPa。列车管、均衡风缸、机车制动缸均受本务机车控制。

(7)压力开关

压力开关失去对电路的控制作用。

(8)重联阀

由于重联阀处于补机位，作用管与平均管连通，本务机车制动缸的压力将通过平均管传入重联机车的作用管，从而来控制重联机车的制动、缓解和保压。

3.4.2　单独制动作用

当电空制动控制器手柄在运转位或中立位，操纵空气制动阀手柄在各位置时，DK-1 型电力机车制动装置会产生单独制动作用，用于操纵机车的制动、保压与缓解。空气制动阀电空转换扳钮处于电空位，则有：

(1)气路:经分配阀容积室→作用管→转换柱塞上凹槽(右)→通道 b 与作用柱塞处管路连通。

(2)电路:机车控制电源经电空制动自动开关 615QA→导线 899(电源)→空气制动阀微动开关 3SA1→导线 801 有电,为电空制动控制器送电。

1. 单独缓解位

该位置是单独缓解机车的,但较单独的大闸在运转位的缓解速度快。

(1)电路:该位置与大小闸手柄均在运转位时相同。微动开关 3SA2 闭合电路 809-818,使排风电空阀 254YV 得电,从而连通另一条作用管向大气排风的气路。

(2)空气制动阀:作用柱塞左移至左端,开通作用管排大气风的气路(作用管→转换柱塞→作用柱塞→大气),加上排风电空阀排大气通路,作用管排风速度加快。

(3)分配阀:作用与大小闸均在运转位相同,只是由于作用管压力下降较快,使机车制动缸的缓解速度加快,机车单独缓解。

2. 单独制动位

(1)空气制动阀

电路:微动开关 3SA2 断开电路 809-818,使排风电空阀 254YV 失电,切断作用管向大气排风的气路。

气路:作用柱塞在其凸轮和弹簧作用下右移至右端,开通作用管充风的气路,即总风→调压阀(调整压力为 300 kPa)→作用柱塞→转换柱塞→作用管。

作用管压力上升,根据空气制动阀手柄在该位置停留时间的长短,可获得 0～300 kPa 间不同的作用管压力。

(2)分配阀

主阀部维持原状态不变,增压阀仍关闭。由于作用管压力的升高,均衡部的均衡活塞下方压力同时上升,活塞带动空心阀杆上移顶开均衡阀口,连通总风向机车制动缸及均衡活塞上侧充风的气路,即机车制动缸压力升高。

当机车制动缸及均衡活塞上侧压力升高至与作用管压力平衡时,在均衡阀弹簧作用下,关闭均衡阀口,停止机车制动缸的充风。

3. 中立位

该位置用于机车单独制动前的准备及制动后的保压。

(1)空气制动阀

电路:微动开关 3SA2 断开电路 809-818,使排风电空阀 254YV 失电,从而切断作用管向大气排风的气路。作用管压力不变。

气路:作用柱塞在其凸轮和弹簧作用下处于中间位置,切断所有气路。

(2)分配阀

主阀部维持原状态不变,增压阀仍关闭。均衡部由于作用管压力不变,使均衡部保持不动而维持保压状态,所以机车制动缸压力保持不变。

4. 运转位

该位置是机车正常运行中所用位置。作用同缓解位,该操纵可实现机车的单独缓解,且其缓解速度较空气制动阀在缓解位的缓解速度慢。

(1)下压手柄

①当下压空气制动阀手柄时,推动转轴内的顶杆下移,顶开单缓阀口,连通作用管向大气排风的气路,即作用管压力降低。

②分配阀均衡部排气阀口开,连通机车制动缸及均衡活塞上侧向大气排风的气路,即机车制动缸压力降低。

当停止下压手柄时,排气阀口关闭,且不打开均衡阀口,停止机车制动缸的排风。

该操纵可实现机车的单独缓解。

(2)电空制动控制器手柄

电空制动控制器手柄在制动位或制动后的中立位,空气制动阀手柄在缓解位或下压手柄的作用。

该工况一般称为电空制动控制器制动,空气制动阀单独缓解作用,即在全列车制动系统制动时,由空气制动阀单独缓解机车制动。

当空气制动阀手柄移至缓解位(或下压手柄)时,作用管→转换柱塞→作用柱塞→大气(或作用管→单缓阀口→大气)机车制动缸压力降低。

当由缓解位回到运转位或停止下压手柄时机车制动缸压力与作用管压力平衡时,关闭排气阀口,停止机车制动缸的排风。

注意:操纵过程中,应避免大劈叉制动。大劈叉制动,是指电空制动控制器减压的同时,将空气制动阀手柄移至缓解位(或下压手柄)。这种车辆制动而机车不产生制动的操纵方法称为大劈叉制动,也叫拉弓闸。大劈叉制动使用不当时,极易损伤甚至拉断车钩,同时因机车不制动,会使列车制动力下降。

思 考 题

1. 简述 DK-1 型与 JZ-7 型制动装置的主要区别。
2. 简述电动放风阀、紧急阀的作用原理及用途。
3. 简述紧急制动后 15 s 内,不能进行缓解操纵的原因。
4. 简述机车无动力回送时应对制动装置所做的操作。

第4章 CCBⅡ制动控制系统

CCBⅡ制动控制系统作为和谐型系列电力机车制动系统，以 26-L 空气制动装置为基础，集成计算机控制系统。本章主要论述 CCBⅡ制动控制系统中各主要部件的构造及作用，CCBⅡ的控制关系，CCBⅡ气路的综合作用，以及系统的安全保护和主要部件的备份等；而辅助管路系统中空气防滑器、停放制动装置、停放制动辅助缓解装置等不作为本章论述的内容。

4.1 概 述

和谐型系列电力机车主要采用集成化气路 CCBⅡ制动控制系统（以下简称 CCBⅡ系统），具有空电制动功能。该系统采用螺杆式空气压缩机作为风源设备，并配置了备用制动装置。

CCBⅡ系统空气管路与制动系统的组成如图 4-1 所示。

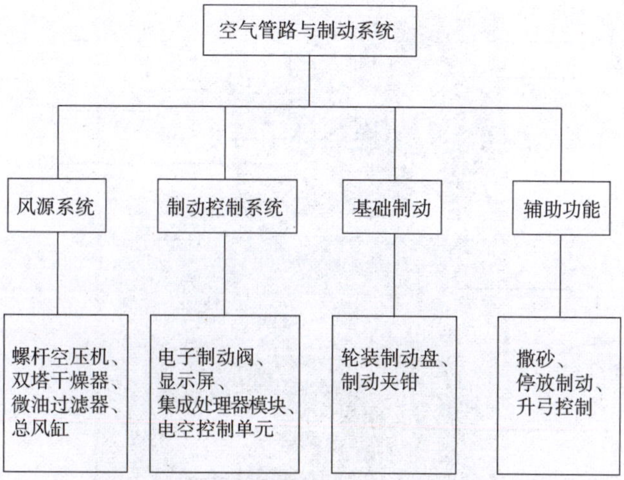

图 4-1 CCBⅡ系统空气管路与制动系统的组成

CCBⅡ系统空气管路与制动系统的控制关系如图 4-2 所示。

CCBⅡ系统控制部分及辅助功能控制部分集成在空气制动柜中，其布置如图 4-3 所示。

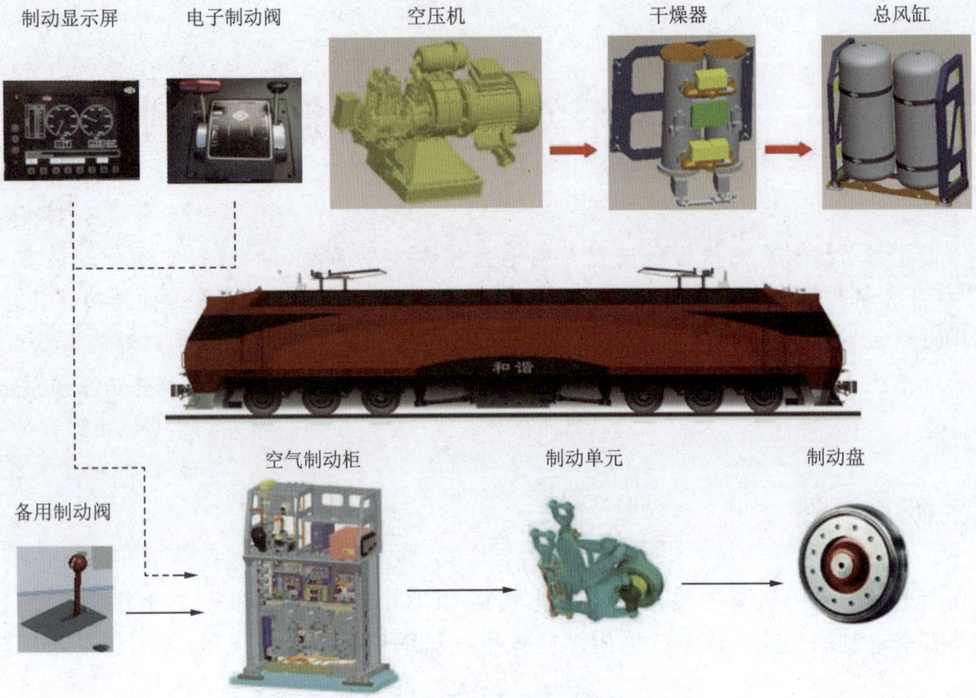

图 4-2　CCBⅡ系统空气管路与制动系统的控制关系

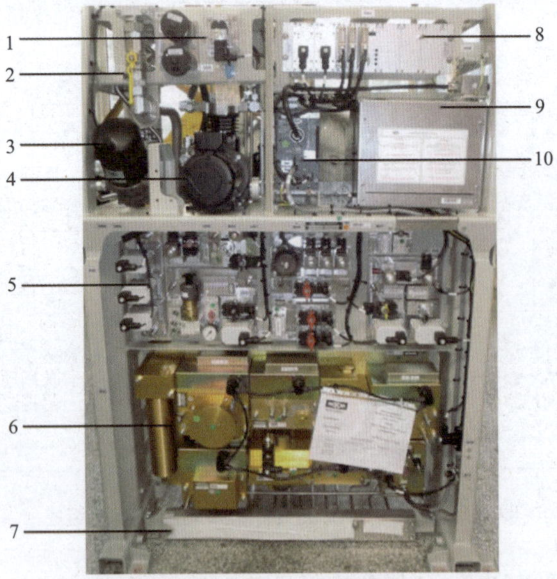

1—升弓钥匙塞门；2—总风截断塞门；3—辅助干燥器；4—辅助压缩机；5—辅助控制模块；6—电空控制单元；7—气路接口；8—防滑器控制单元；9—接口模块；10—微处理器。

图 4-3　空气制动柜布置

4.2　制动控制系统

CCBⅡ系统是基于 LonWorks 现场总线的微处理器电空制动控制系统，除了紧急制动作用由机械阀触发，所有逻辑控制指令都是微处理器发出的。

CCBⅡ 系统包括 5 个主要部件：制动显示屏（LCDM）、电子制动阀（EBV）、电空控制单元（EPCU）、集成处理器模块（M-IPM）、继电器接口模块（RIM/CJB）。

备用空气制动系统为纯空气制动系统，只在电空制动系统出现故障时使用。通过切换转换塞门 D03 的位置、关闭制动电源 QA69，投入备用空气制动系统。通过控制列车管压力，实现控制全列车基本的制动与缓解作用。

4.2.1　CCBⅡ制动部件

1. LCDM

LCDM 位于司机室操纵台左侧，是 CCBⅡ制动装置的主要显示和操作装置，由 10.4 英寸*液晶显示器、下方 8 个功能键和左侧 3 个亮度调节键组成。功能键用来实现操作菜单的选择及制动功能的选定。操作菜单可以用中文或英文来显示。

每个司机室操纵台上装有一个 LCDM，通过列车网络控制系统（TCMS）控制每个司机室制动显示屏的得、失电。当一个 LCDM 得电，其信号将送到制动系统微处理器，微处理器根据此信号激活对应的 EBV，使其按照指令控制机车、车辆制动系统的动作；而此时另一个 LCDM（反向操纵台）不得电，其 EBV 不被激活。如两个 LCDM 同时得电，微处理器将通过制动显示屏显示制动系统故障信息，两个电子制动阀均不被激活。

正常操纵机车时，LCDM 实时显示均衡风缸、列车管、总风缸和制动缸的压力值，也实时显示列车管流量和空气制动模式的当前状况。通过显示屏可实时显示制动装置故障信息，并记录保存。还对制动装置各模块进行自检，进行本机/补机、均衡风缸定压、列车管投入/切除、阶段缓解/一次缓解、补风/不补风、CCBⅡ系统自检、风表值标定、故障查询等功能的选择和应用，如图 4-4 所示。

图 4-4　制动显示屏（LCDM）

* 英寸为长度单位，1 英寸等于 2.54 厘米。

2. EBV

EBV 是 CCBⅡ制动装置的人机接口。操作者通过图 4-5 电子制动阀控制器直接给电空制动单元发送指令,并通过微处理器进行逻辑控制。

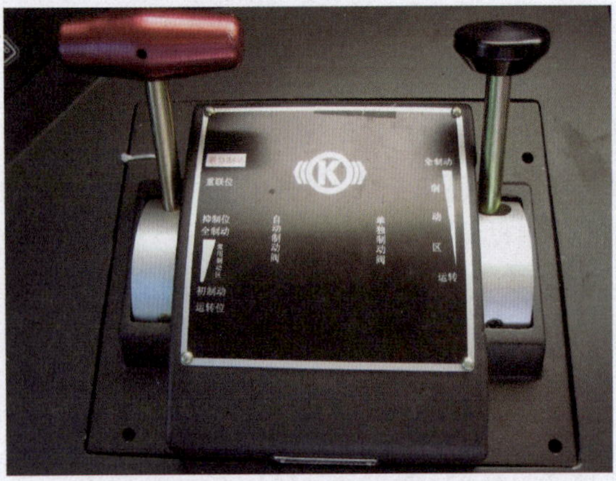

图 4-5　电子制动阀(EBV)

自动制动手柄位于左侧,单独制动手柄位于右侧(均为司机操纵),中间为手柄位置指示标牌。在 EBV 内部有一个机械阀,当自动制动手柄置于紧急制动位时,机械阀动作,保证机车车辆在任何状态下均能产生紧急制动作用。

自动制动手柄和单独制动手柄均采用推拉式操作,具有自保压特性(与 JZ-7 型相似)。自动制动手柄包含运转位、初制动位、全制动位、抑制位、重联位和紧急制动位,在初制动位和全制动位之间是常用制动区。单独制动手柄包含运转位、制动区和全制动位。通过侧压单独制动手柄可实现机车的单独缓解功能。

每个司机室均装有一个电子制动阀,操纵端司机室的制动显示屏被激活,微处理器激活操纵端的电子制动阀,此时非操纵端的电子制动阀未被激活,也不能送出制动指令。未被激活的电子制动阀自动制动手柄需用销子将其锁定在重联位上,以免误动作触发紧急制动,单独制动手柄应放在运转位。

在 LonWorks 网络上,由自动制动、单独制动手柄发出动作信号。除紧急制动外,EBV 是全电子化阀,紧急制动时,在电子启动紧急制动的同时,在 EBV 背部(21 管阀)还装有空气阀启动 EPCU 进入紧急制动。

(1)自动制动手柄位置

自动制动手柄位置包括运转位、初制动(最小减压位)、全制动(最大减压位)、抑制位、重联位、紧急位。初制动和全制动之间是常用制动区。手柄向前推为常用制动或紧急作用,手柄向后拉为缓解作用。在重联位时,通过插针可将手柄固定在此位置。

①运转位——均衡风缸控制(ERCP)响应手柄位置,给均衡风缸充风到设定值;列车管控制(BPCP)响应均衡风缸压力变化,列车管被充风到均衡风缸设定压力;16CP 响应列车管压力变化,将作用管(16 号管)压力排放;BCCP 响应作用管压力变化,机车制动缸缓解;同时车辆副风缸充风,车辆制动装置缓解。

②常用制动区——在初制动与全制动之间。手柄放置在初制动位时，ERCP 响应手柄置初制动位置，均衡风缸压力将减少 50～60 kPa(定压 600 kPa)；BPCP 响应均衡风缸压力变化，压力也减少 50～60 kPa；16CP 响应列车管压力变化，作用管压力上升到 70～110 kPa；BCCP 响应作用管压力变化，机车制动缸压力上升到作用管压力。手柄放置在全制动时，均衡风缸压力将减少 170 kPa (定压 600 kPa)，制动缸压力将上升到 420 kPa (定压 600 kPa)。手柄放置在初制动与全制动之间时，均衡风缸将根据手柄的不同位置减少压力。

③抑制位——机车产生常用惩罚制动后，必须将手柄放置此位置使制动装置复位后，手柄再放置运转位，机车制动作用才可缓解。在抑制位，机车将产生常用全制动作用。

④重联位——机车运行时，非操纵端手柄置重联位。换端操纵时，两端手柄均置重联位，均衡风缸按常用制动减速率减压到 0；列车管减压到 69 kPa 后，BPCP 中的机械阀将列车管切除；16CP 控制作用管充气至 450 kPa，BCCP 相应作用管压力控制制动缸制动。重联机车两端自动制动手柄均置重联位，均衡风缸压力为 0，BPCP 中的 MV53 预控电磁阀得电，机车失去对列车管的控制作用。制动系统断电状态(无动力回送)时，两端手柄应置重联位。

⑤紧急位——自动制动阀上的机械阀动作，列车管压力排向大气，触发 EPCU 中 BPCP 及机车管路中的紧急排风阀动作，产生紧急制动作用。紧急制动列车管减压速度不受均衡风缸减压速度的制约，16CP 响应列车管减压，迅速向作用管(16 号管)充气；BCCP 响应作用管压力增加，控制机车制动缸充气产生紧急制动作用；车辆制动装置产生紧急制动作用。

(2)单独制动手柄位置

单独制动手柄位置包括运转位和通过制动区到达的全制动位。手柄向前推为制动作用，向后拉为缓解作用。20CP(平均管控制)响应手柄的不同位置，使制动缸产生作用压力范围为 0～300 kPa。当侧压手柄时，13CP(单独缓解控制)工作，可以实现缓解机车的自动制动作用。

3. EPCU

安装在机车空气控制柜的 EPCU 由电空阀和空气阀组成，用来控制机车空气系统的压力，如图 4-6 所示。电空控制单元是制动系统的执行部件，所有电空阀和空气阀集成到 8 个线路可更换模块(LRU)，其中 5 个 LRU 是智能的，可通过软件进行自检并通过 LonWorks 网络、电子制动阀和微处理器进行通信。

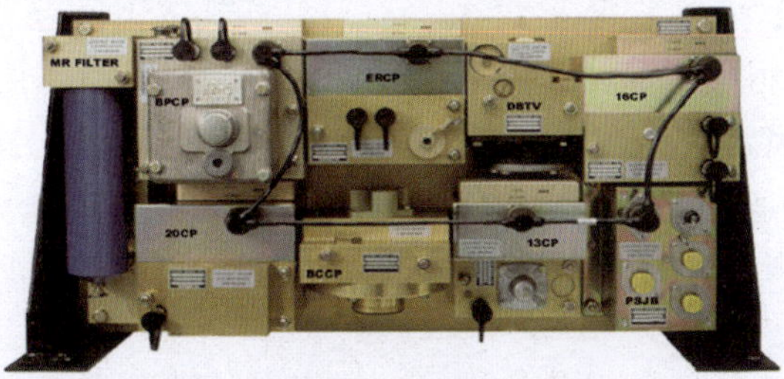

图 4-6　电空控制单元(EPCU)

电空控制单元包括均衡风缸控制模块、列车管控制模块、作用管控制模块16CP、平均管控制模块20CP、单独缓解控制模块13CP、制动缸控制模块、三通阀控制模块及电源接线盒。其中16CP、20CP及13CP的定义分别来自ND5型内燃机车26-L空气制动机的16号作用风缸管、20号单独作用管及13号单独缓解管。

(1)均衡风缸控制模块(ERCP)

本机状态时响应自动制动手柄指令产生均衡风缸压力及列车管控制压力;补机和失电状态时均衡风缸压力将为0;内部装有均衡(ERT)和总风(MRT)压力传感器,通过LCDM显示屏可以读取,如果总风压力传感器(MRT)故障,位于BPCP内部的(MRT备份)将被投入;无动力切除塞门和无动力调整阀也位于ERCP上。

均衡风缸控制模块接收来自电子制动阀的自动制动手柄指令、微处理器以及机车监控系统(ATP)的指令来控制机车均衡风缸的压力。其功能类似于JZ-7型制动装置中自动制动阀内的调整阀,以及DK-1型制动装置中自动制动阀、缓解电磁阀和制动电磁阀联合作用。

区别是JZ-7型制动装置调整阀是纯机械机构,只响应自动制动手柄的动作,且均衡风缸的压力由凸轮行程来决定;DK-1型制动装置虽然是通过电信号控制电磁阀实现均衡风缸的压力控制,但均衡风缸充气缓解时的最高压力通过加装在总风管路上的减压阀来限制,均衡风缸排风制动时,其最小减压量通过制动电磁阀的缩口和初制风缸联合实现,大减压量通过自动制动阀手柄长时间停留在制动位,即制动电磁阀长时间得电来实现,控制准确度、减压精度都不理想,且不能自保压。

ERCP通过电子信号能准确控制均衡风缸的压力,且具有自保压功能,如此模块发生故障,会自动由其他模块作用管控制模块(16CP)来代替。

无动力回送装置也集成在均衡风缸控制模块内部。

均衡风缸控制模块主要由均衡风缸、缓解电磁阀(REL)、作用电磁阀(APP)、均衡模块电磁阀(MVER)、过滤器等组成。其中无动力回送装置由无动力塞门(DE)、压力调整阀(DER)等组成。

①缓解电磁阀(REL)

缓解电磁阀(REL)得电,均衡风缸通向大气,均衡风缸减压;缓解电磁阀(REL)失电,停止均衡风缸通向大气,均衡风缸保压。

②作用电磁阀(APP)

作用电磁阀(APP)得电,总风缸通均衡风缸,均衡风缸增压;作用电磁阀(APP)失电,停止均衡风缸增压,均衡风缸保压。

均衡风缸控制模块通过缓解、作用电磁阀实现对均衡风缸的压力控制。在缓解后或制动后的保压状态,上述两个电磁阀均失电。若将自动制动阀手柄置重联位,缓解电磁阀得电将均衡风缸风压排至0。

③均衡模块电磁阀(MVER)

均衡模块电磁阀(MVER)得电,产生预控压力,允许机械阀接口连通,均衡风缸接受缓解、作用电磁阀控制;均衡模块电磁阀(MVER)失电,预控压力排向大气,允许机械接口连通，均衡风缸连通列车管减压制动单元(ERBU)。

均衡模块电磁阀(MVER)用来控制机械接口的连通状态，是ERCP模块的预控电磁阀。当制动装置断电、机车设置为补机或ERCP模块故障处于备用模式下，MVER电磁阀失电；其他状态下均得电。

④无动力塞门(DE)

无动力塞门(DE)在机车附挂时(无动力回送)使用，有投入和切除2个位置。投入位置：将列车管和第二总风缸连通，允许列车管给总风缸充风，机车附挂时使用。切除位置：断开列车管和第二总风缸的通路，机车在正常运行时使用此位置。

⑤压力调整阀(DER)

无动力塞门投入位置时，限制列车管给总风缸充风的压力到250 kPa左右。

(2)列车管控制模块(BPCP)

列车管控制模块接收来自均衡风缸的压力，由内部BP作用阀响应其变化并使列车管快速产生与均衡风缸相等的压力，实现列车的制动、保压和缓解。其作用与JZ-7型或DK-1型制动装置中的中继阀的作用相似。

列车管控制模块可监测列车管压力，接受自动制动阀和微处理器的指令。当发现列车管压力快速下降或接收到来自自动制动阀或微处理器的紧急制动指令时，会加快列车管减压，从而产生紧急制动。此作用与JZ-7型中的放风阀和分配阀紧急部或DK-1型中的电动放风阀和紧急阀的作用类似。

列车管控制模块主要由BP作用阀、MV53电磁阀/BPCO机械阀、列车管压力传感器(BPT)、列车管流量传感器(FLT)、充风节流孔C1、列车管压力测试点(TPBP)、紧急电磁阀(EMV，74 V)、紧急电磁阀(MVEM，24 V)、气动紧急放风阀(PVEM)等组成。

①BP作用阀

BP作用阀接受均衡风缸的控制压力产生与之相等的列车管压力，实现对列车的制动、保压和缓解。其排风管路的列车管排风速度受节流孔(6.35 mm)的限制，保证常用制动安定性。作用阀为该模块的核心部件，属于机械阀。

②MV53电磁阀/BPCO机械阀

MV53电磁阀/BPCO机械阀共同作用，实现机车列车管投入/切除、补风/不补风、一次缓解/阶段缓解等功能。

MV53电磁阀得电，由作用阀产生的列车管压力不能通过本电磁阀，并控制BPCO机械阀的预控压力排向大气，使机械阀通路关闭，列车的制动管路和作用阀隔离。机车列车管处于保压状态，作用阀虽仍受均衡风缸压力控制，但不再控制机车列车管压力。

MV53电磁阀失电，允许由作用阀产生的列车管压力通过本电磁阀，并控制BPCO机械阀使其开通，机械阀开通后由作用阀产生的压力空气通过机械阀，经过滤后进入列车管。

机车处于本机/补风/阶段缓解状态时，MV53电磁阀处于常失电状态。机车处于本机/不补风状态时，当自动制动阀在运转位，MV53电磁阀失电；当自动制动阀在制动区，列车管减压到均衡风缸控制压力后，微处理器使MV53电磁阀得电。如运行中产生紧急制动作用或将机车设置为单机状态(操纵端/切除)或补机状态时，MV53电磁阀将常得电，列车管不受 ERCP 压力控制，但通过自动制动阀仍可产生紧急作用。

③列车管流量传感器(FLT)

列车管流量传感器(FLT)的作用是产生与经过充风节流孔 C1 的总风压力成比例的电压信号，传送给微处理器。微处理器比较总风压力和流量传感器的电压信号，进行数据处理并通过制动显示屏显示压力值。

④紧急电磁阀(EMV,74V)

紧急电磁阀(EMV)由微处理器直接控制，产生紧急制动作用。紧急电磁阀(EMV)失电，21 号管不排风(正常模式)；紧急电磁阀(EMV)得电，21 号管排风，产生紧急制动。

⑤紧急电磁阀(MVEM,24V)

紧急电磁阀(MVEM)接收电子制动阀的紧急制动指令，产生紧急作用。紧急电磁阀(MVEM)失电，电子制动阀不在紧急制动位，21 号管不排风；紧急电磁阀(MVEM)得电，电子制动阀在紧急制动位，21 号管排风，产生紧急制动。

⑥气动紧急放风阀(PVEM)

由于 21 号管排风，造成紧急放风阀动作，列车管内压力空气以足够大的流速排向大气，保证紧急制动作用的发生。

如果单机状态时制动系统失电，列车管会自动转到投入状态，允许以常用制动的速率将列车管压力排向大气，当列车管压力降到 69 kPa 左右时，BPCP 内部将再次自动切除列车管通路；如果补机状态时制动系统失电，列车管压力降到 69 kPa 左右。列车管的补风/不补风功能也由此模块实现。

BPCP 内部装有列车管压力传感器(BPT)，通过 LCDM 显示屏操作者可以读出列车管的压力，如果此压力传感器故障，位于 16CP 的列车管压力传感器(BPT 备份)将被投入。

(3)作用管控制模块(16CP)

作用管控制模块(16CP)用来产生制动缸的控制压力，基本功能与 JZ-7 型及 DK-1 型制动装置中分配阀的作用类似。

本机状态时，通过对机车列车管的减压量、平均管的压力、机车单独缓解指令及单独制动阀的控制指令来产生制动缸的控制压力，即 16 号管压力；在补机状态时，除了列车管压力降到 140 kPa 以下并且总风重联开关(MREP)动作以外，不再响应列车管的减压而产生制动缸的控制压力，重联机车的制动缸压力由平均管的压力来控制。

在本机/投入或本机/切除模式下，16 号管增加的压力同列车管减少的压力的比约为 2.5∶1，并且 16 号管增加的压力不超过(450±20)kPa。

当接收到单独缓解指令或列车管增压 14 kPa 时，制动缸开始缓解。

当出现电源故障时，此模块对制动缸的控制压力自动释放，然后通过 DBTV 产生(本机状态)，或是由 20CP 到制动缸中继阀的先导压力对制动缸压力进行控制(补机状态)。

一旦列车管压力小于 140 kPa，此模块内部的紧急限制阀(ELV)将增加制动缸先导压力到常规值 440 kPa，产生最小值为 420 kPa 的制动缸压力。产生的制动缸压力在补机单元不能自动释放，只有当列车管压力被充到高于 140 kPa 时，补机单元中的制动缸压力才可随列车管压力增加进行缓解。

16CP 是 ERCP 的备用模块。在 20CP 故障情况下，16CP 也会响应单独制动阀的制动指令，但此指令只能作用于本机。

在 ER 控制单元故障情况下，16CP 与制动缸隔离，通过 3 个电磁阀的动作连接到均衡风缸（上电 ERBU、断电 MV16 和 MVER），这样 16CP 可控制均衡风缸的压力。制动缸的控制则由 DBTV 控制。

作用管控制模块主要由缓解电磁阀（REL）、作用电磁阀（APP）、电磁阀（MV16）、三通阀（PVTV）、紧急限压阀（ELV）、作用管压力测试点（TP16）及作用风缸等组成。

①缓解电磁阀（REL）

缓解电磁阀（REL）得电，作用风缸通向大气，作用风缸减压；缓解电磁阀（REL）失电，停止作用风缸通向大气，作用风缸保压。

②作用电磁阀（APP）

作用电磁阀（APP）得电，总风缸通作用风缸，作用风缸增压；作用电磁阀（APP）失电，停止总风缸通作用风缸，作用风缸保压。

作用管控制模块通过缓解、作用电磁阀实现对作用风缸压力的控制。缓解后或制动后，两个电磁阀均失电，作用风缸保压。若将机车设置在补机位，缓解电磁阀得电，排空作用风缸压力。

③电磁阀（MV16）

电磁阀（MV16）得电，产生控制压力，允许机械阀接口和三通阀接口 A2 通 A3，使作用风缸接收缓解、作用电磁阀的指令。

电磁阀（MV16）失电，控制压力空气排向大气，允许机械阀接口和三通阀接口 A1 通 A3，使作用风缸同 DBTV 连通，并受其控制。

此电磁阀控制其机械阀接口的连通，是该模块的预控电磁阀。当制动系统断电、ERCP 模块故障处于备用模式、16CP 模块故障处于备用模式，该电磁阀将失电，16CP 模块失去对作用风缸的控制能力，同时允许 DBTV 模块对作用风缸进行控制，即对制动缸压力进行控制；其他状态无论机车设置为本机/投入、本机/切除或补机，该电磁阀均得电。

④三通阀（PVTV）

三通阀（PVTV）受电磁阀 MV16 的控制，并配合使用，完成 16CP 对作用风缸的控制或 DBTV 对作用风缸的控制选择或自动转换。正常工作状态下，作用风缸的压力控制应由 16CP 模块产生的 16 管压力来完成，但 DBTV 也适时根据列车管压力变化产生作用风缸的控制压力 16TV，此控制压力在三通阀处被堵截。

⑤紧急限压阀（ELV）

紧急限压阀（ELV）将总风缸压力限制到 440 kPa，使通过紧急压力阀控制的作用风缸压力不超过 440 kPa。

列车紧急制动后机车自动制动阀单缓时，13 号管强制紧急压力阀动作，切断总风通往作用风缸的通路，机车缓解；当解除单缓指令后，紧急压力阀恢复，作用风缸压力恢复到 440 kPa。

⑥作用管压力测试点（TP16）

作用管压力测试点（TP16）直接和作用风缸相连接，检测作用风缸的实际压力。

(4)平均管控制模块(20CP)

平均管控制模块(20CP)根据列车管减压量、单独缓解指令、本机/单机模式下单独制动手柄位置等信号，产生本务和补机的制动缸、平均管压力。平均管控制压力为列车管减压量的 2.5 倍；当列车管压力增加 14 kPa 或单独缓解时，平均管压力缓解。

平均管压力直接根据单独制动手柄命令产生，从运转位的 0 直到全制动位时的 300 kPa，平均管可实现阶段变化；平均管压力取常用制动或单独制动指令中压力较高者。该模块在电源故障时进行管路保压；20CP 只在本务机车上有效，制动状态时故障将保持制动缸原压力值。当该模块故障时，作用管控制模块会根据本务机车单独制动指令产生制动缸压力，不再产生平均管压力；20CP 在补机中不起作用，将保持失电状态。

由 IPM 控制的 20CP 同时响应动力制动信号，当有动力制动信号时，缓解平均管压力；重联模式时，20CP 响应平均管的压力变化；失电时，20CP 将保持平均管的压力。

平均管控制模块主要由缓解电磁阀(REL)、作用电磁阀(APP)、预控电磁阀(MVLT)、预控机械阀(PVLT)及作用风缸等组成。

①缓解电磁阀(REL)

缓解电磁阀(REL)得电，作用风缸通向大气，作用风缸减压，平均管排风；缓解电磁阀(REL)失电，停止作用风缸通向大气，作用风缸保压，平均管停止排风。

②作用电磁阀(APP)

作用电磁阀(APP)得电，总风缸通作用风缸，作用风缸增压，平均管充风；作用电磁阀(APP)失电，停止总风缸通作用风缸，作用风缸保压，平均管停止充风。

平均管控制模块通过缓解、作用电磁阀实现对作用风缸压力、平均管压力的控制。缓解后或制动后，两个电磁阀均失电，作用风缸保压。若将机车设置在补机位，两个电磁阀均在失电状态。

③预控电磁阀(MVLT)

预控电磁阀(MVLT)得电，产生控制压力，允许机械阀接口 A2 通 A3，同时开通预控机械阀(PVLT)，实现通过控制缓解阀、作用电磁阀对平均管进行控制。

预控电磁阀(MVLT)失电，控制压力空气排向大气，允许机械阀接口 A1 通 A3，同时关闭预控机械阀(PVLT)，模块失去对平均管的控制能力。

此电磁阀控制其机械阀接口的连通和预控机械阀(PVLT)的通断，是该模块的预控电磁阀。

当制动系统断电、20CP 模块故障、机车处于补机模式、预控电磁阀(MVLT)失电，关闭预控机械阀(PVLT)，模块失去对平均管的控制能力。机车平均管管路呈自保压状态；机车设置为本机、单机模式，该电磁阀均得电。

④预控机械阀(PVLT)

预控机械阀(PVLT)和预控电磁阀(MVLT)联合使用，实现该模块对平均管的控制。此阀为两位两通阀，关断后不能将机车平均管排空。

(5)单独缓解控制模块(13CP)

单独制动手柄侧压时，该模块控制 13 号单独缓解管充风，对 DBTV 里的 BO 阀进行控制，排空作用管的风压；同时制动系统控制作用管模块中的缓解电磁阀，排空作用风缸和 16 号作用管压力，实现单缓机车制动（该压力由自动制动产生）；同时在 ER 备用情况下与作用管控制模块共同动作实现均衡风缸的压力控制。

单缓控制模块主要由单独缓解电磁阀（MV13S）和均衡风缸备用电磁阀（ERBU）等组成。

①单独缓解电磁阀（MV13S）

单独制动阀侧压，得电，总风缸给 13 号管充风，帮助 DBTV 内部实现机械的单缓功能；单独制动阀恢复，失电，停止总风缸给 13 号管充风。

②均衡风缸备用电磁阀（ERBU）

均衡风缸备用电磁阀（ERBU）和作用管、均衡风缸控制模块配合使用，当均衡风缸控制模块故障失效时，系统自动使 MVER 失电，MV16 失电，ERBU 得电。利用作用管控制模块中的缓解电磁阀、作用电磁阀代替均衡风缸控制模块中缓解、作用电磁阀的作用，用 ERBU 电磁阀代替作用管控制模块中 MV16 电磁阀的功能，实现对均衡风缸的控制。

(6)制动缸控制模块（BCCP）

制动缸控制模块（BCCP）从作用管或平均管接收到制动缸控制压力，产生制动缸压力。该模块属大通道的空气中继阀，其用总风缸作为供风风源、作用管和平均管作为控制压力，对机车制动缸进行充排风控制。失电情况下，该模块会使制动缸通过 PVPL 与平均管连接，产生平均管压力，这样补机就可以和本务机车一样产生制动。PVPL 在均衡风缸后备管路压力大于 69 kPa 时开通。失电时，单缓控制模块缩堵限制均衡风缸压力的释放，从而本务机车的 PVPL 可将其制动缸与平均管相连而产生平均管压力，用于产生补机制动缸压力；空电互锁电磁阀也位于制动缸控制模块的 16 号管路中。

制动缸控制模块主要由 BCCP 作用阀、DCV1 变向阀、PVPL 阀等组成。

①BCCP 作用阀

BCCP 作用阀是大容量的空气中继阀，按照 16 号管控制压力或平均管压力 1∶1 的比率产生制动缸压力。

②DCV1 变向阀

DCV1 变向阀在 16 号管和 20 号平均管中选择最高压力，导通此压力作为制动缸中继阀的控制压力。

③PVPL 阀

PVPL 阀在均衡风缸备份工作期间，均衡风缸控制模块断电、均衡风缸排风期间或机车设置为补机状态时连接制动缸和机车平均管，避免平均管控制模块不能工作时本务机车不能产生平均管压力，从而导致补机没有制动缸控制压力。

装有 DBI-1 型动力制动电磁阀，通过此电磁阀实现机车动力制动和空气制动的互锁功能。

(7)三通阀控制模块（DBTV）

在作用管控制模块故障时，三通阀控制模块（DBTV）为作用管控制模块提供空气备份功能，用来控制制动缸中继阀。列车管充风缓解时，该模块使列车管向电空控制单元上的辅助风缸充风；当列车管压力降低时，辅助风缸通过该模块向 16TV 管充风。当产生全制动时，该模块会使辅助风缸与16TV管和3号风缸压力均衡而达到全制动。

三通阀控制模块(DBTV)主要由DBTV三通阀、BO阀、辅助风缸和3号风缸等部件组成。

①DBTV三通阀

a. 列车管压力增加，列车管给辅助风缸充风，3号风缸和16TV管排风，制动缸缓解。

b. 列车管压力降低，列车管向辅助风缸充风的通路被切断，辅助风缸和16TV管接通，并向3号风缸和16TV管充风，制动缸制动。

c. 列车管压力不变，3号风缸和16TV管充排风通路均关闭，充风、排风作用停止，处于保压状态。

由于DBTV阀为纯机械结构，为使每次产生的制动缸控制压力达到目标值，在列车缓解时，辅助风缸必须完全充满。

②BO单独缓解阀

DBTV中的13号单独缓解管压力高于140 kPa时，将导致16TV管通过BO阀排风，自动制动作用缓解。

当作用管控制模块16CP故障时，16号作用管由DBTV进行控制，工作于空气备份模式，空气备用三通阀控制16号作用管的压力，再通过BCCP控制制动缸的充排风。DBTV中的主要部件为空气部分，它的工作不受16CP有无故障的影响，但由于制动系统的计算机控制，其作用无法通过显示系统显现。

(8)电源接线盒(PSJB)

电源连接盒位于EPCU所有节点和IPM的连接中心。PSJB内置电源，为CCBⅡ系统供电(将110V转换到24V)；在外部具有多个接插件，允许EPCU、EBV、M-IPM和RIM/CJB相互连接；包括4个可替换过滤器安装在EPCU管线上。

4. M-IPM

M-IPM作为CCBⅡ制动控制系统的中央处理器，可进行各制动功能的软件运算，并对各部分软件状态进行检测和维护；安装在机车制动控制柜，处理所有与制动显示屏有关的接口任务，执行所有与制动系统相关的通信功能；通过LonWorks网络和电空控制单元、电子制动阀通信，通过RS-422电缆线和LCDM通信，通过MVB网络和机车控制系统和安全装置进行通信，并可提供二进制输出，驱动机车继电器。

(1)指示灯

微处理器前端设有13个指示灯，用来显示制动系统状态的反馈信息。若制动系统处于正常状态，微处理器顶端2个绿色指示灯处于指示状态，而其他指示灯没有指示信息。

①电源——指示灯绿色表示IPM已加电。如果在IPM得电的情况下，指示灯熄灭，则很有可能是电源失效。

②CPU OK——内部计时器，该指示灯绿色显示IPM CPU的状况良好，该LED表示IPM成功通过每15 min进行一次的自检。

③DP LEAD——该指示灯绿色表示该机车处于动力分散本机机车模式。

④DP REMOTE——该指示灯绿色表示该机车处于动力分散重联机车模式。

⑤DP TX A——该指示灯黄色表示该机车电台 A 正在传输 DP 无线信息。

⑥DP TX B——该指示灯黄色表示该机车电台 B 正在传输 DP 无线信息。

⑦DP RX——该指示灯绿色表示该机车正接受 DP 无线信息。

⑧DP COMM INT——该指示灯红色表示该机车 DP 无线通信故障。

⑨DATALINK FA——该指示灯红色表示该机车 IPM 无法通过 LonWorks 网络或 RS-422 数据线与机车控制系统或 EPCU、LCDM 通信。

⑩NETWORK FA——该指示灯红色表示 LOCOTROL EB 或 CCBⅡ系统内部(IPM，EPCU 和 EBV)LonWorks 网络通信有问题。

⑪EBV FAIL——该指示灯红色表示 CCBⅡ系统 EBV 失效，可能是电子部分故障，或空气部分故障，或两者皆有。

⑫EPCU FAIL——该指示灯红色表示 CCBⅡ系统 EPCU 失效，可能是电子部分故障，或空气部分故障，或两者皆有。

⑬EAB BACKUP——该指示灯红色表示 CCBⅡ系统 已工作于一项后备模式，比如第一主风缸传感器失效，系统工作于第二主风缸传感器。

(2)电缆接线口

微处理器前端有 7 个电缆接线口，具体含义如下：

①J1——数据传输装置，通过 RS-422 数据线连接制动显示屏。

②J2——测试接口，用于系统软件的更新及维护软件的下载。

③J3——远程控制用电台连接接口。

④J4——连接继电器接口模块。

⑤J5——电源输入接口。

⑥J6——网络接口，连接电空控制单元。

⑦J7——列控系统接口。

5. RIM/CJB

继电器接口模块(图 4-7)位于机车制动柜，是微处理器(IPM)与机车间进行通信的继电器接口。

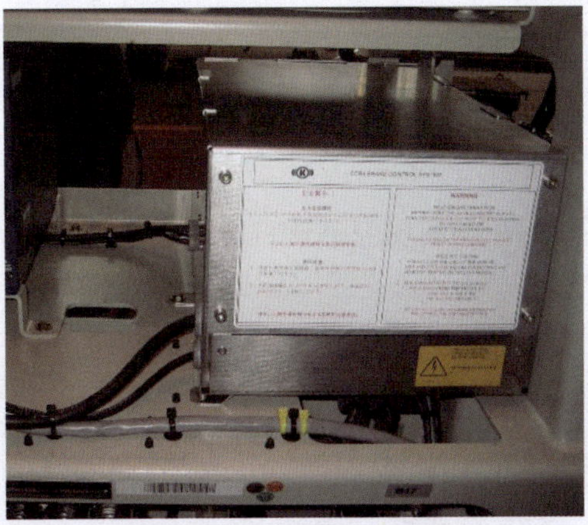

图 4-7　继电器接口模块

信号输入部分包括由安全装置(ATP)产生的惩罚制动和紧急制动、再生制动投入信号、MREP压力开关工作状态信号、机车速度信号。

信号输出部分包括紧急制动信号、动力切除(PCS)信号、撒砂开关动作信号、再生制动切除信号、制动系统故障信号。

4.2.2 CCBⅡ系统控制关系

CCBⅡ系统控制关系如图4-8所示。

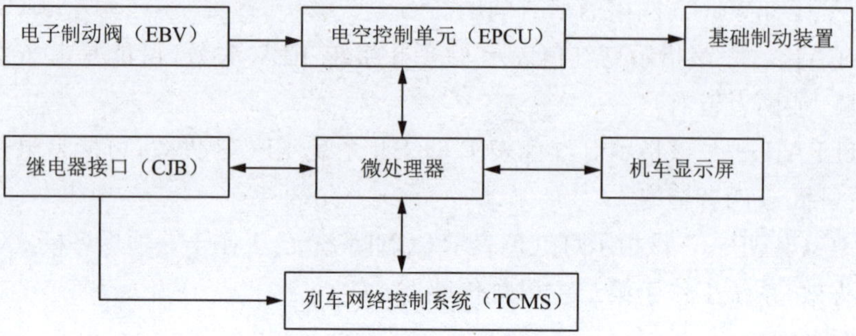

图4-8 CCBⅡ系统控制关系

1. 主要部件控制关系

在各部件中,EBV、EPCU、CJB、IPM之间通过LonWorks网络进行通信,IPM、LCDM之间通过RS-422进行通信,IPM、TCMS之间通过MVB数据线进行通信,CJB、TCMS通过开关模拟量硬线进行通信。

2. 气路控制关系

(1)控制列车:自动制动阀→ERCP→BPCP→制动管压力→车辆制动装置;

↓

16CP→BCCP→机车制动缸。

(2)控制机车:单独制动阀→20CP→BCCP→机车制动缸;

↓

平均管压力→重联机车制动缸。

4.2.3 系统主要部件的冗余

1. 空气备用(16CP失效)

空气备用模式是指系统采用纯机械三通阀(DBTV)来代替电子控制(16CP)产生制动缸管控制压力。控制关系:

自动制动阀→ERCP→BPCP→制动管压力→车辆制动装置;

↓

DBTV→BCCP→机车制动缸。

2. ER备用(ERCP失效)

如果ERCP失效,均衡风缸控制部分的功能由16CP和13CP实现,软件控制将自行进行切换。控制关系：

自动制动阀→16CP/13CP→BPCP→制动管压力→车辆制动装置；

↓

DBTV→BCCP→机车制动缸。

3. 单独制动备用(20CP 失效)

20CP 失效时，16CP 将响应单独制动手柄的指令，控制本务机车制动缸的压力。对于重联车，将不存在平均管压力。控制关系：单独制动阀→16CP→BCCP→机车制动缸。

4. 紧急制动的触发方式

紧急制动的触发方式包括自动制动阀置紧急位，开放车长阀触发紧急制动，按下操纵台紧急按钮触发紧急制动(断主断路器)，IPM 触发紧急制动，监控装置触发紧急制动，列车断钩分离触发紧急制动。

5. 总风缸压力低保护

当总风缸压力低于 500 kPa 时，TCMS 接收到压力传感器信号，不允许机车加载牵引。

4.2.4　备用空气制动系统部件

1. 部件组成

备用空气制动系统主要包括备用制动阀(D02)、转换塞门(带电接点，D03)、中继阀(D04)、三通阀模块(DBTV)、制动缸控制模块(BCCP)等部件。

(1)备用制动阀(D02)

备用制动阀安装在司机室操纵台上，具有缓解位、中立位、制动位。手柄向前推为常用制动作用，手柄向后拉为缓解作用，如图 4-9 所示。

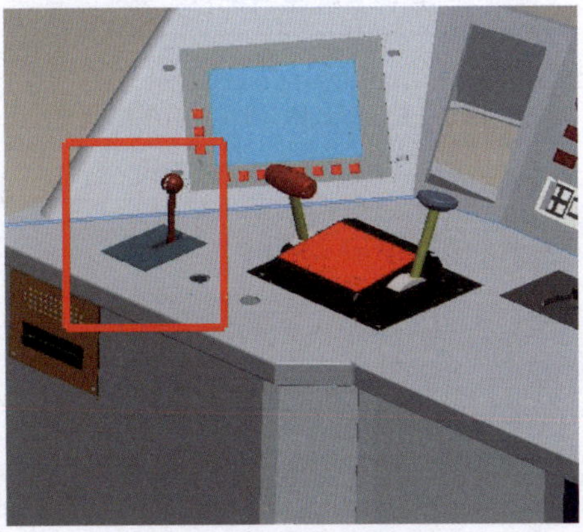

图 4-9　备用制动手柄

(2)转换塞门(D03)

转换塞门能够实现电空制动系统与备用空气制动系统的切换，使电空制动系统与备用空气制动系统不能同时投入。转换塞门具有电触点(DC 110 V)，能够给机车系统发信号以判断备用制动是否在投入状态。

(3)中继阀(D04)

中继阀响应备用制动阀产生的均衡风缸压力的变化,产生 1∶1 的列车管压力。

(4)制动缸控制模块(BCCP)

三通阀模块(DBTV)与制动缸控制模块(BCCP)位于电空控制单元(EPCU)内,与电空制动系统共用部件。

2. 气路控制

备用制动阀→均衡风缸→中继阀→列车管→车辆制动装置;均衡风缸→中继阀→列车管→DBTV→作用管压力→BCCP→机车制动缸。

4.3 系统操作及故障处理

4.3.1 系统操作

CCBⅡ系统的操作可分为:司机室空气系统操作、机械间空气系统操作和无动力机车操作。

1. 司机室空气系统操作

司机室空气部件分为:操纵台面空气部件、操纵台内部空气部件、司机室地板下空气部件。

(1)操纵台面空气部件

操纵台面空气部件主要包括:电子制动阀(EBV)、后备制动阀、制动显示屏(LCDM)、制动压力表、停放制动按钮、紧急制动按钮等。

操纵台面空气部件名称及功能详见表 4-1,实物如图 4-10 所示。

表 4-1 操纵台面空气部件名称及功能

序 号	部件名称	功 能	备 注
1	后备制动阀	当电空制动装置出现故障,转换至后备制动模式	具有中立位、缓解位、制动位
2	制动显示屏	显示制动系统信息,设置机车制动模式	
3	电子制动阀	控制列车及机车的制动作用	红色手柄:自动制动阀手柄 黑色手柄:单独制动阀手柄
4	制动压力表	显示总风、列车、前后走行部制动缸的压力、客车供风压力	
5	停放制动按钮	红色按钮为停放制动实施,绿色按钮为停放制动缓解	
6	监控显示屏	显示监控信息	
7	控制面板	空气压缩机启停、强泵风	
8	机车显示屏	显示机车牵引系统及制动系统各状态信息	
9	司控器	产生机车牵引力或再生制动力	
10	紧急制动按钮	产生紧急制动作用,机车主断路器断开	
11	后备制动均衡压力表	显示后备制动均衡风缸压力	

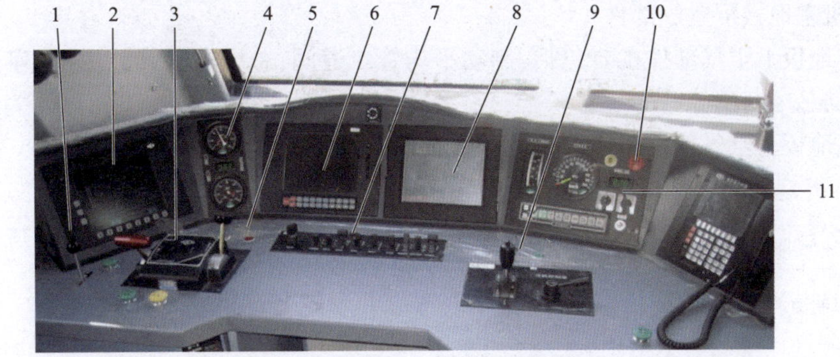

1—后备制动阀；2—制动显示屏；3—电子制动阀；4—制动压力表模块；5—停放制动按钮；6—监控显示屏；7—控制面板；8—机车显示屏；9—司控器；10—紧急制动按钮；11—后备制动均衡压力表。

图 4-10　操纵台面空气部件

(2)操纵台内空气部件

操纵台内空气部件主要包括:后备制动柜、后备制动减压阀等。

操纵台内空气部件名称及功能详见表 4-2,实物如图 4-11 所示。

表 4-2　操纵台内空气部件名称及功能

序　号	部件名称	功　　能	备　　注
1	后备制动柜	包括中继阀、均衡风缸、后备制动切换塞门等	
2	后备制动切换塞门	当电空制动系统出现故障无法恢复时,转换至后备制动模式,机车可维持运行	当需要转至后备制动模式时,旋转转换塞门至后备制动位
3	排水塞门	后备制动均衡风缸排水塞门	
4	后备制动减压阀	后备制动阀的减压阀,当牵引客车时,减压阀将总风压力调整到 600 kPa	通过旋转减压阀的旋钮,可以调整减压阀的设定值

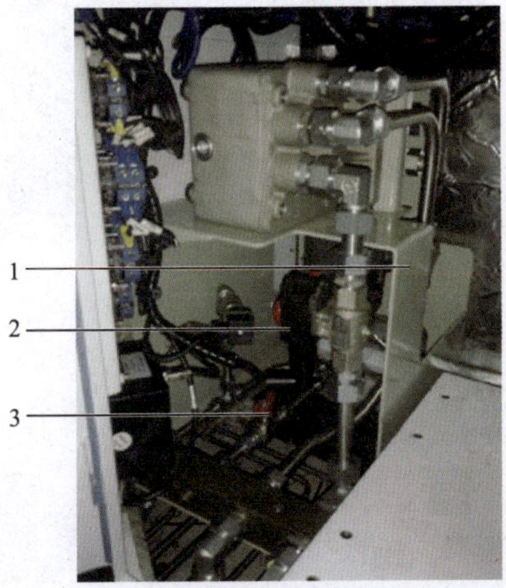

(a) 中间

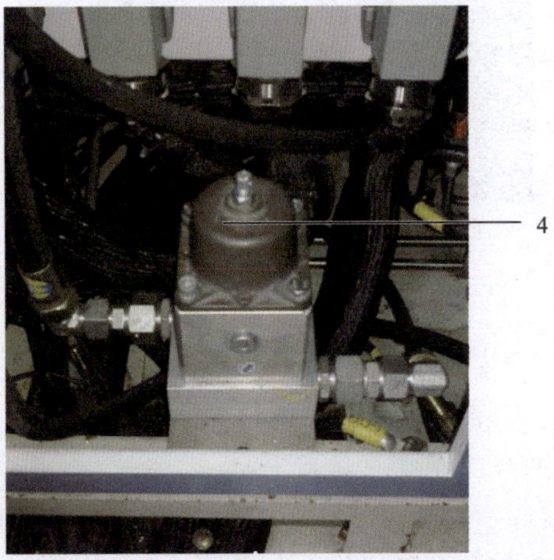

(b) 左侧

1—后备制动柜；2—后备制动切换塞门；3—排水塞门；4—减压阀。

图 4-11　操纵台内空气部件

(3)司机室地板下空气部件

司机室地板下空气部件主要包括：制动平均管二道阀、总风重联管二道阀、列车管二道阀、后备制动总风塞门等。

司机室地板下空气部件名称及功能详见表 4-3，实物如图 4-12 所示。

表 4-3　司机室地板下空气部件名称及功能

序　号	部件名称	功　　能	备　　注
1	制动平均管二道阀	如果机车端部折角塞门被撞坏，关闭二道阀塞门，可将机车运行到段	
2	总风重联管二道阀	如果机车端部折角塞门被撞坏，关闭二道阀塞门，可将机车运行到段	
3	列车管二道阀	如果机车端部折角塞门被撞坏，关闭二道阀塞门，可将机车运行到段	
4	后备制动总风塞门	当后备制动投入时，总风进入后备制动系统	
5	雨刮器总风塞门	当雨刮器出现漏风或维修时，关闭此塞门	
6	后视镜总风塞门	当后视镜出现漏风或维修时，关闭此塞门	

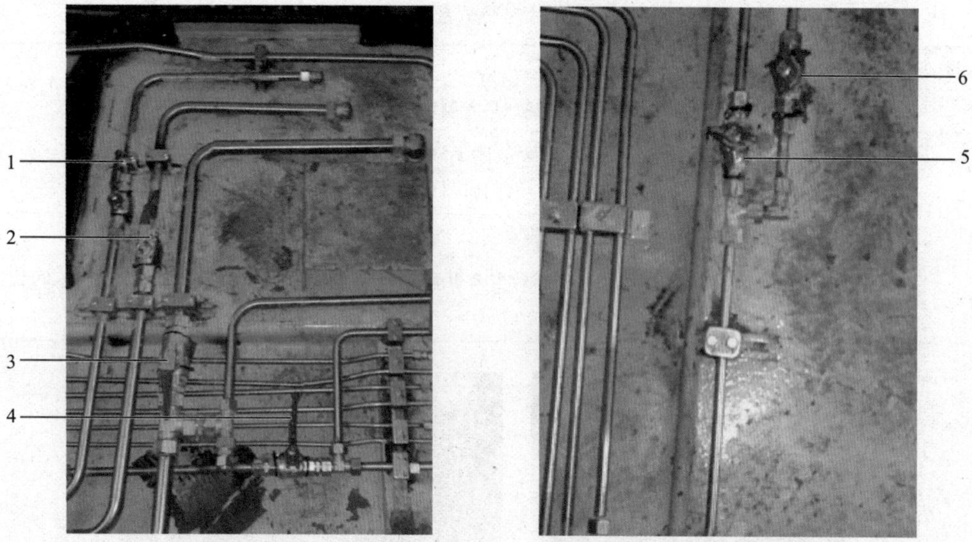

(a) 主司机侧　　　　(b) 副司机侧

1—制动平均管二道阀；2—总风重联管二道阀；3—列车管二道阀；4—后备制动总风塞门；
5—雨刮器总风塞门；6—后视镜总风塞门。

图 4-12　司机室地板下空气部件

2. 机械间空气系统操作

机械间空气系统操作分为空气制动柜操作和客车供风操作等。

(1)空气制动柜操作

空气制动柜是主要制动控制部件的安装柜，柜内包括：电空制动控制单元(EPCU)、辅助风源设备、辅助功能控制模块、微处理器(IPM)、防滑器控制模块等。通过 MVB 网络及硬线接口使空气制动柜同机车计算机间进行通信，如图 4-13 所示。

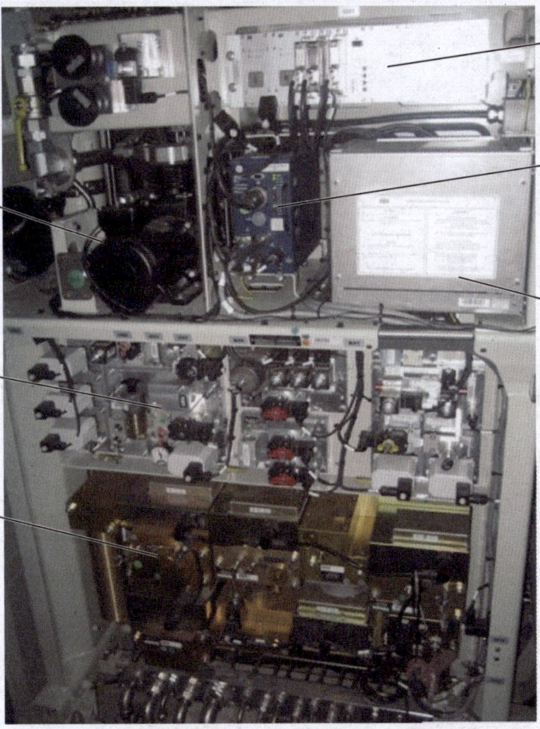

1—电空制动控制单元；2—辅助功能控制模块；3—辅助风源设备；4—防滑器控制模块；
5—微处理器(IPM)；6—电气接口模块。

图 4-13　空气制动柜

①空气制动柜上部操作(图 4-14 及表 4-4)

1—升弓钥匙塞门；2—总风截断塞门；3—辅助压缩机按钮。

图 4-14　空气制动柜上部位置

表 4-4 空气制动柜上部部件名称及功能

序号	部件名称	功能	备注
1	升弓钥匙塞门(B01U99)	控制机车受电弓压缩空气通路	水平位置:关闭
2	总风截断塞门(A24)	关闭总风缸到制动柜通路,并排空制动柜 B01 内部的总风	水平位置:关闭 竖直位置:开通
3	辅助压缩机按钮(B01U86)	手动控制辅助压缩机的启停	按下按钮:启动

②空气制动柜中部操作(图 4-15 及表 4-5)

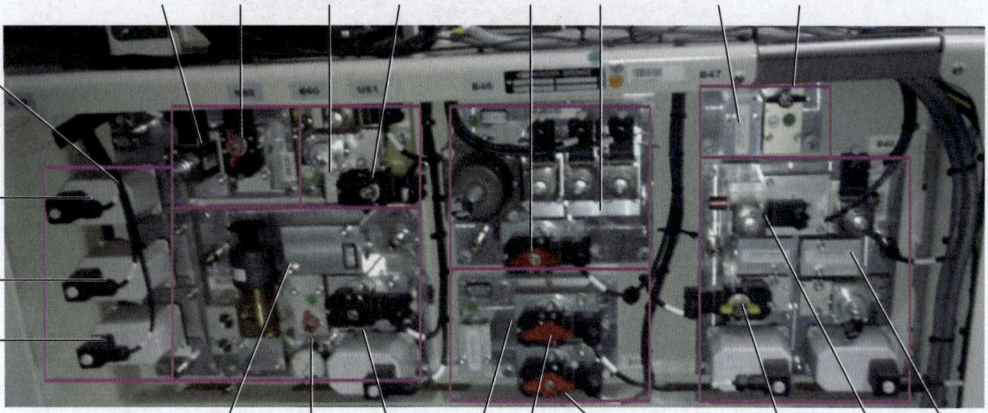

图 4-15 空气制动柜中部位置

表 4-5 空气制动柜中部部件名称及功能

序号	代号	部件名称	功能	备注
1	调压器模块	B01P50		
1.1	P50.75	压缩机启停控制压力开关	控制两台压缩机同时投入工作	启动压力:(680±20)kPa 停止压力:(900±20)kPa
1.2	P50.74	总风低压保护压力开关	检测总风压力,当总风压力过低切除动力牵引	切除牵引压力:(500±20)kPa 正常工作压力:(600±20)kPa
1.3	P50.72	压缩机启停控制压力开关	控制单台压缩机投入工作	启动压力:(750±20)kPa 停止压力:(900±20)kPa
2	升弓控制模块	B01U43		
2.1	U43.14	截断塞门(带排风功能)	关断总风到主断路器通路,并将截断塞门至主断路器间管路的压力排空	水平位置:关闭 垂直位置:开通
2.2	U43.13	截断塞门	关断总风到升弓风缸的通路	水平位置:开通 垂直位置:关闭

续上表

序　号	代　　号	部件名称	功　　能	备　　注
3	制动缸切除模块	B01Z10		
3.1	Z10.22	截断塞门（带排风功能）	用于关断制动装置到Ⅰ端转向架制动单元通路，并将截断塞门至制动单元间管路的压力排空	水平位置：开通 垂直位置：关闭
3.2	Z10.23	截断塞门（带排风功能）	用于关断制动装置到Ⅱ端转向架制动单元通路，并将截断塞门至制动单元间管路的压力排空	水平位置：开通 垂直位置：关闭
4	弹停制动模块	B01B40		
4.1	B40.06	截断塞门（带排风功能）	用于关断模块到转向架停放制动单元通路，并将截断塞门至停放制动单元间管路的压力排空	水平位置：开通 垂直位置：关闭
4.2	B40.07	脉冲电磁阀	接受控制指令改变内部通道，实现机车停放制动的作用于缓解。也可通过两侧的按钮手动实现控制	左侧按钮：缓解 右侧按钮：作用
5	紧急放风模块	B01S10		
5.1	S10.01	截断塞门	紧急电磁阀检修时，用于关断紧急电磁阀的通路	水平位置：关闭 垂直位置：开通
6	踏面控制模块	B01B60		
6.1	B60.01	截断塞门	控制转向架踏面清扫器风源	水平位置：关闭 垂直位置：开通
7	撒砂控制模块	B01F41		
7.1	F41.02	截断塞门	控制总风与撒砂模块间通路，用于撒砂模块故障切除或检修切除	水平位置：开通 垂直位置：关闭
8	停放制动辅助控制模块	B01R30		
8.1	R30.01	截断塞门	只需连接列车管，实现无动力机车停放制动的缓解与制动功能	水平位置：关闭 垂直位置：开通

③空气制动柜下部操作（图 4-16 及表 4-6）

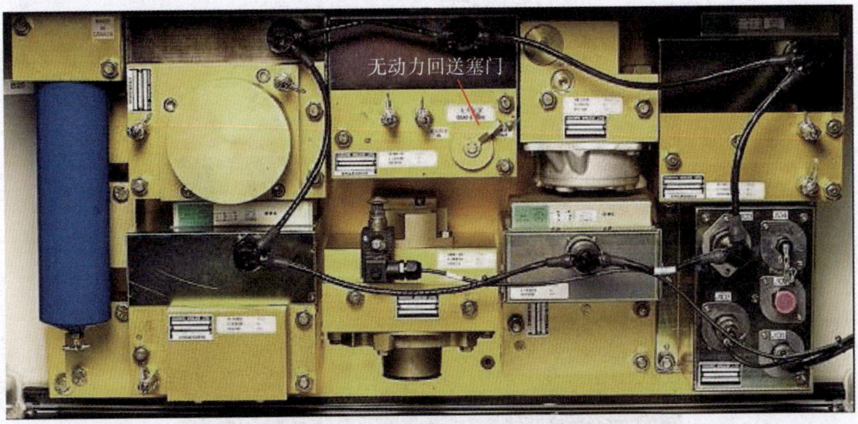

图 4-16　空气制动柜下部位置

表 4-6　空气制动柜下部部件名称及功能

部件名称	功　能	备　注
无动力回送塞门	机车无动力回送时，允许列车管给机车总风缸充风	投入位置：开通 切除位置：关闭

(2)客车供风操作(表 4-7)

表 4-7　客车供风部件名称及功能

序号	部件名称	功　能	备　注
1	红色塞门	客车供风塞门(常开塞门)	与管路水平位置：开通
2	黄色塞门	机车重联塞门(常闭塞门)	与管路水平位置：关闭

3. 无动力机车操作

无动力机车需要对相应制动部件进行相关设定，分为车上和车下操作，具体操作如下：

(1)车上操作

①单独制动手柄置运转位，自动制动手柄置重联位，如图 4-17 所示。

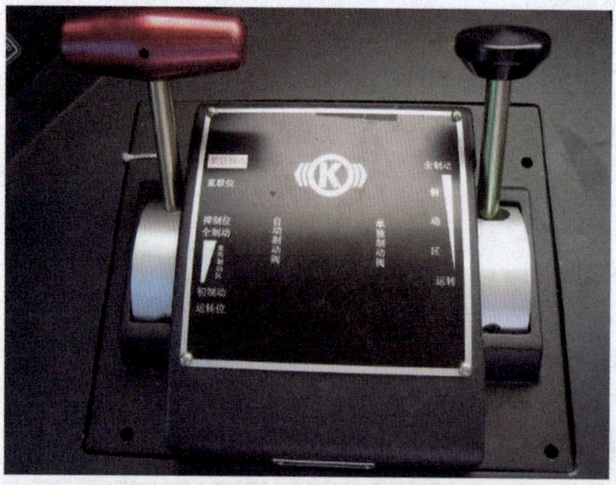

图 4-17　EBV 手柄

②制动系统断电(QA50)，如图 4-18 所示。

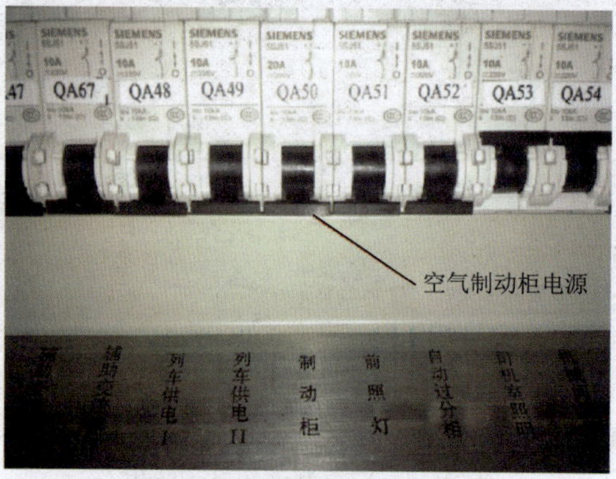

图 4-18　空气控制开关

③将 ERCP 模块上无动力回送塞门转置投入位。

④排放总风缸空气至 250 kPa 左右。

⑤关闭停放制动控制塞门(B40.06)，应有排风现象。

(2)车下操作

车下开放与本务机车连接端部平均管塞门。

4.3.2　故障处理

1. 空气制动故障

制动显示器将提供包括一个三位的故障代码。记下这个三位故障代码并参阅代码含义采取相应的改正措施。

2. 系统自检失败

制动显示器将提供包括一个四位的故障代码。记下这个四位故障代码并参阅代码含义采取相应的改正措施。

3. 动力切除开关(PCS)不能清除或不能缓解制动

(1)放置自动制动手柄在抑制位(SUP)并等待惩罚清除。如果“Penalty Source Still Present”(惩罚来源仍存在)信息出现，将有必要复位惩罚来源(司机室信号、ATP、报警器等)。惩罚被复位后，移动自动制动手柄到缓解(REL)位。检查 ER 和 BP 两个压力是否都提高。如果 ER 提高而 BP 不提高，见现象“不能给列车管充风”。如果 ER 和 BP 均提高，或者如果二者都不提高，到下一步骤。

(2)放置自动制动手柄在抑制位(SUP)并监测诊断追踪信息。集成微处理器模块(IPM)断电重启。查看在 IPM 上电过程中“PCS Negated”信息出现。如果“PCS Negated”出现在追踪信息，但是机车 PCS 灯仍亮着，更换 IPM。如果问题还存在，更换继电器接口模块(RIM)并从 IPM 经 RIM 到机车 PCS 检查接线的连续性。如果“PCS Negated”没有出现在追踪信息，则“紧急制动”或“惩罚(常用)制动”来源不明确，必须被清除。

4. 不能给列车管充风

(1)保证机车设置是“本机/投入”。移动自动制动手柄到运转位，保证 ER 充风到缓解设置。如果 ER 不充风，见现象“动力切除(PCS)没有清除”。

(2)隔离机车(关闭折角塞门)并重复步骤(1)。如果 BP 现在充风但以前不充风，检查列车漏泄或没有连接。

(3)至少 10 次“急剧地”放置电子制动阀(EBV)自动制动手柄到紧急位。复位紧急制动，并移动自动制动手柄到运转位。如果 BP 压力升高，则表示 EBV 上 21 放风阀卡住。

(4)如果 BP 部分向 ER 升高，但是达不到 ER 压力(在 EPCU 听到空气吹动)，更换 BPCP(可能中继阀卡死)。如果 BP 根本不提高，更换 IPM(可能是二进制输出故障)。

5. 在机车上自动制动不能被单独缓解

(1)保证平均管塞门是关闭的。

(2)运行 CCBⅡ系统自检。如果自检通过，更换 EBV(可能是单独缓解开关/总线故障)。如果自检未通过，参阅故障代码改正措施。

6. 当有动力制动时，自动制动不缓解

把机车投入动力制动，并测量 DBI 电磁阀电压。如果没有电压，检查线路或机车输出信号；如果有电压，更换 BCCP(可能是 DBI 故障)。

7. 不能建立制动缸压力

(1)保证机车被设置到“本机/投入”。保证转向架制动缸是接入的(制动缸塞门)。

(2)用自动制动手柄进行制动作用。注意列车管压力降低速度。

(3)在制动缸控制部分(BCCP)检查是否听到空气漏泄，如果没有听到漏泄，检查从 EPCU 总管到转向架制动缸机车管路的完整性。

8. LCDM 显示屏变黄，LED 显示管闪烁

重新启动 LCDM，如果故障现象未消失，更换 LCDM 显示屏。

思考题

1. 说明 CCBⅡ电子制动阀与 JZ-7 型自动制动阀的异同。
2. 说明 CCBⅡ空气制动装置均衡风缸控制模块的控制机理。

第5章　104型空气制动装置

104 型空气制动装置是在货车 103 型空气制动装置基础上，由中国铁道科学研究院集团有限公司与中车齐齐哈尔车辆有限公司一起设计制造的客车空气制动装置，主阀采用双压力控制间接作用方式，主控机构采用橡胶膜板和金属滑阀结构。2023 年，全新采用柱塞结构的 104L 空气制动装置通过了国铁集团主管部门组织的鉴定，并在 6 个铁路局集团公司进行装车运用试验，产生了良好的试验效果。本章主要介绍 104 型空气制动装置的组成、构造及较详细的作用原理，并对 104L 型空气制动装置进行简要介绍。

5.1　概　　述

5.1.1　104 型空气制动装置的组成

104 型空气制动装置主要由制动软管、折角塞门、列车管、制动支管、截断塞门远心集尘器、104 型空气分配阀、副风缸、工作风缸、制动缸等组成，如图 5-1 所示。

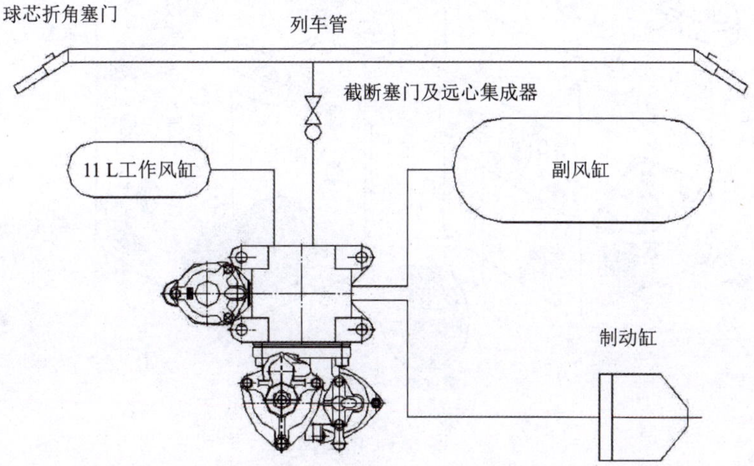

图 5-1　104 型空气制动装置的组成

104 型空气分配阀由中间体、主阀和紧急阀三部分组成，如图 5-2 所示。

1. 中间体

用途：安装主阀、紧急阀，并装于车体底架上。中间体作为分配阀的主要部件之一，是用铸铁制成的长方体结构，如图 5-3 所示。

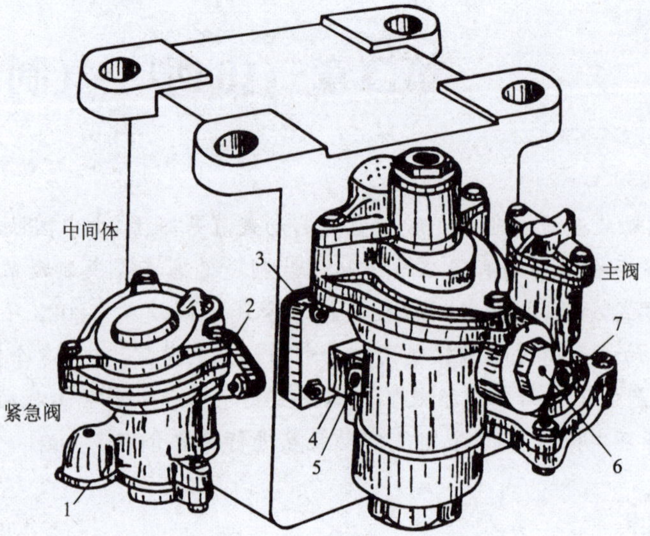

1—紧急阀排气口；2—紧急阀垫；3—主阀垫；4—局减室排气口；5—作用部排气口；6—局减阀大气孔；7—均衡部排气口。

图 5-2　104 空气分配阀组成

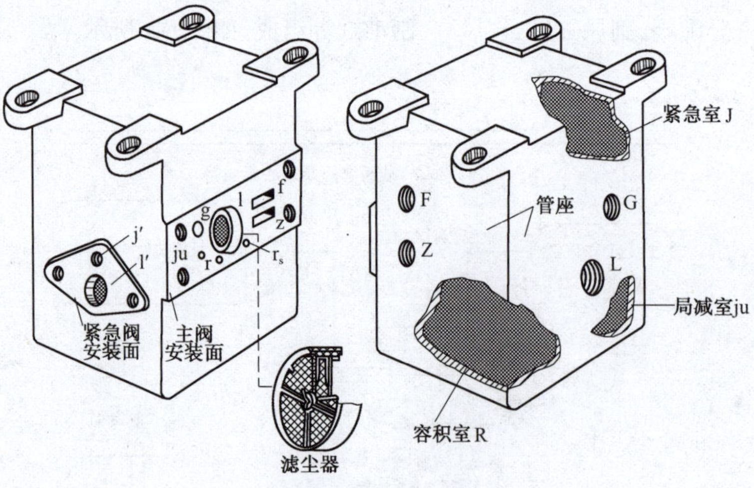

图 5-3　中间体

构造：中间体内有三个空腔，靠紧急阀安装座侧的上角部为容积 1.5 L 的紧急室，下角部为容积 0.6 L 的局减室，第三个是占中间体很大容积 3.85 L 的容积室。

2. 主阀

用途：根据制动主管的压力变化控制制动装置的充气、缓解、制动、保压等作用。

构造：由充气部、作用部、均衡部、局减阀和增压阀等五部分组成，如图 5-4 所示。

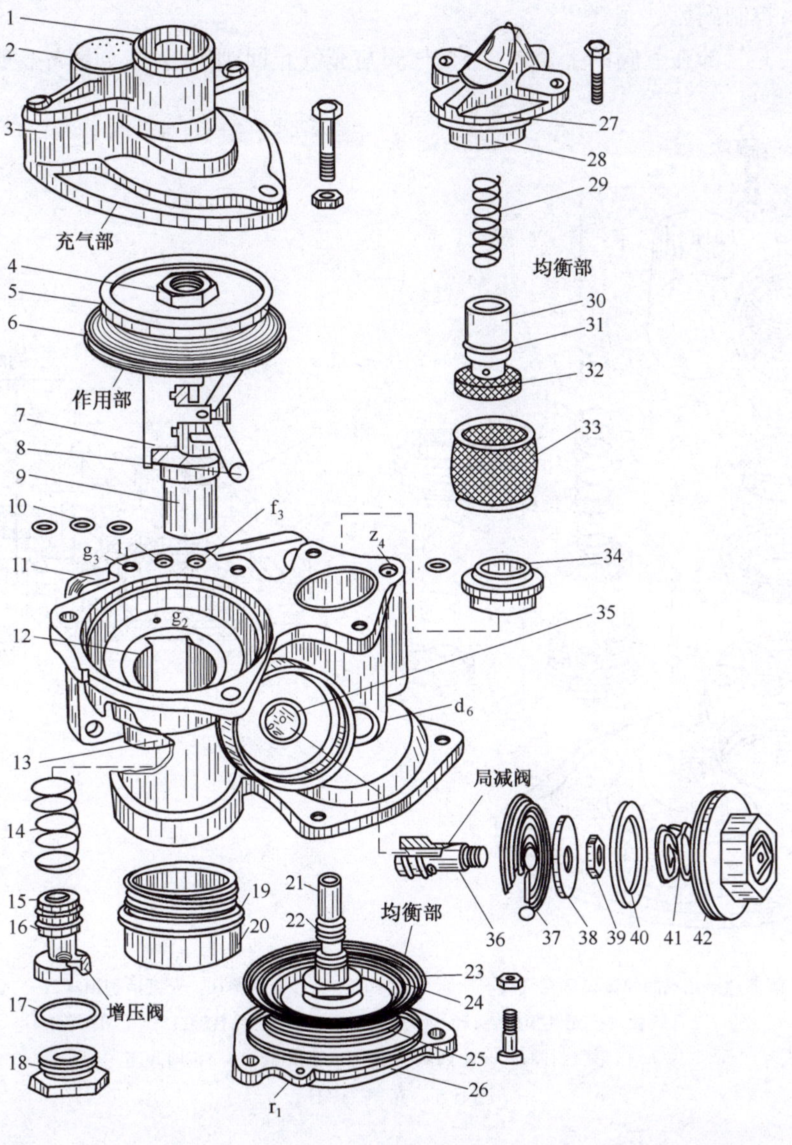

1—止回阀盖；2—充气阀体；3—主阀上盖；4—主活塞压板螺母；5—主活塞压板；6—主活塞模板；7—滑阀；8—滑阀弹簧；9—主活塞杆；10—O 形密封圈；11—主阀体；12—滑阀套；13—增压阀套；14—增压阀弹簧；15—增压阀；16—O 形密封圈；17—O 形密封圈；18—增压阀盖；19—O 形密封圈；20—主阀下盖；21—均衡活塞杆；22—O 形密封圈；23—均衡膜板；24—均衡活塞；25—均衡活塞压板；26—均衡部下盖；27—均衡部上盖；28—均衡阀套；30—均衡阀弹簧杆；31—O 形密封圈；32—均衡阀；33—滤尘套；34—均衡阀座；35—局减阀套；36—局减阀；37—局减膜板；38—局减活塞；39—螺母；40—压圈；41—局减阀弹簧；42—局减阀盖；

g_2、g_3—通工作风缸；l_1—通制动主管(制动主管)；f_3—通副风缸；

d_6—均衡部排气口；r_1—通容积室；z_4—通制动缸。

图 5-4　主阀

(1)充气部

①用途:控制副风缸充气。

②构造:充气部在主阀的上盖内,由充气阀与充气止回阀等组成,如图 5-5 所示。

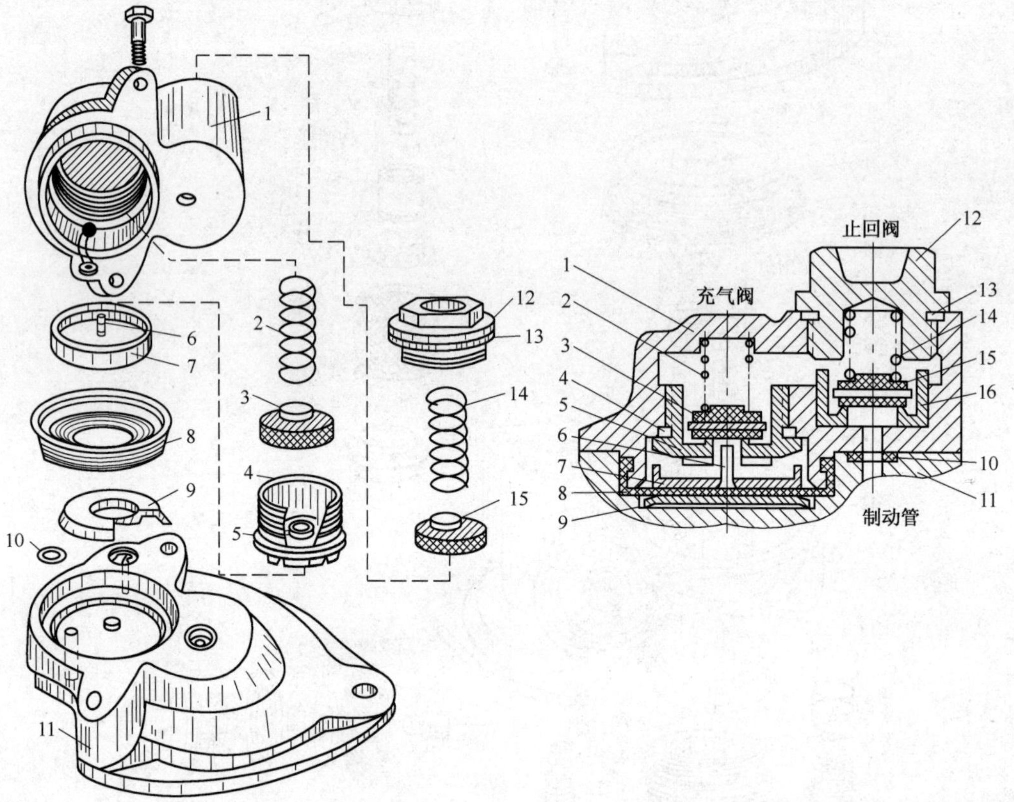

1—充气阀体;2—充气阀弹簧;3—充气阀;4—充气阀座;5—O 形密封圈;6—充气活塞顶杆;7—充气活塞;8—充气膜板;9—充气膜板垫;10—O 形密封圈;11—主阀上盖;12—止回阀盖;13—O 形密封圈;14—止回阀弹簧;15—止回阀;16—止回阀座。

图 5-5 充气部构造

(2)作用部

①用途:利用制动主管与工作风缸的压力差,沟通或遮断阀体内相关通路,产生充气、局减、制动、保压、缓解等作用。

②构造:由主活塞、滑阀、节制阀及稳定部等组成,如图 5-6 所示。

在主活塞杆尾部的内腔设有稳定部(稳定杆、稳定弹簧、稳定簧座及挡圈),在一定程度上阻碍主活塞的向上移动,用以防止列车在运行中因列车制动管的轻微漏泄或压力波动而引起的意外自然制动,并使制动装置在缓解状态时,具有一定的稳定性。

(3)均衡部

①用途:控制制动缸的充气、保压与排气作用。

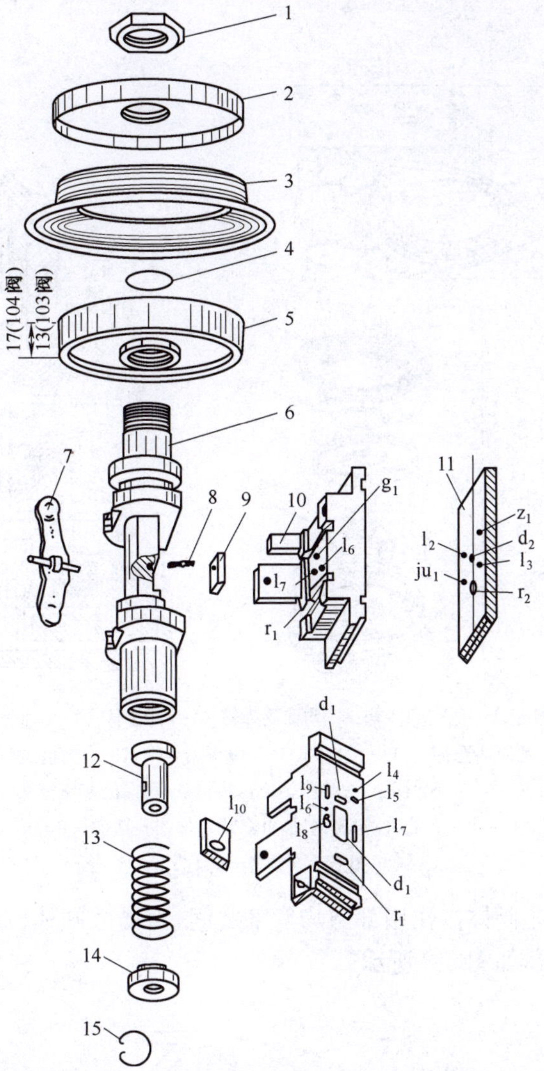

1—主活塞压板螺母；2—主活塞压板；3—主活塞膜板；4—O 形密封圈；5—主活塞；6—主活塞杆；7—滑阀弹簧及销；8—节制阀弹簧；9—节制阀；10—滑阀；11—滑阀座；12—稳定杆；13—稳定弹簧；14—稳定弹簧座；15—弹簧挡圈。

l_{10}—局减联络槽(与滑阀背面接触的面)；d_1—缓解联络槽；l_4、l_5—充气孔；l_6—局减孔；l_7—局减室入孔；

r_1—制动孔；g_1—工作风缸充气孔；z_1—通局减阀孔；d_2—通大气孔；l_3—列车管向局减室或制动缸进行局减的孔；

r_2—通容积室孔；ju_1—通局减室孔；l_2—列车管向工作风缸充气的孔。

图 5-6　作用部构造

②构造：均衡部位于作用部旁，由上部的作用阀部、下部的作用活塞部及 0.8 铜质缩孔堵Ⅱ组成。均衡部的构造如图 5-7 所示。

(4)局减阀

①用途：在第二阶段局减时，将制动主管的压缩空气送入制动缸，使制动主管产生局减作用，可提高制动波速，并在制动初期使制动缸获得一个压力的初跃升，可减小在制动时闸瓦冲击车轮。

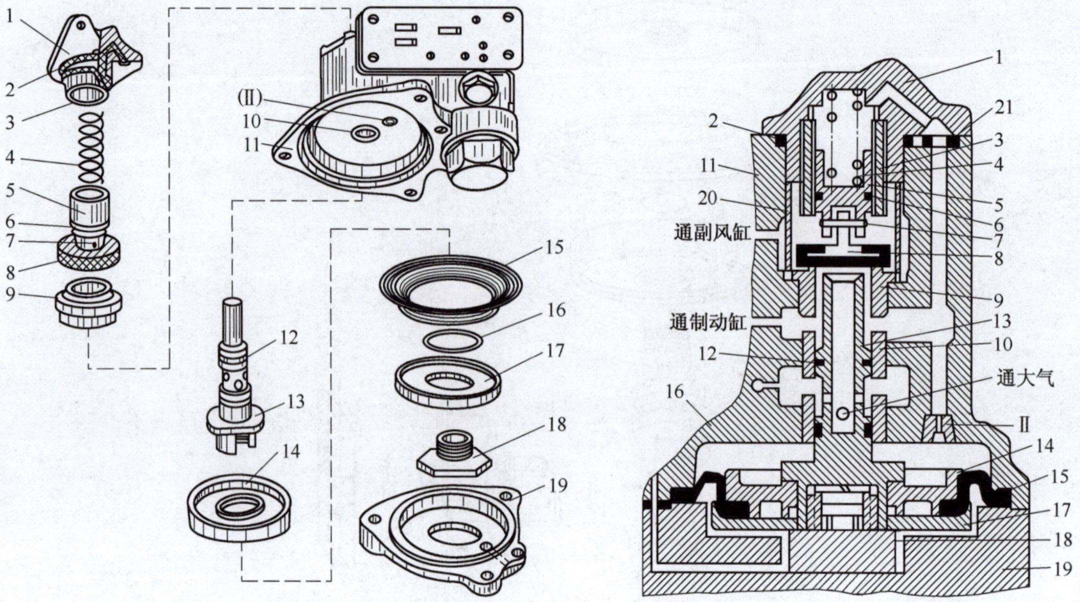

1—均衡上盖；2—O形密封圈；3—作用阀杆套；4—均衡阀弹簧；5—均衡阀杆；6—O形密封圈；7—销；8—均衡阀；9—均衡阀座；10—均衡活塞杆套；11—主阀体；12—O形密封圈；13—均衡活塞杆；14—均衡活塞；15—均衡活塞膜板；16—O形密封圈；17—均衡活塞压板；18—均衡活塞压板螺母；19—均衡阀下盖；20—滤尘套；21—O形密封圈；Ⅱ—均衡部缩孔堵（ϕ0.8 mm）。

图 5-7　均衡部构造

②构造：局减阀在主阀体内作用部与均衡部之间，由局减阀体、局减活塞、局减膜板、压圈及局减阀弹簧等组成，如图 5-8 所示。

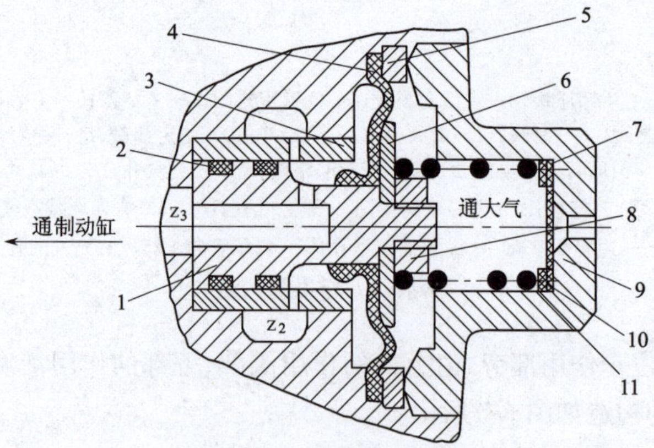

1—局减阀体；2—O形密封圈；3—局减阀套；4—局减膜板；5—压圈；6—局减膜板压板；7—局减阀弹簧；8—螺母；9—局减阀盖；10—毛毡；11—局减弹簧垫；z_2—局减阀套径向孔；z_3—局减阀杆轴向中心孔。

图 5-8　局减阀

(5)增压阀

①用途:在紧急制动时提高制动缸压力,以获得更大的制动力。

②构造:增压阀设在 104 型空气分配阀的主阀内由增压阀弹簧、增压阀、增压阀套和 O 形密封圈等零件组成。目前,增压阀均安装阀套,失去紧急增压作用(副风缸与制动缸、工作风缸的贯通及压力平衡),仅保留原通路作用,如图 5-9 所示。

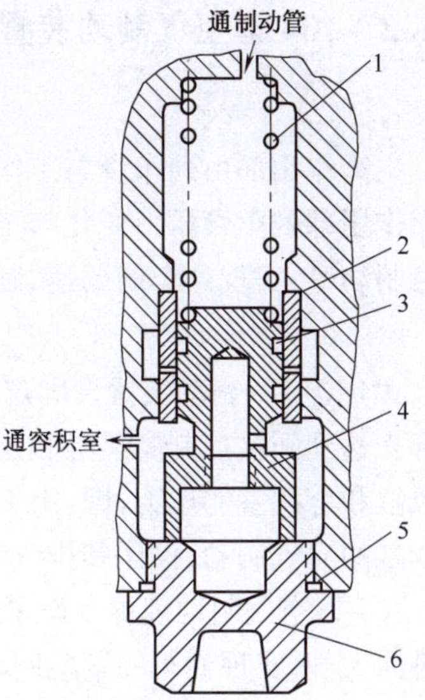

1—增压阀弹簧;2—增压阀套;
3—ϕ24 mm O 形密封圈;4—增压阀杆;
5—ϕ40 mm O 形密封圈;6—增压阀盖。

图 5-9　增压阀(安装挡圈)

3. 紧急阀

①用途:在紧急制动时加快制动主管的排风,提高制动速度。

②构造:紧急阀由上部的紧急活塞、安定弹簧、下部的放风阀部以及紧急阀盖和 O 形密封圈等组成,如图 5-10 所示。

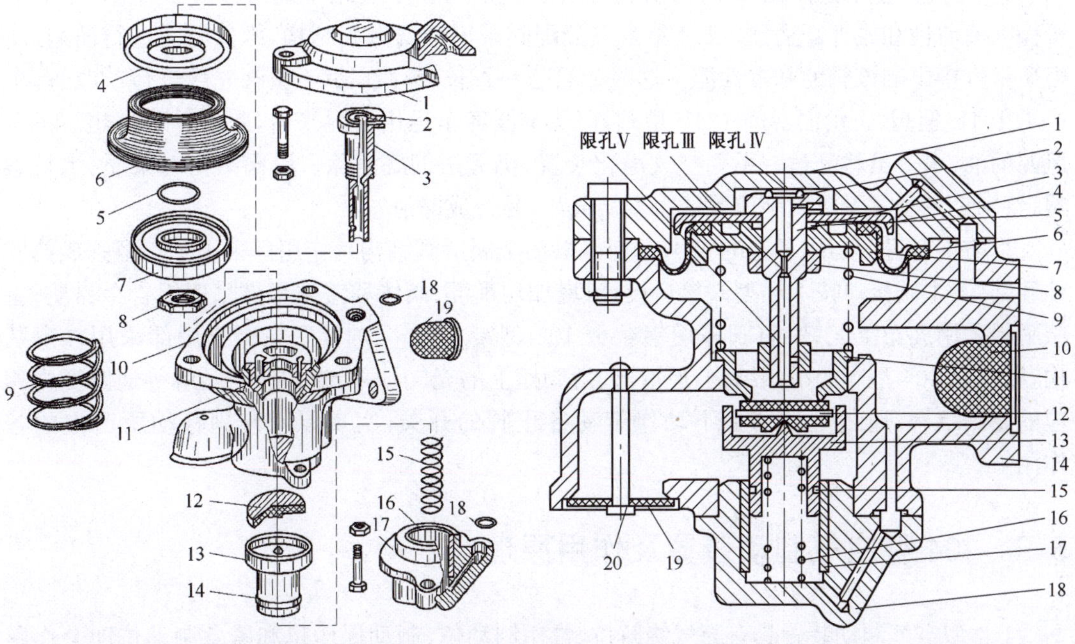

1—紧急阀上盖;2—O 形密封圈;3—紧急活塞杆;4—紧急活塞;5—O 形密封圈;6—紧急活塞膜板;7—紧急活塞压板;8—压板螺母;9—安定弹簧;10—滤尘网;11—放风阀座;12—放风阀;13—放风阀导向杆;14—紧急阀体;15—O 形密封圈;16—放风阀弹簧;17—放风阀套;18—紧急阀下盖;19—排气保护罩垫;20—排气垫铆钉;
限孔Ⅲ—ϕ1.8 mm;限孔Ⅳ—ϕ0.5 mm;限孔Ⅴ—ϕ1.15 mm。

图 5-10　紧急阀

5.1.2 104 型空气制动装置的特点

1. 双压力控制

主阀作用部由列车管与工作风缸的压力控制，均衡部由容积室与制动缸的双压力控制，依靠作用部列车管压力变化与工作风缸的压力差来控制制动装置的充风缓解、制动、保压及紧急制动等，实现列车的调速、制动和停车。

2. 间接作用方式

104 型空气制动装置设固定容积的工作风缸（11 L）和容积室（3.85 L），专设充气部、均衡部来达到间接控制副风缸和制动缸压力的目的。具体来说，通过列车管压力变化控制工作风缸和容积室的压力，即：由工作风缸压力变化控制副风缸压力，由容积室压力变化控制制动缸的充气制动、保压和排气缓解。

104 型空气制动装置专设紧急阀，紧急制动操作时，通过紧急阀使列车管的压力空气迅速排向大气，实现列车的紧急制动作用。

3. 橡胶膜板和金属滑阀结构

作用部主活塞采用橡胶膜板结构，通过膜板的动作带动滑阀副（含节制阀）的相对位移，打开或关闭相应的通路，实现制动装置的基本作用功能。

4. 104 型空气制动装置的缺点

104 型空气分配阀采用二压力机构，运用过程中，客车进站不能阶段缓解停车，影响司机操纵灵活性和旅客舒适性。104 型空气分配阀采用金属滑阀结构，维修时需进行研磨，研磨质量直接影响该阀的基本性能。这两个问题一直长期存在，104 型阀先后进行了改进，生产了 104E 型阀、主动润滑的 104F 型阀，但从全路客车运用情况来看，效果并不理想。机车风源的油、水等虽然经过一系列空气净化装置，仍无法彻底消除。滑阀结构对杂质、水较敏感，特别是冬季零下滑阀副位置的水凝结成冰，易造成漏泄。

目前正在进行运用考验的 104L 型阀（取消金属滑阀结构），作用部采用 150 型阀成熟的柱塞结构，主阀接口按 104 型阀接口设计，增加均衡部；阀体和盖类零件采用铝合金材质；主阀膜板采用夹布工艺；紧急阀采用铝合金 104 型紧急阀。104L 型主阀作用部采用柱塞结构，取代原 104 型阀的滑阀结构，原滑阀、滑阀座上的充气、一局减、制动、缓解等通路变为相应的止阀结构，通过主活塞上下动作带动各止阀的开关，实现原滑阀副移动所产生的各作用。

5.2 104 型空气制动装置及作用原理

104 型空气制动装置具有充气缓解位、常用制动位、制动保压位和紧急制动位四个作用位置。

5.2.1 充气缓解位

折返站或检修库内，车辆编组完毕，连挂好机车后，机车通过列车主管开始给车辆主支管、各风缸充压力空气。正常运用列车为再充气。

客车制动装置的主支管、工作风缸、副风缸、中间体紧急室中都需要补充压缩空气到定压，机车压力空气通过制动主管向这些容器进行再充气。

制动主支管充气管压力空气进入中间体内分为两路：一路经中间体滤尘器、主阀安装面进入主阀；另一路经紧急阀安装面、滤尘网进入紧急阀，如图 5-11 所示。

1. 主阀部再充气

(1)压力空气经列车管、支管，截断塞门集尘器组合体进入中间体，一路经滤尘杯、主阀安装面 l 孔进入主阀，经暗道进入增压阀上腔 l_{12}，有一路经通路 l_1 到主活塞上腔，将主活塞向下推移，主活塞通过活塞杆的上肩推动滑阀一起下移，一直到主阀下活塞外缘底面碰到主阀体为止。

(2)容积室缓解(作用部排气)

主活塞下移后，滑阀底面的缓解联络槽 d_1 正好覆盖在滑阀座的容积室孔 r_2 和大气孔 d_2 上。容积室压力空气→主阀安装面的 r 孔→增压阀 r_6 腔室→滑阀座上的 r_2 孔→滑阀上的 d_1 槽→滑阀座上的 d_2 孔→作用部排气口 d_3(小排气口)→大气。

均衡活塞下腔通容积室的压力空气主阀体内暗道 r_4→安装面上的容积室 r_3，再经上述通路排向大气。

(3)制动缸缓解(均衡部排气)

容积室缓解，均衡活塞上下两侧压力平衡失去，制动缸压力使均衡活塞下移，活塞杆顶面离开均衡阀，顶面中心孔开放。制动缸压力空气→中间体通路→主阀安装面 z 孔→主阀体内暗道→均衡活塞杆上部空腔 z_3→活塞杆中心孔、径向孔 d_5→均衡部排气口 d_6(大排气口)→大气。

(4)工作风缸充气

进入增压阀上腔的压力空气→滑阀座充气孔 l_2→滑阀底面的 l_5 孔→滑阀背面的充气限孔 g_1(ϕ1.2 mm)→滑阀室→滑阀室下腔上部的 g_2 孔→主阀体内暗道→安装面 g 孔→中间体暗道→工作风缸。

(5)副风缸充气

主活塞上腔列车管压力空气通过上方的 l_{11} 孔，顶开充气部止回阀 f_1 进入充气阀上方 f_2，为副风缸充气做准备。当工作风缸空气压力上升到足以顶开充气阀时，等待在充气阀上部的制动主管压力空气便由充气阀口返回中间体暗道进入副风缸。均衡阀上侧 f_4 腔室与副风缸一直是连通的，副风缸压力空气在均衡阀上方等候，为均衡阀打开后往制动缸充气做准备。

2. 紧急室充气

列车管压力空气经紧急阀安装面孔→滤尘网→紧急活塞下腔→紧急活塞杆下端面孔口→轴向中心孔的限孔Ⅲ(1.8 mm)→紧急活塞杆上部径向限孔Ⅳ→紧急活塞上腔→紧急阀上盖内的通路→中间体内的紧急室。同时进入紧急阀的紧急活塞下方和紧急放风阀及其导向杆的下方，紧急活塞被安定弹簧顶在上极端，紧急放风阀被下端的放风阀弹簧顶紧在放风阀座上，为紧急制动排气做准备，如图 5-12 所示。

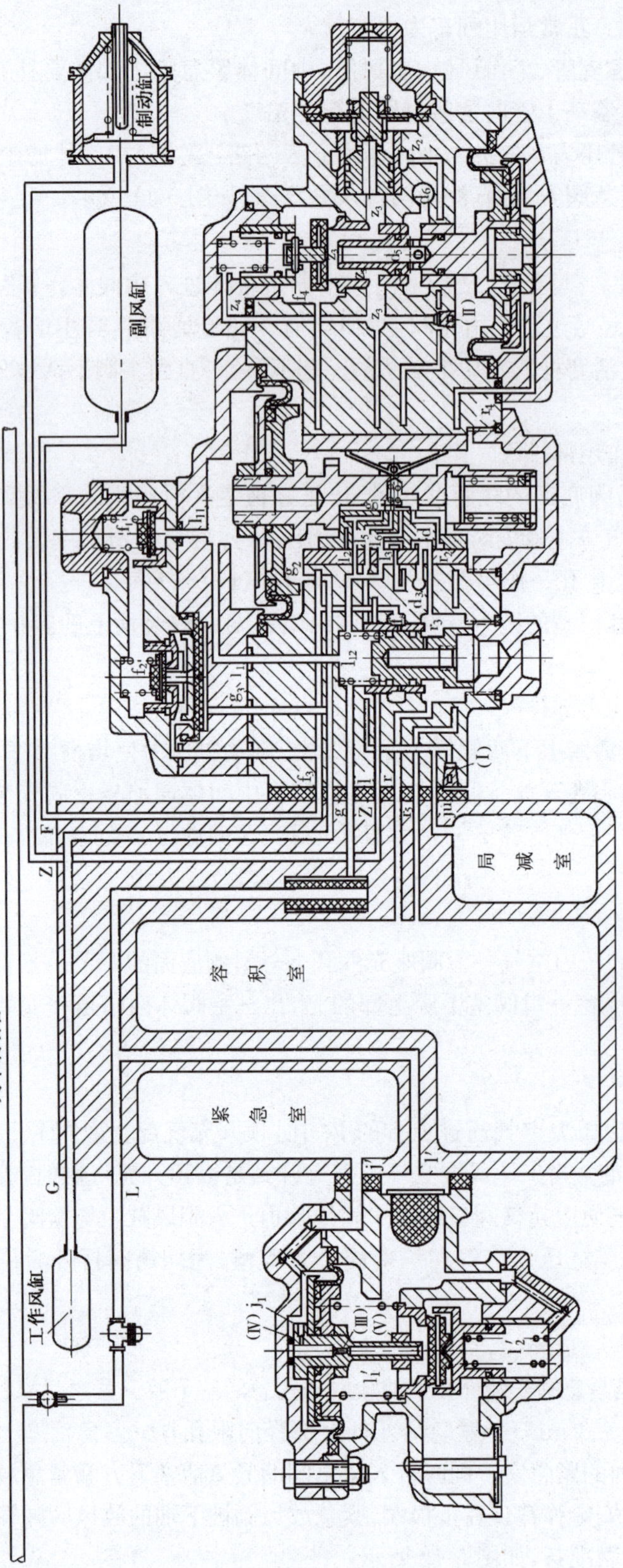

图5-11　主阀部再充气（排气）原理

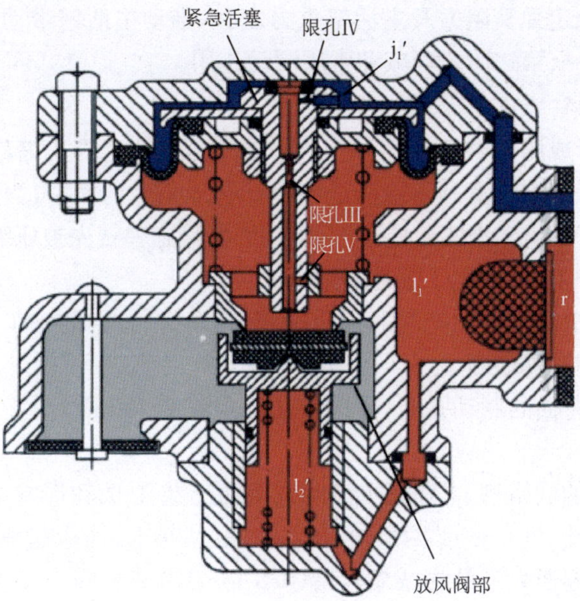

图 5-12　紧急阀充气原理

3. 制动装置的稳定性

在制动主管缓慢减压(轻微漏泄)时,制动装置不发生制动作用的性能,叫制动装置的稳定性。在列车运行中制动装置的稳定性是非常重要的,列车管缓慢漏泄是经常发生的,从 104 型空气分配阀的原理可知只要主活塞不上移,即可达到稳定的目的。104 型空气分配阀的稳定性是通过下述两个措施来实现的。

(1)工作风缸压缩空气向制动主管逆流。列车管缓慢减压,滑阀室压力空气经滑阀背面的 g_1 孔,滑阀底面的 l_5 孔和滑阀座的 l_2 孔与列车管连通而逆流列车管滑阀室压力也缓慢下降(图 5-11),主活塞上下腔无法形成足以使主活塞上移的压力差,主活塞无上移条件。

(2)主活塞尾部腔内所设的稳定弹簧以及其他阻力的作用也阻碍滑阀上移。滑阀背面受到滑阀室工作风缸压力空气的作用,滑阀与阀座间的摩擦力较大,主活塞上移需要带动滑阀,克服稳定弹簧的弹力。主活塞上下形成不了足以压缩稳定弹簧的压力差,S 形橡胶膜板的变形阻力也阻止主活塞的上移。

列车制动装置的稳定性要求每分钟漏泄量不超过 20 kPa。104 型空气制动装置单车试验要求每分钟均匀减压 40 kPa 不应发生制动作用;试验台要求在中立位列车管通过缩孔排气 50 kPa 前不得发生局减和制动作用。

5.2.2　常用制动位

列车运行中减速或准备进站停车时,通常司机操作手柄放在制动区,根据降速要求或停车距离实施常用制动。常用制动减压,因滑阀室(工作风缸)压力空气来不及通过限孔向列车管逆流，主活塞上下形成了一定的压力差，这个压力差克服节制阀与滑阀背面的摩擦阻力、膜板变形阻力、稳定弹簧阻力及主活塞重力之和，推动主活塞带动节制阀上移→带动滑阀上移，先后产生第一、第二阶段局减和常用制动作用。

1. 第一阶段局减

当主活塞上下形成压力差后，主活塞上移，首先活塞杆尾部压缩稳定弹簧，带动节制阀向上移动。主活塞杆下肩与滑阀下端面之间设计有 4 mm 的间隙，当主活塞带动节制阀上移 4 mm 使主活塞杆下肩与滑阀对应下端面接触时，稳定弹簧先被压缩 4 mm。节制阀相对滑阀背面上移后处于上位，产生了下列通路：

(1)节制阀关闭滑阀背面的充气限孔 g_1，切断列车管与滑阀室（工作风缸）的通路，压力空气逆流列车管的通路被切断。

(2)开放了滑阀背面的制动孔 r_1，滑阀室压力空气充入该孔，为下一阶段经此孔向容积室充气做准备。

(3)节制阀底面的联络槽 l_{10} 连通了滑阀背面的局减孔 l_6 和局减室入孔 l_7，使在充气位时已局部连通的 l_3→l_6 与 l_7→ju_1 两条通路经局减联络槽 l_{10} 连通起来。将列车管压力空气引入局减室，并通过连通大气的局减缩孔堵（0.8 mm）沿着主阀橡胶垫上的槽路排向大气，如图 5-13 所示。

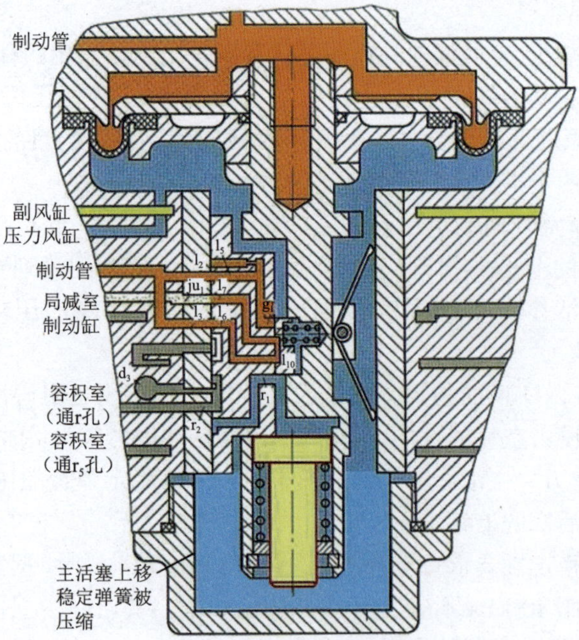

图 5-13　第一阶段局减动作原理（主阀部）

第一阶段局减可使主活塞上下的压力差增大，加快主活塞上移速度，提高常用制动灵敏性。

第一阶段局减后，主活塞两侧的压力差骤增。主活塞通过主活塞杆的下肩推着滑阀克服滑阀与滑阀座之间的摩擦力和各重力，进一步上移到制动位，这时制动主管同局减室的通路被滑阀切断，第一阶段局减作用结束。

2. 第二阶段局减

滑阀上升过程中，滑阀底面上的 l_8、l_9 和 r_1 孔分别与滑阀座上的 l_3、z_1 和 r_2 孔对准，形成了下列通路，使列车管第二阶段局减进一步产生制动作用，如图 5-14 所示。

列车管压力空气→滑阀座上的列车管孔 l_5→滑阀底面上的局减阀孔 l_8→滑阀底面的局减阀入孔 l_9→滑阀座上的局减阀孔 z_1→通过暗道到局减阀套上的径向小孔 z_2→局减阀杆上的径向孔→局减阀杆轴向中心孔→主阀体内暗道→均衡活塞杆上端外围空腔 z_5→主阀及中间体内暗道→制动支管→制动缸，从而使一部分列车管压力空气通过上述通路直接进入制动缸，列车管形成第二阶段减压作用。

当局减阀膜板左侧压力达到 50～70 kPa 时，局减阀杆右移，截断局减阀杆径向孔与 z_2 的通路，第二阶段减压结束，如图 5-14 所示。

上述两个局减作用，促进了列车管减压作用由前向后的传播，提高了制动波速，缩短了前后车辆制动的时间差，减轻了制动时纵向冲击。

3. 常用制动作用

由于第二阶段局减作用与工作风缸向容积室的充气作用基本上是同时发生的，容积室与均衡活塞下腔是一直连通的，所以容积室压力空气→主阀安装面 r_5 孔→中间体内的容积室 R→主阀体内暗道和主阀体底面 r_4 孔→均衡活塞下腔，推动均衡活塞向上移动，通过均衡活塞杆顶面顶开均衡阀，此时，等待均衡阀上侧 f_4 的副风缸压缩空气→开放的均衡阀口→制动缸，使制动缸压力空气继续增加。同时，压力空气一路经 z_3、z_4 孔进入均衡阀上腔与均衡阀弹簧一起形成一个向下的推力；另一路经缩孔堵Ⅱ（ϕ1.0 mm）使均衡活塞上腔的压力与制动缸压力同步增大，即列车管压力空气进入制动缸后，副风缸压力空气也开始进入制动缸。所以制动缸最初的压力 50～70 kPa 是来自列车管和副风缸两方面的压力空气，而在达到这个压力以后，由于局减阀关闭，列车管停止向制动缸充气，只有副风缸还向制动缸充气，至于制动缸继续充气，升至多大的压力，还与司机操纵的列车管减压量的大小有关。

4. 安定性

安定性是指在制动主管常用制动减压时制动装置不发生紧急制动作用的性能。当施行常用制动时，紧急阀的紧急活塞下侧的制动主管随着压力下降，紧急室的压力空气经紧急活塞杆缩孔Ⅳ（ϕ0.5 mm）、中间限孔Ⅲ（ϕ1.8 mm）和紧急活塞杆下端口向紧急活塞下腔（列车管）逆流，故紧急活塞两侧不会形成足以压缩安定弹簧的压力差。若减压较大（170 kPa），紧急活塞上下形成了足以使紧急活塞压缩安定弹簧而下移的压力差时，紧急活塞也只是稍微下移。紧急活塞杆顶面紧急室压力空气又经密封圈处紧急活塞杆的轴向中心孔上口、限孔向列车管逆流，流量较限孔大，逆流量加大，同时由于紧急阀内部的阻力作用，活塞杆下端面仍无法接触放风阀，放风阀仍处于关闭状态，紧急阀不发生作用。

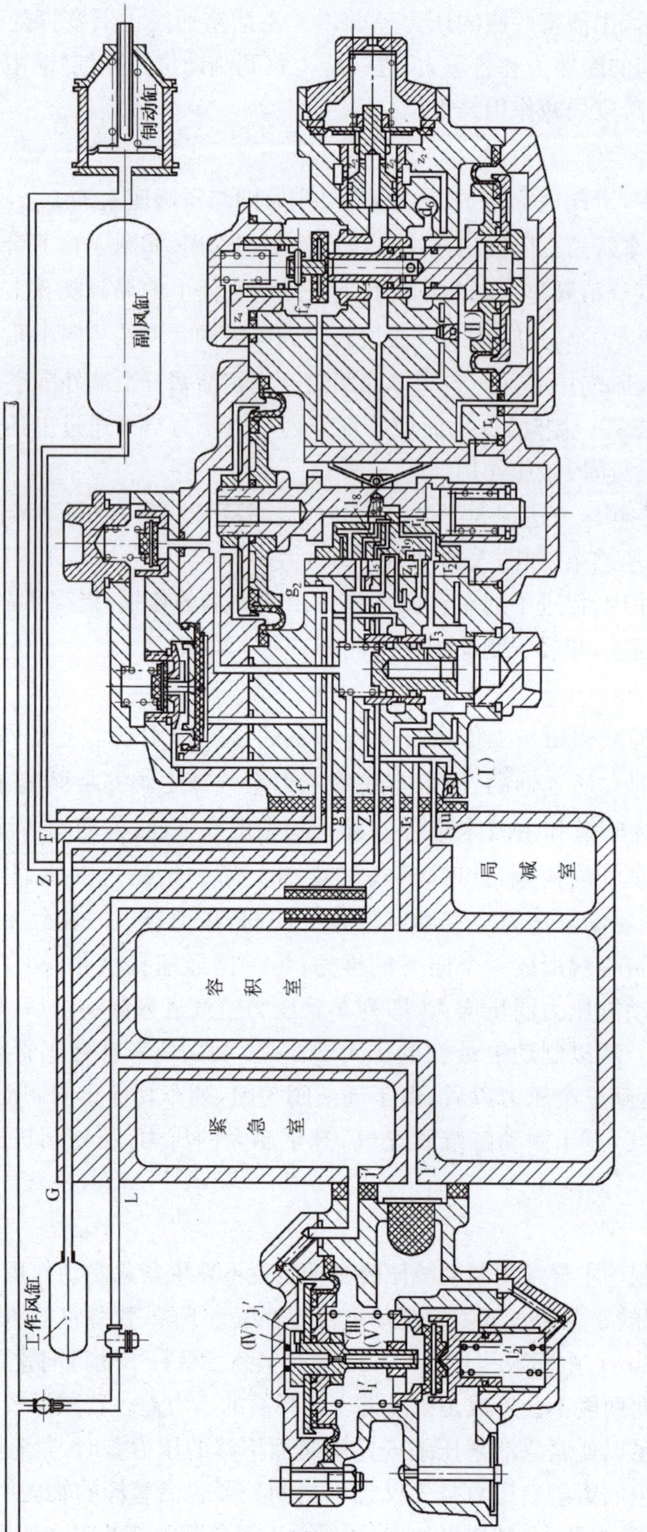

图5-14 第二阶段局减

5.2.3　制动保压位

在施行常用制动后，机车手柄所在位置同时进行保压（试验设备模拟机车制动操作装置），当压力表显示出制动主管达到所要求的减压量时，列车管停止减压，这时 104 阀处于保压位，制动缸压力保持一定。

列车管停止减压时，104 阀主活塞、滑阀、节制阀均在制动位，工作风缸仍向容积室充气，工作风缸压力继续降低，直到滑阀室（工作风缸）压力降到与上腔列车管压力建立平衡时，在主活塞杆尾部原被压缩的稳定弹簧的弹力及主活塞重力作用下，主活塞带动节制阀向下移动 4 mm，到主活塞杆上肩碰到滑阀上端面为止。此时，节制阀遮盖住滑阀背面的制动孔 r_1，切断了工作风缸向容积室充气的通路，容积室压力停止上升，作用部处于保压位。

容积室压力刚停止上升时，由于均衡阀仍处在开放状态，副风缸仍在向制动缸充气，当制动缸压力空气压力与均衡活塞下腔容积室压力空气压力相近时，在均衡阀、均衡活塞自重及均衡阀弹簧弹力共同作用下，均衡阀压着均衡活塞杆一起下移，关闭均衡阀阀口，切断副风缸充入制动缸压力空气的通路，制动缸压力停止上升（均衡阀杆顶面紧贴均衡阀），整个 104 阀处于制动保压位，如图 5-15 所示。

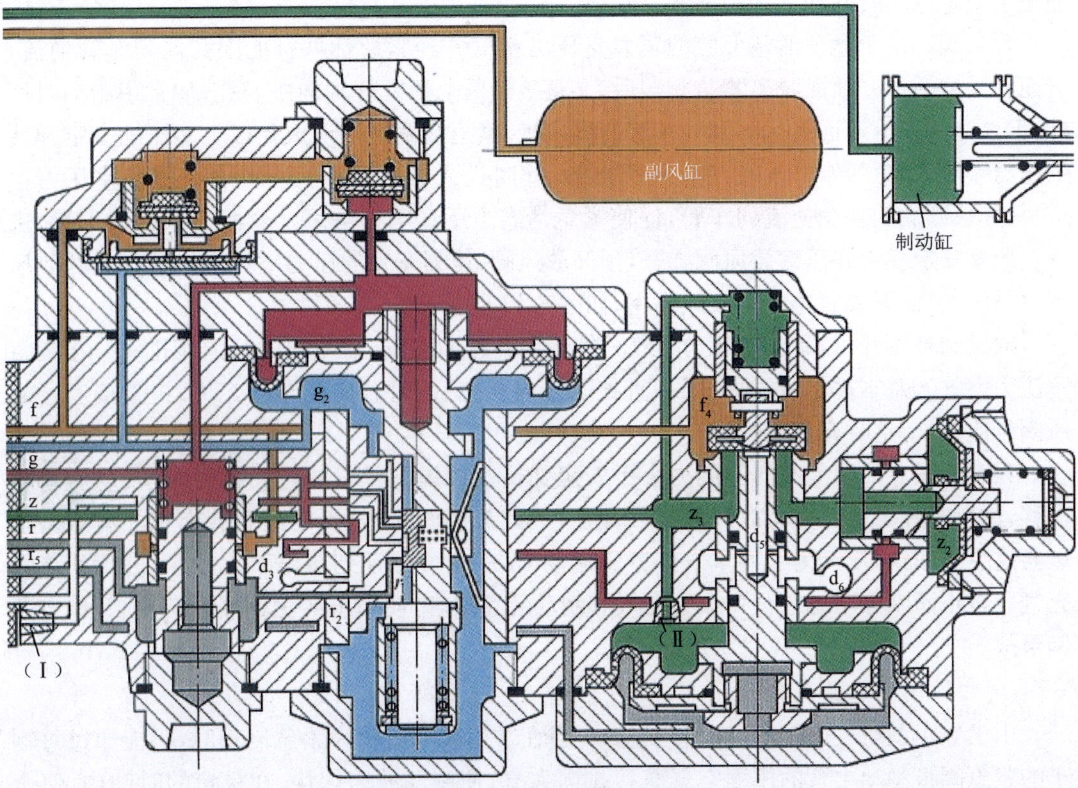

图 5-15　主阀部制动保压位原理

此时,如果制动缸存在漏泄故障,由于均衡活塞上腔压力随之下降,均衡活塞上下作用力失去平衡,均衡活塞杆向上移动重新顶开均衡阀,副风缸向制动缸补气,直到恢复原来的压力平衡,均衡阀又关闭,形成自动补风作用,消除制动力的衰减。由于现在的副风缸容积足够大,制动缸压力只取决于容积室压力;若容积室漏泄,制动缸将缓解。

5.2.4 紧急制动位

列车在运行中,如遇紧急情况需要立即停车时,司机将手柄移至紧急制动位,或乘务人员拉动车辆上的紧急制动阀,这时列车管压力空气大量急速排向大气,104 阀也相应地发生紧急制动作用,如图 5-16 所示。

1. 紧急制动放风作用

紧急制动时,104 主阀各部分的作用,均与常用制动一样,只是作用部主活塞上升得更加迅速、更加上位(列车管减压量大),滑阀室的容积较最大常用制动位(安定试验)时更大一些。列车管减压 170 kPa(安定试验)或紧急制动时,容积室及辅助空间与工作风缸压力空气压力平衡,$P_{紧急}V_{紧急}=P_{安定}V_{安定}$,由于$V_{紧急}>V_{安定}$紧急制动时,容积室压力较最大常用制动时容积室压力略小(增压阀加了阀套失去紧急增压作用),所以,紧急制动制动缸压力(410～420 kPa)略小于安定试验的制动缸压力(420～430 kPa),只是制动更迅速(制动波速更大),缩短了列车空走时间和空走距离。

紧急阀部由于紧急活塞上腔的紧急室压力空气先经紧急活塞杆的限孔向列车管逆流,继而在紧急活塞杆顶面脱离紧急阀盖后,又直接经紧急活塞杆轴向中心孔,如常用制动时所述,但这时的逆流量远远达不到列车管的排出量,紧急活塞上下形成足以更多压缩安定弹簧的压力差时,紧急活塞杆下端与放风阀接触,此时进入紧急活塞杆中心孔的紧急室压力空气,只能从开放的限孔逆流列车管,促使紧急活塞上下压力差激增。紧急活塞继续下移,进一步压缩安定弹簧并压缩放风阀弹簧,顶开放风阀,使列车管的压力空气直接从开启的放风阀口排向大气,形成紧急制动放风作用,如图 5-17 所示。

放风阀被压开后,紧急室压力空气只能经限孔排向大气,需一定时间才能排完。在紧急室压力空气未基本排尽时,放风阀一直处于开启状态,此时若向列车管充气,将直接通过放风阀排向大气,这时充气无效。

只有当紧急活塞上腔向下的力小于安定弹簧及放风阀弹簧的向上弹力时,紧急活塞才上移,放风阀弹簧的弹力将放风阀推回原位,关闭放风阀之后,再向列车管充气才有效。经试验这个时间约 15 s,为了列车发生紧急制动时,一定要保证列车停车后,才可进行列车管充气。防止尚未停车就进行列车管充气和制动装置缓解,使列车产生剧烈纵向冲动,造成断钩事故。

2. 常用制动转紧急制动作用

由于 104 型空气分配阀专设有紧急阀,当在常用制动后转为紧急制动时,仍能通过每辆车的紧急阀将制动主管的压缩空气直接排向大气,使制动波速加快,在极短的时间内,使全列车产生紧急制动,以缩短制动距离。

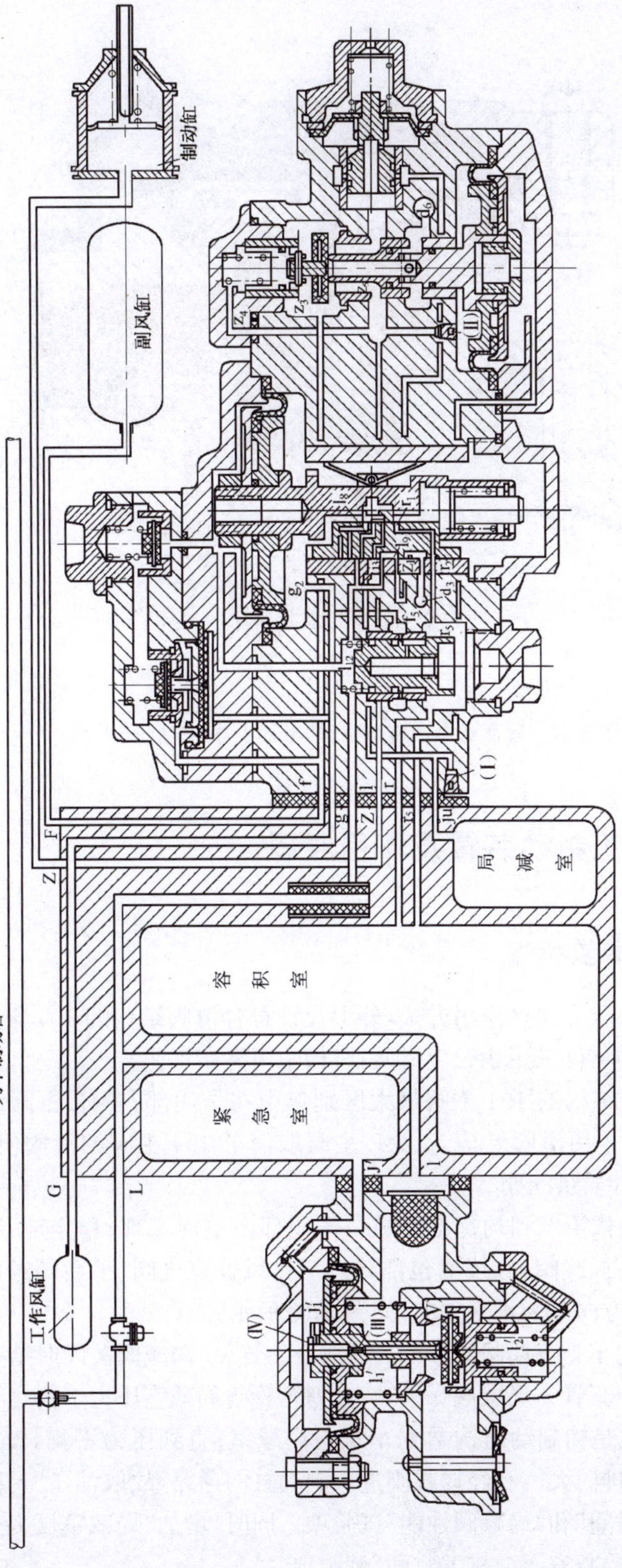

图5-16　主阀部紧急制动位动作原理图（滑阀室容积最大）

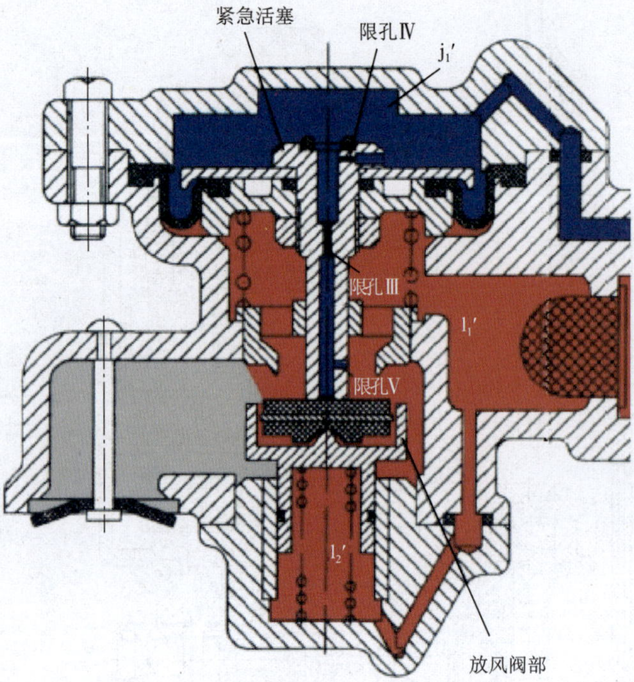

图 5-17　紧急阀紧急制动位(列车管压力空气排向大气)

5.3　104L 型空气制动装置及作用原理

5.3.1　104L 制动装置特点

104L 主阀采用二压力间接作用方式,外形设计符合滑阀结构的 104 集成电空制动装置安装要求;阀体和盖类零件采用铝合金材质;膜板采用夹布工艺。

104L 主阀与滑阀结构的 104 主阀最大区别集中在作用部,104L 主阀作用部采用柱塞结构,104 主阀作用部采用滑阀结构。104L 主阀取消了 104 主阀的滑阀研磨工艺,解决了 104 阀面漏泄这一惯性质量问题。

104L 主阀仍然由作用部和均衡部组成。作用部由主活塞部、稳定部、制动阀、局减阀、副风缸充气止回阀、一局减阀(红线圈包部分)、工作风缸充气阀、平衡阀组成。均衡部由滑阀结构 104 阀的垂直方向改为水平方向,如图 5-18 所示。

第一阶段局减:列车管→局减阀→一局减阀→大气(一局减阀关闭时结束)。

第二阶段局减:列车管→局减阀→局减室(列车管与局减室压力平衡时结束)。

104L 阀的二局减是初制动时沟通列车管与局减室,直到压力平衡,没有滑阀结构 104 阀的列车管经局减室排向大气和经局减阀进入制动缸的通路,故取消了"局减阀盖小孔处无漏泄"、"局减室排气时间"和"局减阀性能"试验项。同时,增加"局减室压力升压时间"和"制动缸压力开始排风时局减室压力排气时间"试验项。

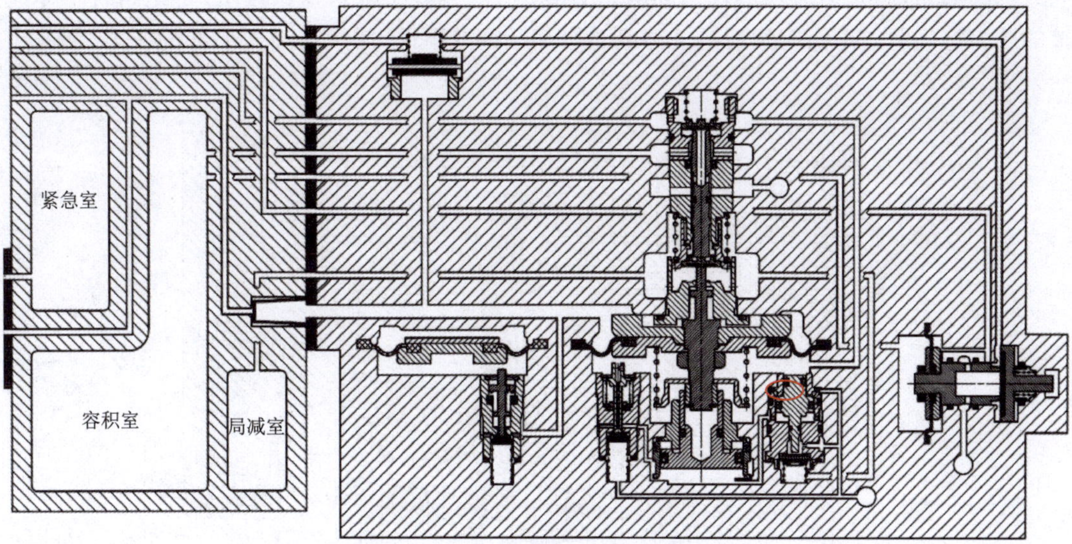

图 5-18　104L 主阀及中间体剖视图

104L 阀采用适应小减压制动的局减结构，在初制动时将列车管的压力空气引入局减室，使局减室与列车管连通，增大列车管局减量，有利于适应机车小减压调速制动。

104L 阀充气部由副风缸充气止回阀部和充气缩堵组成，副风缸充气止回阀是防止副风缸压力空气逆流回列车管，充气缩堵控制列车管向副风缸的充气速度，结构简单，占用空间小，零件少。由于取消了工作风缸压力控制列车管向副风缸充气的结构，故初充风试验取消了“充风时副风缸压力不高于工作风缸”的要求。

主活塞部的主阀下活塞接触平衡阀杆、工作风缸充气阀杆、平衡杆，3 个顶杆在直径 85 mm 圆周上呈 120°均匀分布，受力均衡。

5.3.2　104L 制动阀作用原理

1. 充气位

列车管压力上升，列车管压力空气到达主活塞上侧，主活塞上侧压力上升，迫使主活塞下移至充气位，推动主活塞向下移动，当能克服工作风缸充气阀弹簧时，打开该阀（红圈位置），工作风缸充气。作用部开放容积室压力空气排向大气的阀口，容积室压力空气排向大气，容积室压力得以缓解。随着容积室压力继续下降，关闭局减阀，开放一局减阀，沟通局减室与大气的通路，使局减室的压力空气排向大气；制动缸的压力空气通过均衡部排向大气，分配阀处于充气位，如图 5-19 所示。

列车管压力空气一路通过副风缸充气止回阀，压缩止回阀弹簧顶开夹心阀充向副风缸。另一路压力空气通过中间体、紧急阀，充入紧急室（与 104 阀相同）。

2. 制动位

司机施行常用制动，列车管减压，当工作风缸与列车管的压差能克服稳定部主活塞弹簧时，主活塞上移，打开局减阀，列车管压力空气引向一局减阀排向大气，随后一局减阀关闭排向大气的通路，同时沟通列车管与局减室直到压力平衡，加速列车管减压，与此同时工作风缸的压力空气通过平衡阀沟通的气路到达平衡活塞的下部，增大主活塞下部的压力，加速主活塞向上移动。

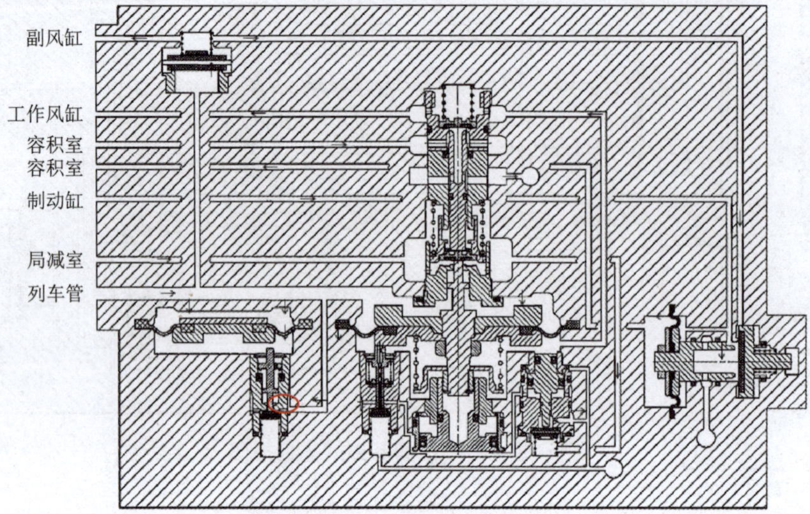

图 5-19　104L 主阀部充气位

主活塞上移至制动位，打开制动阀，工作风缸向容积室充风，容积室压力上升，均衡部根据容积室的压力大小控制副风缸向制动缸的充风量，各通路如图 5-20 所示。

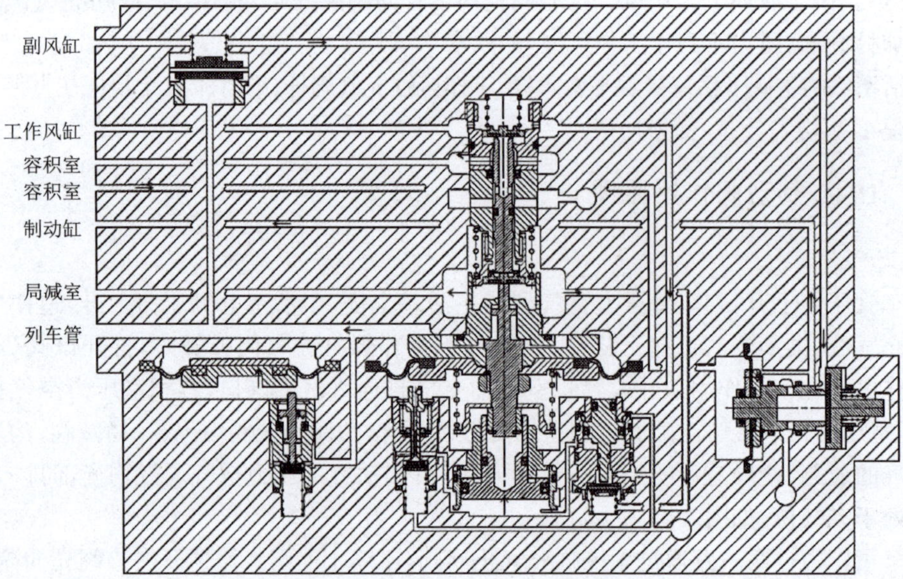

图 5-20　104L 主阀部制动位

3. 保压位

列车管停止减压后，工作风缸压力空气开始还向容积室充气，其压力降低，当低到与列车管压力相当时,在主活塞弹簧的作用下,主活塞下移,制动阀关闭,容积室压力停止上升,均衡部随之关闭,制动缸压力也停止上升,104L 分配阀处于保压位,如图 5-21 所示。

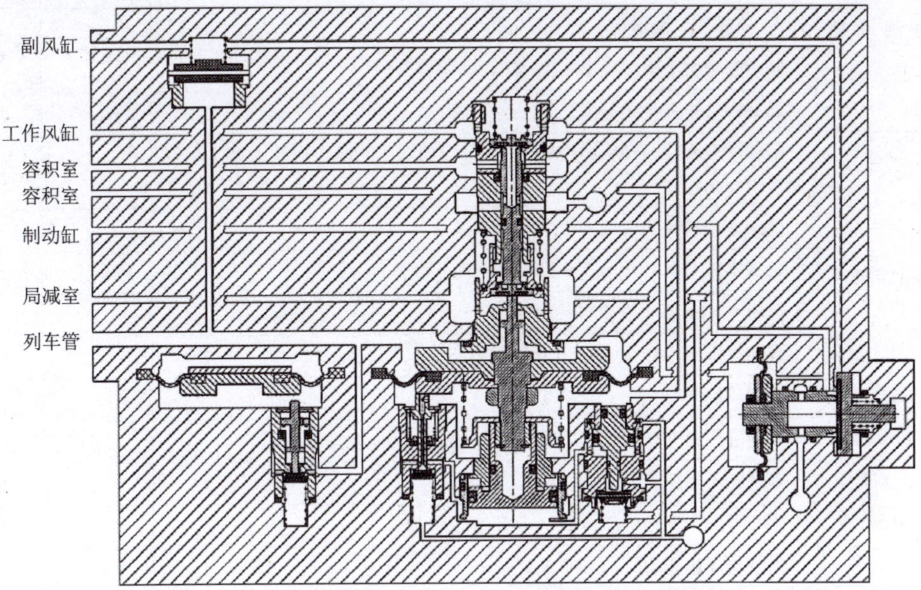

图 5-21　104L 主阀部保压位

紧急制动位作用原理与滑阀结构 104 阀相同,不再赘述。

5.3.3　试验台试验

1. 104L 紧急阀试验

104L 紧急阀试验项目与现有 104 紧急阀一致,可采用 104 紧急阀的试验程序。

2. 104L 主阀试验

104L 主阀试验台与现有 104 主阀一致,现有试验台硬件无须改动。

104L 主阀试验仅需在现有 104 主阀试验程序基础上进行适当修改就可以进行。

104L 主阀与 104 主阀在 705 试验台上的试验对比见表 4-1。

表 4-1　104L 主阀与 104 主阀在 705 试验台上的试验对比

试验项目	试验项目质量要求	104 主阀	104L 主阀
初充风和充风位漏泄	各结合部不得漏泄	√	√
	工作风缸由 0 充至 580 kPa 的时间,60～90 s	√	√
	充风时副风缸压力不高于工作风缸	√	取消
	工作风缸压力 580 kPa 时,副风缸压力不低于 560 kPa	√	√
	大、小排气口漏泄量≤120 mL/min	√	√
	局减排气口漏泄量 5 s 内肥皂泡直径≤25 mm	√	取消

续表

试验项目	试验项目质量要求	104 主阀	104L 主阀
紧急制动位漏泄	各结合部不得漏泄	√	√
	大、小排气口漏泄量≤60 mL/min	√	√
	制动管压力上升 10 s 内≤15 kPa	√	√
	局减阀盖小孔处无漏泄	√	取消
制动和缓解灵敏度	制动灵敏度:应在制动管减压 20 kPa 以前发生局减作用减压 40 kPa 以前发生制动作用	√	√
	局减室排风时间≤10 s	√	取消
	局减室压力由 0 升至 500 kPa 的时间不大于 10 s	无操作	增加
	保压 1 min,不得发生自然缓解	√	√
	容积风缸压力在 10 s 内上升量≤10 kPa	√	√
	缓解灵敏度≤15 s	√	√
	制动缸压力开始排风时局减室压力应能在 45 s 内排尽	无操作	增加
局减阀性能	局减阀关闭压力 50～70 kPa	√	取消
	关 7 号风门制动缸压力 20 s 上升量≤10 kPa	√	取消
	局减阀开放压力≥20 kPa	√	取消
稳定性	工作风缸和副风缸充至定压,制动管减压 50 kPa 以前不得发生局减和制动作用	√	√
全缓解	容积风缸压力由 400 kPa 降至 40 kPa 的时间应为 4.5～7 s	√	√
	制动缸压力应随容积风缸压力下降,两者压差≤25 kPa	√	√
均衡灵敏度	单针容积风缸压力表的读数:检修品和新品≤15 kPa	√	√

思　考　题

1. 简述 104 型空气制动装置保持减压量与制动缸压力的对应关系。
2. 简述 104 型空气制动装置自然缓解的作用原理。

第6章 F8型空气及电空制动装置

随着我国铁路客车运行安全监控系统(TCDS)及制动监测子系统的迅速发展运用，在保障客车安全运行的同时，客车制动系统三级自然缓解、无制动作用等报警信息大量出现。为有效减少制动报警信息，部分铁路局集团公司通过用F8型空气制动装置改造替换的方式取得了较好的效果。本章着重从F8型空气及电空制动装置的特点、作用原理说明其结构特点，力图讲清楚该型制动装置的基本作用原理。

6.1 概 述

20世纪80年代天津机车车辆机械厂与青岛四方车辆研究所在德国F117分配阀和26-F控制阀的基础上共同研制的F8型空气制动装置，于1989年通过铁道部鉴定，并列入推广项目。为满足准高速和提速的需要，双方又研制了F8型电空制动装置。其在不改变原F8阀结构和性能的基础上，增设了电控制动部分。

另外，F8阀结构与我国机车JZ-7型制动机F7型分配阀相近，许多零部件可与之互换使用。

改进的F8L分配阀将阀体、阀盖的材质更新为铸造合金铝，重量大大减轻，可单手拿起；外观和防腐性更好。

为方便现车的104型与F8型空气制动装置的互换，天津机辆轨道交通装备有限责任公司研制了主阀和辅助阀相邻面安装的新型中间体，管系接口与104型空气制动装置完全一致，无需改装现有的副风缸管、工作风缸管、制动缸管及制动支管。

6.1.1 F8型空气分配阀的组成

F8型空气分配阀由主阀、辅助阀和中间体(管座)三部分组成，如图6-1所示。

1. 主阀

主阀控制分配阀的充气、缓解、制动、保压等作用，是分配阀中最主要部分。它是由主控部、充气阀、限压阀、副风缸充气止回阀、局减阀、主阀体及主阀下体等组成，如图6-2所示。

(1)主控部

主控部由平衡阀弹簧7、导杆10、平衡阀5、主阀杆12、小活塞18、中体组成19、顶杆42、主活塞20、缓解柱塞23、制动弹簧38、缩孔堵60、局减阀套37、缓解阀组成34、导杆32、保压弹簧31、缓解阀盖组成30及各种O形密封圈、胶垫等组成。

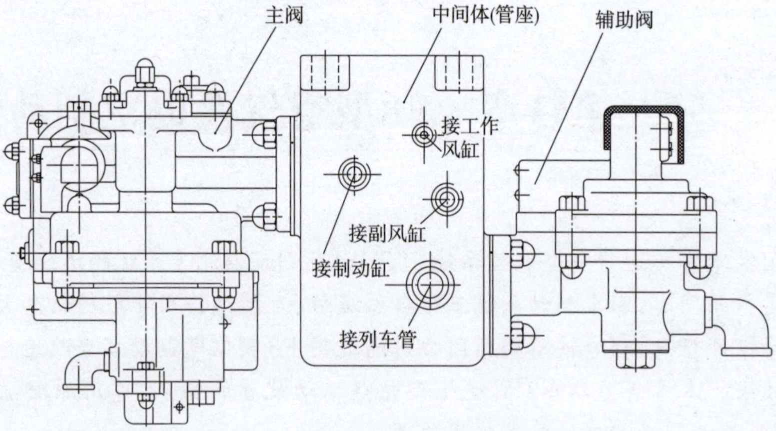

图 6-1　F8 型空气分配阀组成

主阀是三压力平衡机构，主活塞 20 上、下两侧分别是列车管和工作风缸压力空气，小活塞 18 上方是制动缸压力，下方通向大气。通过三压力(即 $P_{制}$、$P_{列}$ 与 $P_{工}$)的作用，来实现分配阀的制动、保压、缓解这三个基本作用，如图 6-3 所示。

三压力的平衡关系对分配阀的影响：

当 $P_{制}+P_{列}<P_{工}$ 时，分配阀发生局减和制动作用。

当 $P_{制}+P_{列}=P_{工}$ 时，分配阀发生保压作用(包括制动保压与缓解保压)。

当 $P_{制}+P_{列}>P_{工}$ 时，分配阀发生缓解作用(可以是一次缓解，也可以是阶段缓解)。

①制动作用

当列车管施行减压后，主活塞 2 两侧的工作风缸和列车管的压力形成一定的压差(即 $P_{制}+P_{列}<P_{工}$)，在工作风缸空气压力作用下，主活塞 20 向上移动，通过顶杆 42 带动小活塞 18 及主阀杆 12 向上移动，打开平衡阀 5，使副风缸的压力空气通过打开的平衡阀 5 进入制动缸。

②保压作用

a. 制动保压：列车管停止减压后，制动缸压力上升到工作风缸作用于主活塞 20 的向上的力和列车管及制动缸的向下的力三者平衡(即 $P_{制}+P_{列}=P_{工}$)时，在平衡阀弹簧 7 的作用下，平衡阀下移，关闭阀口，停止了副风缸向制动缸的充气，使制动缸压力保持一定值，主阀即处于制动保压状态。

b. 缓解保压：当列车管停止增压，制动缸压力空气通过打开的缓解阀口排到三者压力平衡(即 $P_{制}+P_{列}=P_{工}$)时，在保压弹簧 31 作用下，缓解阀 34 上移，关闭阀口，制动缸压力停止下降，使制动缸压力保持一定值，主阀即处于缓解保压位状态。

③缓解作用

当列车管压力增加时，列车管和制动缸向下的力大于工作风缸作用在主活塞 20 的向上的力(即：$P_{制}+P_{列}>P_{工}$)时，主活塞 20 带动缓解柱塞 23 向下移动，打开缓解阀 34，使制动缸压力空气通过打开的缓解阀排向大气，主阀即处于缓解状态。

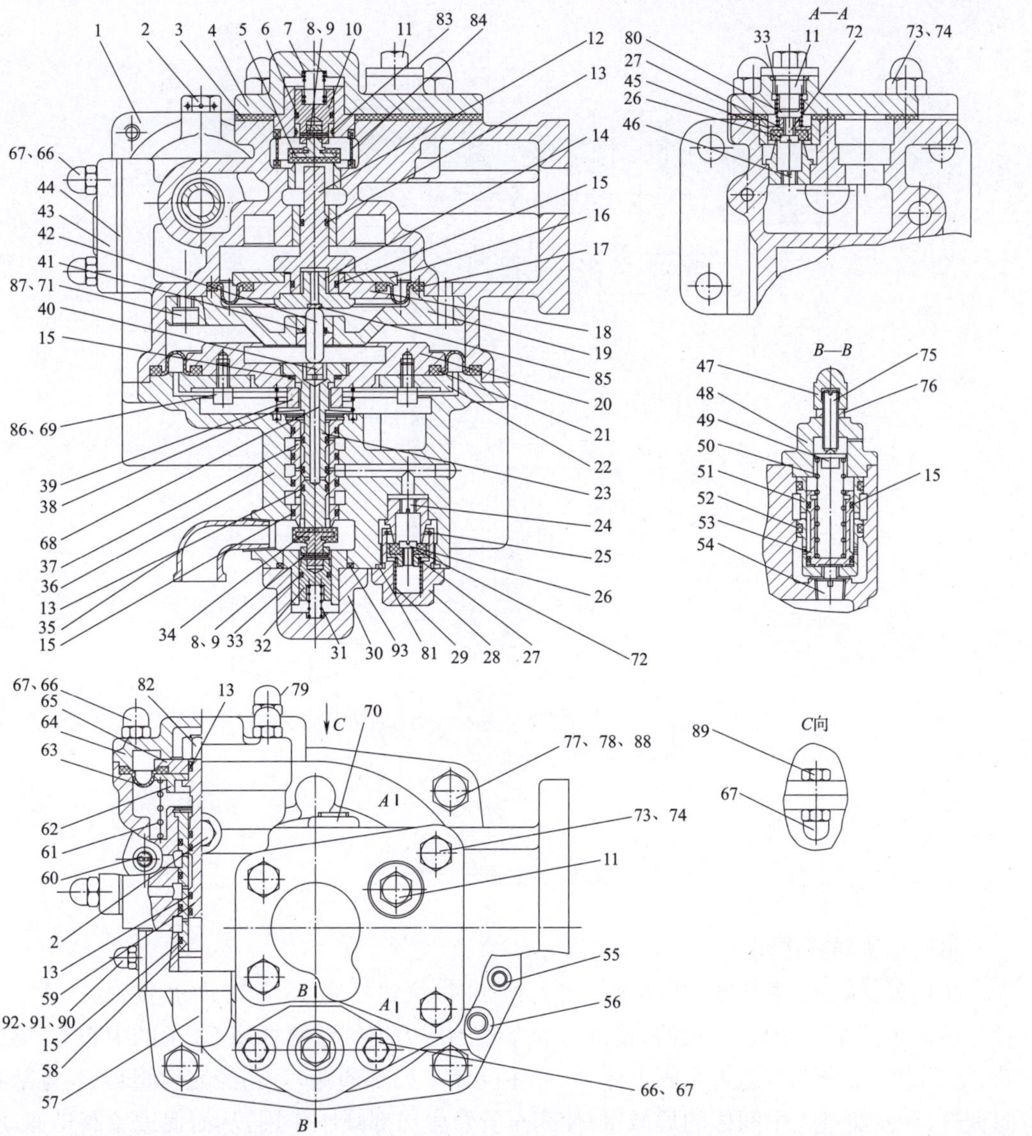

1—主阀体组成；2—排气堵；3—主阀上盖垫；4—主阀上盖组成；5—平衡阀；6—O 形密封圈 20 mm×2.25 mm；7—平衡阀弹簧；8—销 ϕ1 mm×14 mm；9—固定销；10—导杆(平衡阀)；11—螺堵；12—主阀杆；13—O 形密封圈 14 mm×2.25 mm；14—压帽；15—O 形密封圈 24 mm×2.25 mm；16—压板；17—小膜板(ϕ109 mm)；18—小活塞；19—中体组成；20—主活塞；21—大膜板(ϕ166 mm)；22—压板；23—缓解柱塞；24—缩堵(Ⅰ)；25—弹簧挡圈；26—止回阀胶垫；27—止回阀；28—螺盖；29—止回阀弹簧；30—缓解阀盖组成；31—保压弹簧；32—导杆(缓解阀)；33—O 形密封圈 16 mm×2.25 mm；34—缓解阀组成；35—排风弯头；36—主阀下体组成；37—局减阀套；38—制动弹簧；39—螺母；40—硬芯；41—O 形密封圈 12 mm×1.75 mm；42—顶杆；43—转换盖板；44—转换阀垫；45—止回阀套；46—缩堵(Ⅱ)；47—螺母；48—限压阀盖；49—弹簧托；50—限压阀弹簧；51—限压阀套；52—O 形密封圈 34 mm×3.4 mm；53—限压阀；54—大缩堵；55—胶垫；56—大胶垫；57—防尘排气罩组装；58—充气阀套；59—充气柱塞；60—缩孔堵 M8；61—充气阀弹簧；62—压板；63—充气阀膜板(ϕ84 mm)；64—充气阀盖；65—膜板托；66—螺柱 M8×20 mm；67—螺母 M8；68—挡圈 28；69—螺钉 M6×14 mm；70—缩堵 R1/4；71—螺钉 M8×16 mm；72—螺钉 M5×8 mm；73—螺柱 M10×20 mm；74—螺母 M10；75—螺钉 M8×30 mm；76—螺母 M8；77—螺栓 M12×45 mm；78—螺母 M12；79—螺柱 M8×30 mm；80—止回阀弹簧；81—O 形密封圈 26.5 mm×2.65 mm；82—螺母 M12；83—销 ϕ1 mm×34 mm；84—滤尘网；85—顶块；86—弹簧垫圈 6；87—弹簧垫圈 8；88—弹簧垫圈 12；89—螺栓 M8×30 mm；90—螺母 M6；91—螺柱 M6×16 mm；92—平垫圈；93—O 形密封圈 32.5 mm×2.65 mm。

图 6-2　F8 型空气分配阀主阀

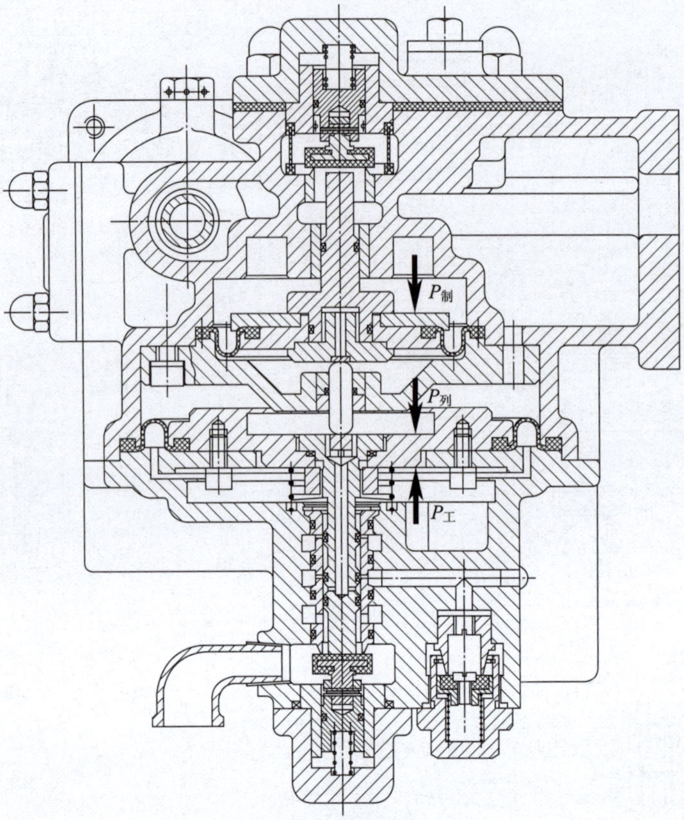

图 6-3　主阀三压力示意

④列车管局减作用

在列车管减压，主活塞 20 刚开始向上移动时，缓解柱塞 23 随之向上移动，打开了列车管与局减阀套 37 间的联络通路，使部分列车管的压力空气缓解柱塞 23 上的中心孔、局减阀套 37、顶开止回阀 27，通过主阀下体 36 和主阀体 1 内部通路，一路经充气阀套 58 尾部孔排向大气，另一路进入中间体的局减室，使列车管发生局部减压作用，从而促进主阀迅速动作，进入制动位，同时也起到了促进列车制动波传递的作用。

⑤一次缓解和阶段缓解的转换

通过调转转换盖板 43 的位置，可实现一次缓解或阶段缓解的作用。当与无阶段缓解作用的制动装置混编使用时，转换盖板 43 需放置在“一次位”（盖板上铸造箭头向上），施行缓解时，工作风缸压力空气经局减阀套 37、转换盖板 43 上的沟槽直接进入列车管（即工作风缸与列车管连通）达到一次缓解的目的。由于缓解时工作风缸压力空气直接迅速进入列车管，既提高了列车管的再充气速度，又加速了主阀的缓解作用，这对于较长编组列车的后部车辆加速缓解很有意义。当与有阶段缓解作用的分配阀混编或特殊需要时，转换盖板 43 需放置在“阶段位”（盖板上的铸造箭头朝下），这时施行缓解时，只要制动缸压力高于 40 kPa，列车管与工作风缸通路就仍被充气柱塞 59 切断，而转换盖板 43 上的槽也被切断，此时工作风缸压力空气不能流入列车管（即工作风缸与列车管不通），从而实现阶段缓解作用。

(2)充气阀

充气阀主要由充气阀盖 64、膜板托 65、充气阀膜板 63、压板 62、充气柱塞 59、充气阀弹簧 61、充气阀套 58、排气罩 57 及 O 形密封圈、胶垫等组成。

充气阀有两个作用位置:上端位(缓解位)和下端位(作用位)。由于充气阀弹簧的弹力作 用,充气阀平常处于上端位。当膜板上方空气压力大于 20 kPa 左右时,活塞才被压下到下端位。

①当 F8 阀在缓解位,充气阀膜板 63 上方制动缸的空气压力低于 20 kPa 时(充气阀在上端位),列车管压力空气经充气阀套 58、充气柱塞 59 向工作风缸充气,同时通过充气阀套 58 尾部孔将局减室压力空气排向大气。

②当 F8 阀在局减位,列车管部分压力空气经充气阀套 58 尾部排向大气。

③当 F8 阀在制动位,充气阀膜板 63 上方制动缸的空气压力高于 20 kPa 时(充气阀在下端部),制动缸压力空气推动充气阀膜板 63 压缩充气阀弹簧 61,移动充气柱塞 59,切断局减通大气通路,同时切断列车管与工作风缸间连接通路,以保证主阀的正常作用。

④当 F8 阀在缓解、保压位时,与转换盖板 43 配合,切断工作风缸压力空气向列车管逆流,以实现阶段缓解。

(3)限压阀

限压阀主要由限压阀盖 48、限压阀套 51、限压阀 53、限压弹簧 50、弹簧托 49、大缩堵 54、调整螺钉 75、紧固螺母 76 和 O 形密封圈等组成。

限压阀的作用:限制常用制动和紧急制动时制动缸的最高压力,其限压值可根据需要通过调整螺钉 75 调定,调整后由紧固螺母 76 锁紧。

(4)副风缸充气止回阀

副风缸充气止回阀主要由止回阀套 45、缩堵(Ⅱ)46、螺堵 11、止回阀 27、止回阀胶垫 26 及止回阀弹簧 29 组成。

副风缸充气止回阀的作用:

①列车管通过它向副风缸充气,并限制充气速度,使前后车辆充气保持一致。

②当列车管压力下降时,防止副风缸压力空气向列车管逆流,保证主阀的正常工作。

(5)局减阀

局减阀主要由止回阀胶垫 26、止回阀 27、止回阀弹簧 29、螺盖 28、缩堵(Ⅰ)24 及弹簧挡圈 25 等组成。其中部分零件与副风缸充气止回阀通用。

局减阀的作用:

①当 F8 阀在局减位时,列车管压力空气经此阀向大气及局减排气。

②再制动时,能防止局减室的压力空气向列车管逆流。

(6)主阀体及主阀下体

主阀体及主阀下体由铸铁铸造而成,内部设有主控部、充气阀、限压阀、副风缸充气止回阀、局减阀等零部件的空腔,以及压力空气流通的各铸造及加工气路。

2. 辅助阀

辅助阀主要由辅助阀体 1、辅助阀上盖 7、辅助阀活塞 5、辅助阀杆 8、辅助阀膜板 3、活塞压板 4、辅助阀套 11、放风阀 15、螺盖 18、放风阀弹簧 17、常用排风堵 12、紧急排风堵 13、滤尘网 23 及各种 O 形密封圈、胶垫组成，如图 6-4 所示。

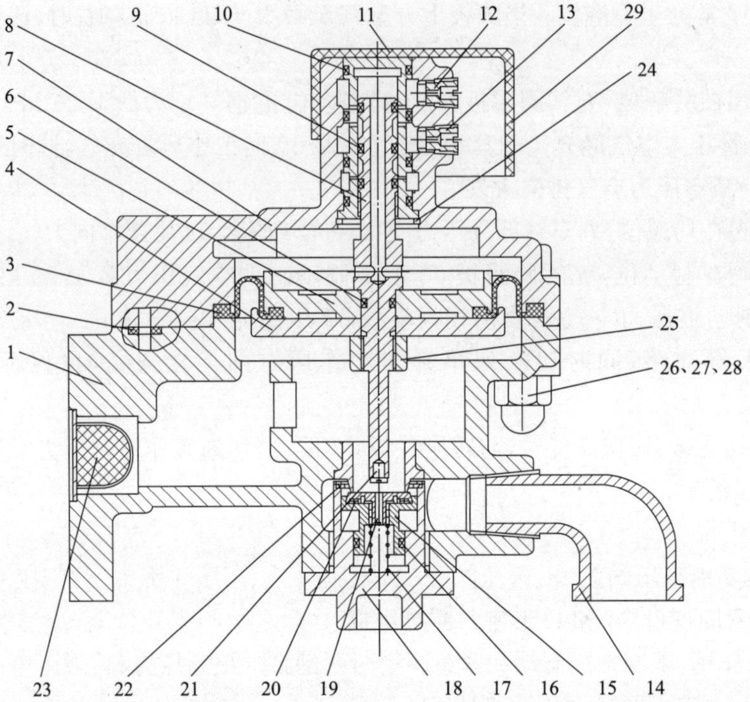

1—辅助阀体组成；2—胶垫；3—辅助阀膜板；4—活塞压板；5—辅助阀活塞；6—O 形密封圈 12 mm×1.75 mm；7—辅助阀上盖；8—辅助阀杆；9—O 形密封圈 14 mm×2.25 mm；10—O 形密封圈 24 mm×2.25 mm；11—辅助阀套；12—常用排风堵；13—紧急排风堵；14—放风弯头；15—放风阀；16—O 形密封圈 18 mm×2.25 mm；17—放风阀弹簧；18—螺盖；19—放风阀胶垫螺帽；20—放风阀胶垫；21—触头；22—弹簧挡圈；23—滤尘网；24—挡圈 28；25—螺母 M12；26—螺栓 M12×50 mm；27—螺母 M12；28—弹簧垫圈；29—防护罩。

图 6-4　F8 型空气分配阀辅助阀

辅助阀是二压力平衡机构。辅助阀活塞 5 上方为辅助室压力空气：从主阀来的工作风缸压力空气经辅助阀体组成 1 及辅助阀上盖 7 内部气路，并通过辅助阀套 11 下排孔充入辅助阀膜板 3 上方，然后经辅助阀上盖 7 和辅助阀体 1 内部气路向中间体的辅助室充气。膜板 3 下方为列车管压力空气，即膜板 3 上方的辅助室空气压力与膜板 3 下方的列车管空气压力相平衡。辅助阀的作用如下：

(1)常用制动位

由于列车管减压(辅助阀膜板 3 下方列车管压力下降)使得辅助阀活塞 5 下移。但辅助阀杆 8 仅下移到与放风阀接触而打不开放风阀。此时辅助室压力空气经辅助阀杆 8 中心孔、辅助阀套 11 的上排孔和常用排风堵 12 排入大气。由于排风堵的限制，使辅助室压力空气的排风速度与列车管的减压速度相一致，辅助阀活塞 5 两侧压力基本平衡，因此辅助阀活塞 5 及阀杆 8 不能继续下移打开放风阀 15，从而保证了辅助阀常用制动的安定性。

（2）保压位

列车管停止减压后，辅助阀活塞 5 两侧压力达到平衡，辅助阀活塞 5 及辅助阀杆 8 稍稍上移，切断了辅助室排大气的通路，辅助阀处于保压状态。需要说明的是，列车管停止减压后，常用排风堵在几十秒内出现轻微排风是正常的。另外，保压后列车管的漏泄也可导致常用排风堵不停地轻微排风。

（3）缓解位

列车管增压（膜板 3 下方列车管压力上升），使得辅助阀活塞 5 及辅助阀杆 8 上移，到达缓解位，打开了工作风缸与辅助室的通路。由于制动位时辅助室的压力空气部分排入大气，而工作风缸压力基本保持不变，故工作风缸压力高于辅助室压力，因此工作风缸压力空气再次经辅助阀套 11 的下排孔充入辅助阀膜板 3 上方及辅助室，这样就使得工作风缸压力迅速下降，从而加速主阀的缓解，起到加速缓解作用。

（4）紧急制动位

当列车管以紧急排风速度排气时，辅助室的压力空气来不及从常用排风堵 1 排出（即常用排风堵的排风速度低于列车管排风速度），辅助阀膜板 3 两侧形成压差，使得辅助阀活塞 5 及辅助阀杆 8 迅速下移并打开放风阀 15，使列车管压力空气通过打开的放风阀 15 迅速排入大气，起到紧急放风作用。此时，常用排风堵 12 和紧急排风堵 13 同时打开，共同将辅助室内的压力空气排入大气。当列车管的风排完，而且辅助室的风压排到小于放风阀弹簧力时，放风阀关闭，同时辅助阀活塞 5 与辅助阀杆 8 上移，切断了紧急排风堵与辅助室的通路。需要说明的是，列车管施行紧急排风后的 10～15 s 内，由于辅助室压力未降到设定值，紧急放风阀未关闭，此时向列车管充风是没有意义的。

图 6-5　F8 阀中间体

3. 中间体

F8 阀中间体由铸铁铸成，用来安装主阀与辅助阀，并起到连通列车管、副风缸、制动缸、工作风缸及主阀、辅助阀的各个气路的作用，如图 6-5 所示。

主阀和辅助阀分别安装于中间体的两侧，另一侧留有连接车下管路的锥管螺纹，分别连接列车管（1 英寸）、副风缸（3/4 英寸）、制动缸（3/4 英寸）和工作风缸（1/2 英寸）。整套分配阀用 4 个 M20 的螺栓和螺母（通过中间体）吊装在车辆底架上。

中间体内还装有防尘垫、滤尘器、螺盖、制动缸限制堵、螺堵和螺栓、螺母等零件。

中间体有两个气室（0.8 L 的局减室，一个 3 L 的辅助室），其他还有一些内部气路。在列车管的内部气路上加装一个圆柱形双套防的尘网的滤尘器可过滤进入主阀内的压力空气。滤尘器用螺盖固定在中间体内，当清洗或更换滤尘器时只要松开螺盖，便可取出滤尘器。

6.1.2 F8 型空气制动装置的特点

F8 空气分配阀采用二、三压力机构作用原理，即主阀是三压力机构（列车管、工作风缸、制动缸三压力平衡）；辅助阀是二压力机构（列车管和辅助室压力平衡）。由于主阀是三压力机构，所以具有良好的阶段缓解作用。但在缓解时，需等待列车管压力充至接近工作风缸压力时，制动缸压力才能降到零，所以缓解时间较长。这与二压力分配阀有较大差距。为解决这个问题，辅助阀设计成二压力作用机构，并且具有加速缓解作用。主阀与辅助阀的相互配合，使该分配阀既具有三压力分配阀的阶段制动、阶段缓解、自动补风等特点，又具有二压力分配阀的轻易缓解的特点。根据需要可转换为一次缓解位，与 104 阀混编使用（动集动车组除外）。

1. 结构特点

F8 型空气制动装置采用橡胶膜板和柱塞止阀结构，取消传统的胀圈、滑阀结构，与 104 阀相比对水、杂质不敏感，简化了检修工艺，延长了使用周期，提高了作用的可靠性。

2. 性能特点

(1)具有良好的制动、缓解特性。

(2)具有良好的阶段缓解特性，并有阶段缓解与一次缓解的转换作用，适用范围广，提高了列车操纵的灵活性。

(3)具有自动补风性能。当列车施行制动保压后，制动缸一旦漏泄，可以自动补风，使制动缸压力保持不衰减。

(4)制动缸最高压力可根据需要在一定范围内（如 380～480 kPa）调节，同时制动缸压力与制动缸活塞行程无关。

(5)具有较好的局减作用，制动波速更快，制动一致性好，对于减少列车冲动的效果尤为明显。

(6)具有较好的紧急制动性，紧急制动时有效地附加放风作用，可明显减少列车冲动并缩短制动距离。

6.2 空气制动的作用原理

F8 型空气分配阀共有六个作用位置，即初充气或充气缓解位、局减位、常用制动位、制动保压位、阶段缓解保压位和紧急制动位。

6.2.1 初充气或充气缓解位

1. 初充气

当车辆分配阀的各风缸及风管内均无压力空气，由机车制动装置或单车试验器通过车辆分配阀向上述风缸风管充气，即为初充气，如图 6-6 所示。

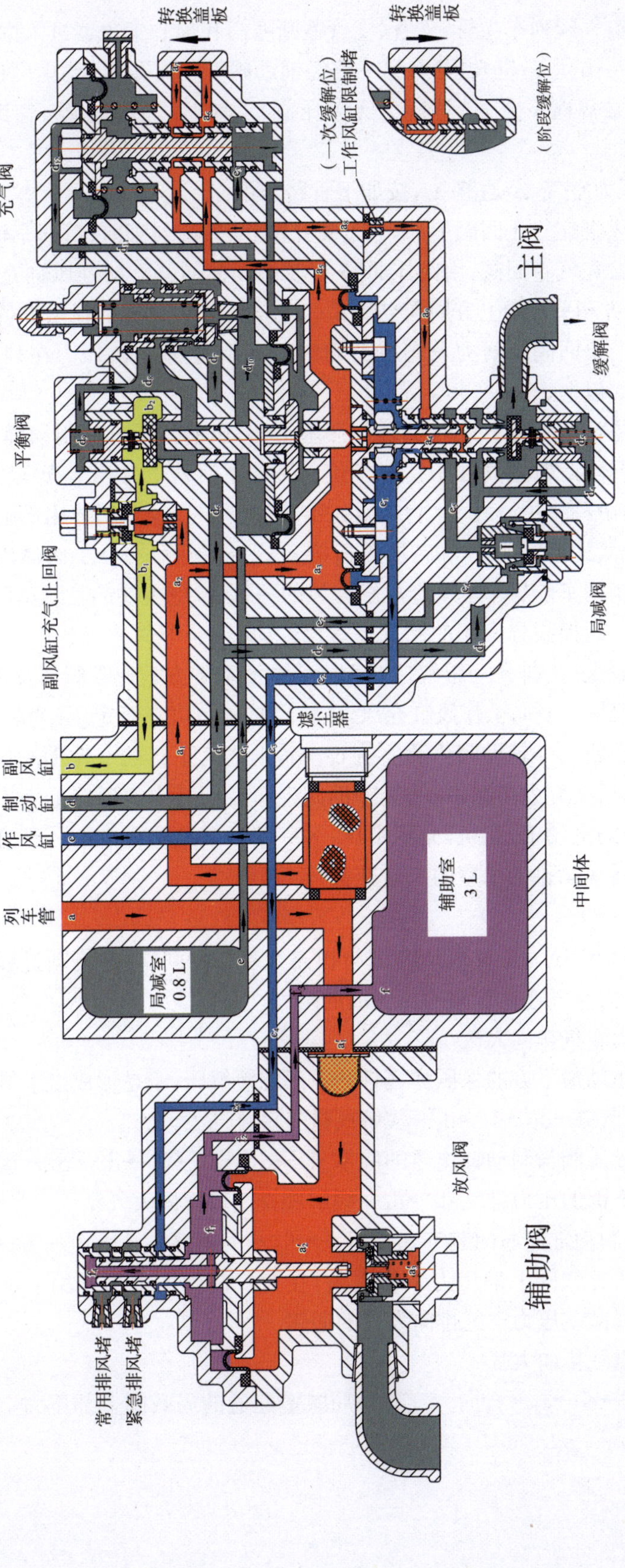

图6-6　F8型空气分配阀作用原理（初充气或充气缓解位）

初充气时，压力空气经列车主管、支管、支管截断塞门和远心集尘器进入中间体，然后一路经滤尘器、主阀安装面孔 a_1 进入主阀；另一路经辅助阀安装面孔 a_1'、滤尘网进入辅助阀活塞下方 a_2'，同时进入放风阀下方 a_3'（该阀为无差压阀）。辅助阀活塞上移，辅助阀处于初充气位。

进入主阀内的压力空气，经通路 a_2，按如下管路作用：

(1)一路到达副风缸充气止回阀下部，通过缩孔堵Ⅱ(控制列车前、后部车辆副风缸充风的一致性)打开副风缸充气止回阀，由阀体通路 b_1 及中间体通路 b 向副风缸充风，同时到达副风缸充气止回阀上方和平衡阀上方周围空间 b_2(为制动时向制动缸充风做准备)。需要指出的是，由于副风缸充气止回阀弹簧力及阀重力的作用，实际上副风缸压力在列车管 600 kPa 时，只能充到 560 kPa 以上。

(2)另一路到达主活塞上方。此时推动主活塞下移，压缩其下方的制动弹簧，直到主活塞压板外缘碰到下阀体，此时主阀处于初充气位。另外主活塞上方列车管压力空气经顶杆下方硬芯四周进入缓解柱塞中心孔 a_4(为局减做准备)的同时，经主阀体内部通路 a_5→充气阀套中间一排孔→充气柱塞沟槽 a_6 和转换盖板槽 a_7(一次缓解位)→主阀体内部通路 a_8→工作风缸限制堵(控制列车前后车辆工作风缸充风的一致性，更主要的是制动时控制工作风缸向列车管的逆流量，既提高分配阀的制动灵敏度，又保证分配阀的缓解稳定性)→主阀下体内部通路 a_9→局减阀套上排孔→缓解柱塞沟槽→主活塞下方 c_1→下阀体及主阀体内部通路 c_2→中间体内部通路 c_3、c 向工作风缸充风，工作风缸压力可充至定压(列车管定压)。同时，通过中间体内部通路 c_4→辅助阀体及上盖 c_5→辅助阀套下排孔→辅助阀杆沟槽到达辅助阀活塞上方 f_1。然后又分为两路：一路经辅助阀上盖及阀杆内部通路 f_2→中间体内部通路 f_3 向中间体内的辅助室(3 L)充风，充到定压；另一路经辅助阀杆中心孔到达辅助阀杆顶部 f4(为制动位常用排风堵排辅助室的风做准备)。

2. 充气缓解位

再充气缓解时列车管压力空气流动路线与初充气基本相同，只是流动过程中要克服来自主阀内部制动缸压力空气连通管路的排气前的阻力。

(1)制动系统压力空气排向大气

主阀杆下移后，压缩最下方的保压弹簧打开下部的缓解阀，于是形成以下排气通路：

①制动缸压力空气 d→d_1→d_2→d_3→缓解阀排气口排向大气。

②平衡阀上端、限压阀与制动缸连通的腔室 d_9→d_8→d_7→d_6→d_2→d_3→缓解阀排气口排向大气；保压弹簧下部的压力空气 d_5→d_4→缓解阀排气口排向大气。

③充气阀上端与制动缸连通的腔室 d_{12}→d_{11}→d_{10}→大缩堵限孔→d_7→d_6→d_2→d_3→缓解阀排气口排向大气；充气阀上部压力平衡失衡，在充气阀弹簧力的作用下推动充气阀上移，充气阀下部露出局减室压力空气排向大气的通路。

(2)局减室压力空气排向大气

局减室压力空气→e_1→e_3→排向大气。与局减室连通的局减阀上部压力空气 e_5→e_4→e_2→e_3→排向大气。

制动缸和局减室在初充气时无压力空气，因此只是通路沟通而并不排气，其余均与充气缓解位相同。

6.2.2　局减位

局减位工作原理，如图 6-7 所示。当列车管减压，主活塞上方 a_3 压力 $P_{列}$ 下降，使得主活塞下方 c_1 工作风缸压力空气经缓解柱塞沟槽→局减阀套上排孔→主阀、下体通路 a_9→工作风缸限制堵→主阀体内部通路 a_8→充气阀阀套上排孔→充气柱塞沟槽及转换盖板沟槽 a_7（一次缓解位）→主阀体内部通路 a_5→主活塞上方 a_3 向列车管逆流，但由于受工作风缸限制堵的限制，工作风缸压力空气逆流量远小于列车管的减压量，随之主活塞两侧形成一定的压差，即 $P_{列}<P_{工}$，$P_{制}=0$。同时在制动弹簧力的作用下，主活塞与缓解柱塞向上移动，先切断工作风缸向列车管逆流通路，工作风缸压力停止下降。然后关闭缓解阀，切断制动缸与大气的通路，同时缓解柱塞中心孔与局减阀套中间一排孔联通，使主活塞上方 a_3 列车管的压力空气→缓解柱塞中心孔 a_4→局减阀套中间一排孔→主阀下体 e_5→局减阀缩孔堵Ⅰ（控制分配阀的局减速度）→打开局减止回阀，一部分到达局减止回阀下方，另一部分经主阀下体通路 e_4→主阀体通路 e_2，一路经中间体通路 e_1 到局减室（0.8 L），最后局减室压力与保压后列车管压力相等，如列车管继续减压，即局减阀上部压力下降，局减阀下方（局减室）压力高于上方压力，局减止回阀被关闭，局减室内压力保持不变。同时，另一路经主阀体通路 e_2→充气阀套下排孔 e_3→充气阀尾部排气罩→向大气排风（局减）。

在充气缓解位，当列车管缓慢减压（轻微漏泄，$P_{列}$ 下降）的速度小于列车管最小减压速度，工作风缸的压力空气经工作风缸限制堵向列车管逆流。当逆流量与列车管减压量相同时，主活塞上下不能形成足够的压差值，主活塞仍处在缓解位不动，保证了分配阀缓解状态的稳定性。

辅助阀下部活塞下方 a_2' 列车管的压力空气经滤尘器→主阀安装面孔 a_1' 进入中间体滤尘器→a_1→a_2→a_3 产生局减作用。辅助阀杆克服各密封圈与辅助阀上盖、辅助阀活塞的摩擦力稍稍下移，为进一步打开常用排风堵做准备。

6.2.3　常用制动位

常用制动位工作原理，如图 6-8 所示。由于局减的作用造成主活塞上方列车管的空气压力 $P_{列}$ 急剧下降，主活塞在局减位并没有停下，而是继续向上移动，并推动中体顶杆带动小活塞上移，通过主阀杆顶开平衡阀，使主阀到达常用制动位。此时副风缸压力空气经中间体→主阀体内部通路 b_1→平衡阀上部空间 b_2，通过打开的平衡阀→主阀杆四周→主阀体内部通路 d_8，然后一路到达平衡阀导杆上部 d_9（该阀为无差压阀），另一路经限压阀套上排孔→限压阀沟槽→限压阀套下排孔到达限压阀下部 d_7，在通过大缩堵（小活塞充气活塞上方容积与制动缸容积匹配堵，缩孔过大造成制动缸升压不连续，过小则易造成自然缓解）向小活塞上部 d_{10} 进风的同时，由主阀体通路 d_{11}→充气阀盖到达充气阀活塞一侧 d_{12}。当制动缸压力升到规定值（20 kPa 左右）时，压缩充气阀弹簧，使充气阀活塞及充气阀杆移动，切断了局减排向大气的通路及充气阀的列车管与工作风缸充气（或逆流）通路。充气阀呈制动状态，

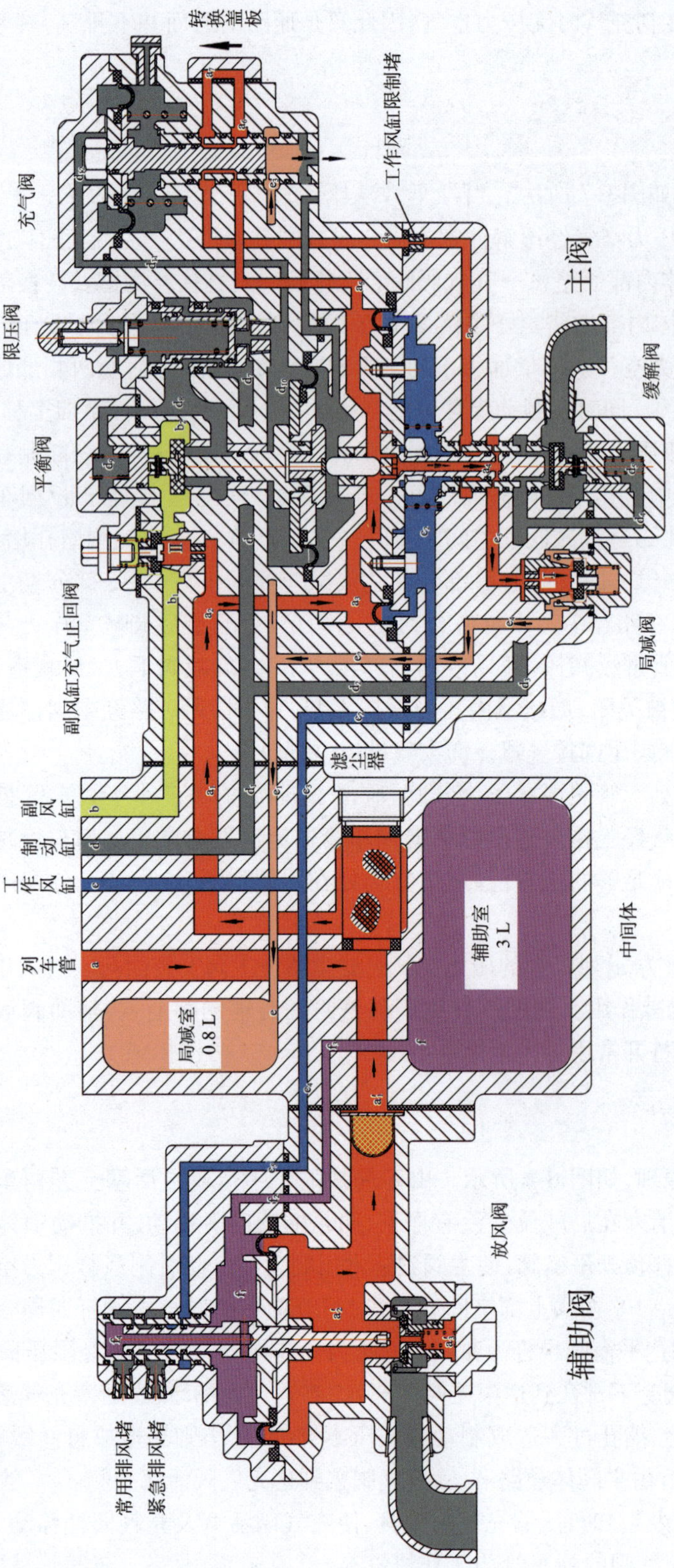

图6-7　F8型空气分配阀作用原理（局部减压位）

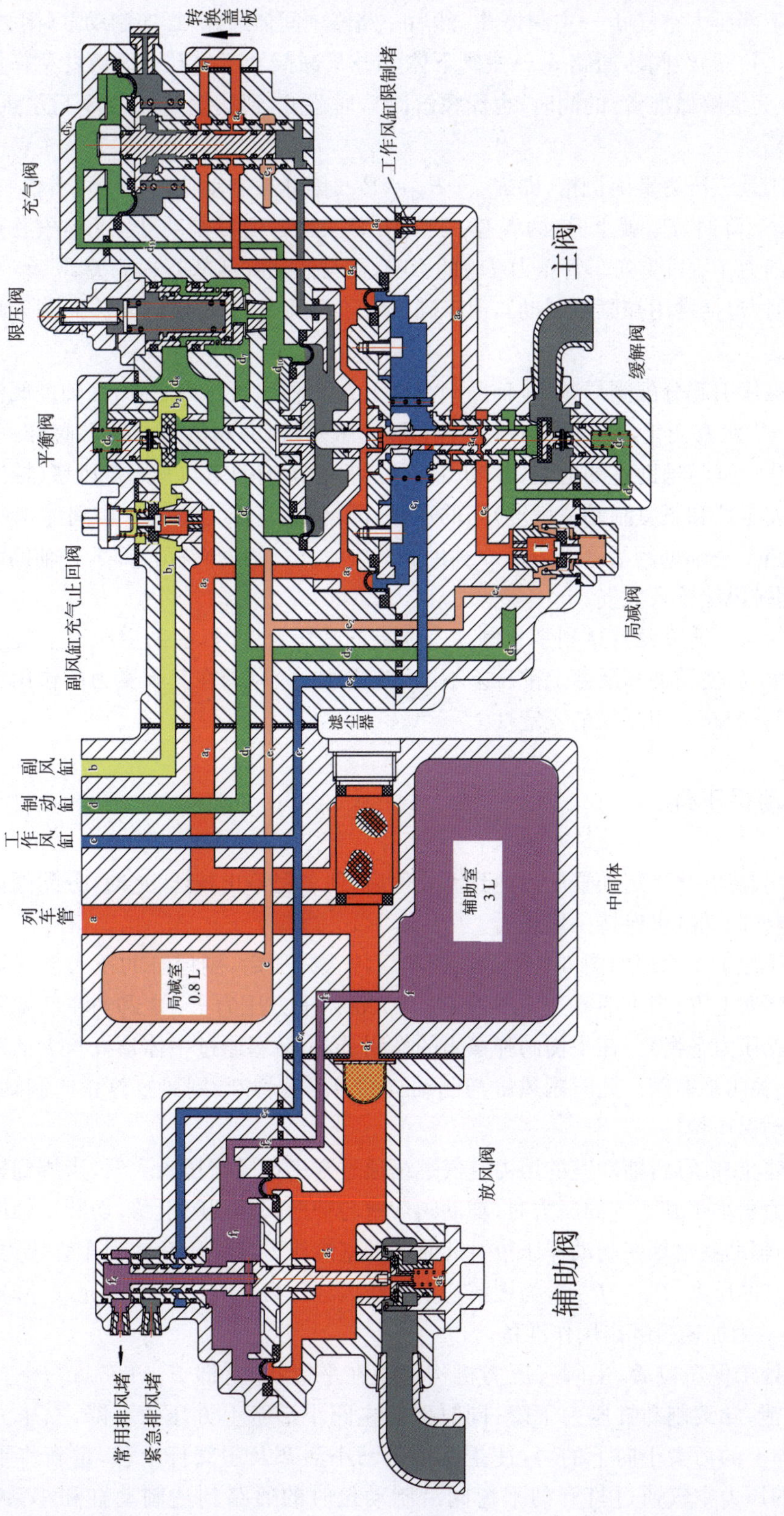

图6-8　F8型空气分配阀作用原理（常用制动位）

同时限压阀下部压力空气 d_7→主阀体 d_6，然后一路经中间体通路 d_1 向制动缸（闸缸）充风产生制动作用，另一路经阀体通路 d_2→主阀下体 d_3→局减阀套下排孔→缓解柱塞杆周围及缓解阀垫上方（为缓解做准备）的同时，也经缓解阀盖通路 d_4 到达缓解阀导杆下方 d_5（该阀也为无差压阀）。

由于主阀是三压力平衡机构，即 $P_{制}+P_{列}=P_{工}$，因此在制动位时，$P_{工}$ 可看作一定值（不变值），当 $P_{列}$ 下降时，$P_{制}$ 就上升（两者有一定的比例关系），所以制动缸压力空气作用小于小活塞的向下的力 $P_{制}$ 只受列车管压力 $P_{列}$ 的影响，而与制动缸活塞行程无关。

在制动时（包括常用和紧急制动），由于列车管压力低于副风缸压力，因此副风缸充气止回阀被关闭。

列车管减压引起分配阀局减后，辅助阀活塞下方 a_2' 列车管压力下降，而辅助阀活塞上方 f_1 辅助室的压力没有变化，使辅助阀活塞上下形成压差，辅助阀活塞与辅助阀杆一起下移，先切断了工作风缸与辅助室的通路（c_5 和 f_1），然后打开了辅助室与常用排风堵（控制分配阀的常用制动安定性和紧急制动灵敏度）间的通路，即：辅助室压力空气→中间体 f_3→辅助阀体及上盖通路 f_2→辅助阀活塞上方 f_1→辅助阀杆中心孔→辅助阀杆顶部 f_4→辅助阀套上排孔，经过常用排风堵排入大气。

当列车管减压速度没有达到紧急制动所要求的减压速度时，辅助室压力空气经过常用排风堵排入大气，使辅助阀活塞上下压差不能继续增加，放风阀在其弹簧力的作用下不会被打开，保证了分配阀常用制动的安定性。

6.2.4 制动保压位

施行常用制动后，当制动缸压力达到需要值后，列车管停止减压，这时，分配阀处于制动保压位，从而使制动缸也保持一定压力。

制动保压位工作原理如图 6-9 所示。列车管停止减压后，副风缸的压力空气继续进入制动缸及小活塞上方，当小活塞上方压力 $P_{制}$ 与大活塞上方压力 $P_{列}$ 之和与主活塞下方压力 $P_{工}$ 相等时（三压力平衡）。在平衡阀弹簧力的作用下，小活塞通过中体顶杆与大活塞一起向下移动，直到关闭平衡阀。此时副风缸与制动缸的通路被切断，副风缸停止向制动缸供风，主阀处于制动保压位。

列车管停止减压后，辅助室的压力空气继续通过常用排风堵排入大气，当排到辅助阀活塞上方的压力稍小于其下方的压力时，辅助阀活塞与辅助阀杆同时上移，切断了辅助室排向大气的通路，辅助室也处在制动保压位。此时辅助室的压力与保压后的列车管压力相同，但低于工作风缸的压力（$P_{辅}<P_{工}$），为缓解初期工作风缸压力空气向辅助室充气，降低工作风缸的压力 $P_{工}$，为加速缓解作用作准备。

分配阀处于保压位后，主阀三压力机构也处在平衡状态，即 $P_{制}+P_{列}=P_{工}$。如果制动缸出现漏泄，导致制动缸压力下降，同时引起主阀小活塞上方压力下降，三压力平衡被破坏，机构向上的力大于向下的力，使主活塞带动小活塞及主阀杆上移，重新将平衡阀打开，副风缸的压力空气通过打开的平衡阀沿制动位时的通路到达制动缸和小活塞上方。

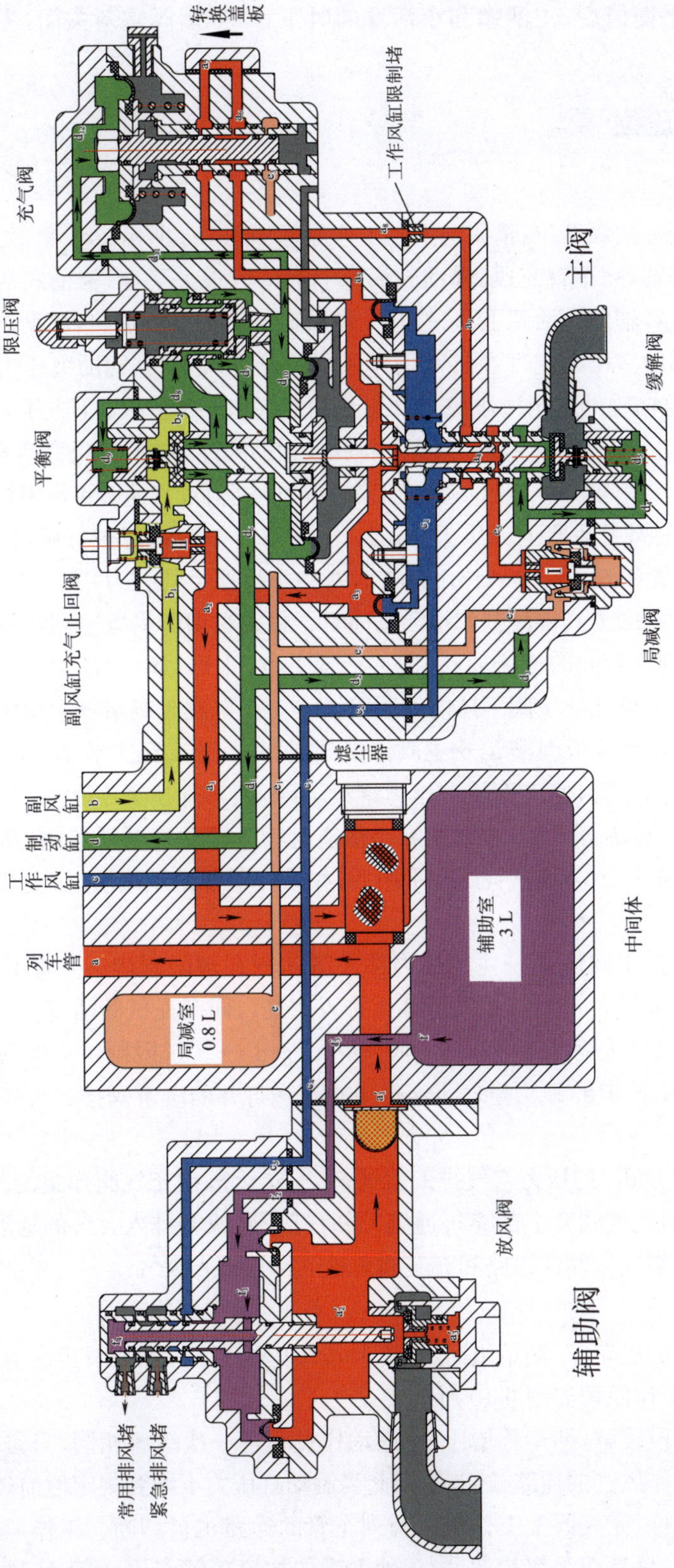

图6-9　F8型空气分配阀作用原理（制动保压位）

当制动缸压力补充到平衡值后，主活塞和小活塞同时下移，平衡阀重新关闭，主阀再次处于保压位。

6.2.5 阶段缓解保压位

1. 一次缓解

主阀转换盖板置于一次缓解位（箭头向上），工作原理如图 6-6 所示。

制动保压后施行缓解，列车管充风，辅助阀活塞上下压力失去平衡，辅助阀活塞下方压力 $P_{列}$ 高于上方压力 $P_{辅}$，辅助阀活塞上移，打开工作风缸与辅助室的通路，辅助阀处于充气缓解位。由于制动时辅助室压力空气经过常用排风堵部分排入大气，辅助室压力低于工作风缸压力，因此工作风缸向辅助室充气，即工作风缸压力空气和主阀主活塞下方压力空气 c_1→中间体 c_4→辅助阀体与上盖通路 c_5→辅助阀套下排孔→辅助阀杆沟槽→辅助阀活塞上方 f_1→辅助阀体及上盖通路 f_2→中间体 f_3→辅助室，使工作风缸压力降低（加速缓解作用）。

由于列车管增压，主阀主活塞上方压力 $P_{列}$ 上升，三压力平衡状态被打破，$P_{制}+P_{列}>P_{工}$，即向下的力（列车管和制动缸分别作用在主活塞和小活塞上的合力）大于向上的力（工作风缸作用在主活塞下方的力），主活塞和小活塞同时下移。在切断局减室列车管通路的同时，打开了工作风缸与列车管间的逆流通路，即主活塞下方（工作风缸的压力空气）c_1，经缓解柱塞沟槽→局减阀套上排孔→主阀下体内部通路 a_9→工作风缸限制堵→主阀体内部通路 a_8→充气阀套上排孔→转换盖板沟槽 a_7→主阀体内部通路 a_5 逆流至主活塞上方 a_3。由于工作风缸压力空气流入列车管，使工作风缸压力继续下降，列车管压力不断上升，即使列车管停止增压，主阀三压力也不会平衡，主活塞和小活塞继续下移并打开缓解阀，达到一次缓解的目的。当工作风缸的压力与列车管压力平衡后，如果列车管仍继续增压，主阀和辅助阀通路和初充气时相同。

制动缸的压力空气经中间体 d_1→主阀体内部通路 d_2→缓解限制堵→主阀下体 d_3→局减阀套下排孔→缓解柱塞四周 d_4→打开的缓解阀排入大气。同时充气阀活塞上方 d_{12} 和小活塞上方 d_{10} 的压力空气经大缩孔堵→d_7→主阀气路 d_6→d_2→缓解限制堵→d_3→d_4→缓解阀排入大气（缓解阀导杆下方 d_5 压力空气也通过中心孔→打开的缓解阀排入大气），分配阀处于缓解位。

由于充气阀活塞上方 d_{12} 的压力空气排入大气，充气阀活塞在充气阀弹簧的作用下，移到充气缓解位，重新连通充气阀套上的充气通路，同时打开局减室排入大气的通路，使局减室及局减阀下部的压力空气经阀体通路和充气阀套最下排孔排入大气。

2. 阶段缓解

当与具有阶段缓解的机车、车辆编组时，或有阶段缓解需要时，将主阀转换盖板置于阶段缓解位（箭头向下），工作原理如图 6-10 所示。

制动保压后施行阶段缓解，列车管增压，主阀动作过程与一次缓解相同，只是由于此时转换盖板上列车管与工作风缸的通路被切断，因此当制动缸压力下降到规定值前（20 kPa 左右），充气阀仍处于制动位，充气阀上工作风缸与列车管的通路也被切断。工作风缸压力空气就不能向列车管逆流，只是在缓解初期，由于辅助阀的加速缓解作用，使工作风缸压力稍

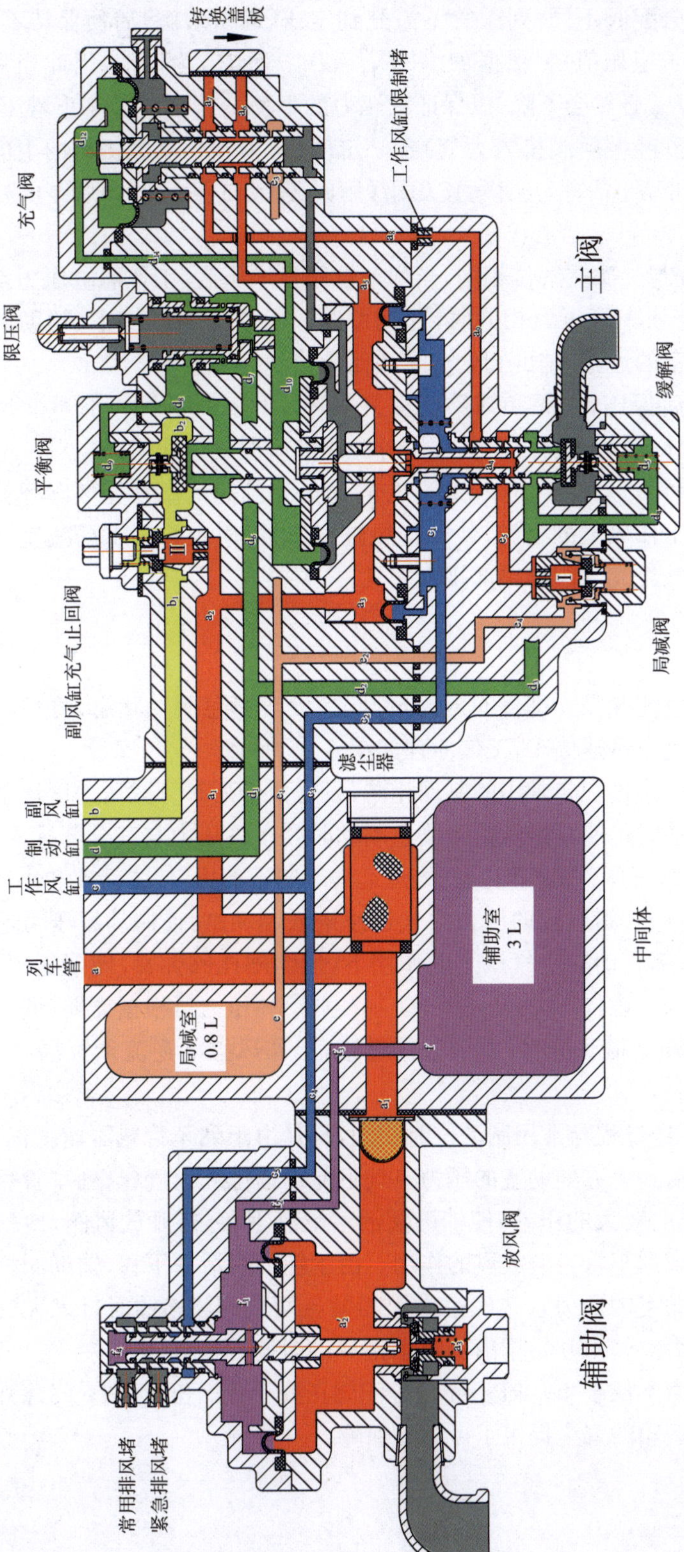

图6-10　F8型空气分配阀作用原理（阶段缓解保压位）

有下降(这点与纯三压力分配阀不同,列车管不需充到定压,即可缓解)后便保持不变,工作风缸压力成为一定值(低于定压值)。根据 $P_{制}+P_{列}=P_{工}$,而 $P_{工}$ 为定值,因此当列车管压力 $P_{列}$ 上升,制动缸压力 $P_{制}$ 必然会下降,以保证三压力的平衡。若列车管停止增压,当制动缸及小活塞上方压力下降(经缓解阀排入大气)到一定值后,主阀三压力机构向上的力稍稍大于向下的力时,主活塞带动小活塞向上移动,关闭缓解阀(制动缸停止排气)后停止上移,主阀处于缓解保压位。

辅助阀阶段缓解过程与一次缓解位相同,当列车管停止增压后,工作风缸压力空气向辅助室充风到辅助室压力与列车管压力相同时,在辅助阀膜板拱力的作用下,辅助阀活塞下移,切断工作风缸与辅助室的通路,辅助阀处于缓解保压位。

列车管再次增压,然后保压,主阀和辅助阀重复上述动作。随着列车管数次增压及保压,制动缸压力也数次下降(缓解)及保压,实现了分配阀的阶段缓解作用。

当制动缸压力下降(缓解)到规定值(20 kPa 左右)时,充气阀活塞在充气阀弹簧的作用下移动,打开了列车管与工作风缸的通路,使工作风缸充风,同时也打开了局减室与大气的通路,使局减室的压力空气经充气阀套尾部排入大气。

6.2.6 紧急制动位

列车运行中,如遇紧急情况需立即停车时,分配阀应处于紧急制动状态,将列车管的压力空气急速排入大气,使列车迅速停车,工作原理如图 6-11 所示。

紧急制动时,主阀的动作过程与常用的制动相同,只是由于列车管减压速度比常用制动时快,因此动作比常用制动时迅速;另外,由于紧急制动时列车管压力空气全部排入大气,使 $P_{制}<P_{工}$,列车管压力为 0,三压力机构向上的力远远大于向下的力,使主活塞和小活塞上移到极限位,平衡阀被完全打开,副风缸的压力空气迅速进入制动缸,使制动缸压力迅速上升到规定值。限压阀在其下部制动缸空气压力的作用下,压缩限压阀弹簧,使限压阀上移,切断副风缸到制动缸的通路,制动缸压力停止上升。制动缸最高压力可根据需要(调节限压阀调整螺钉)而定。另外在紧急制动位时,由于动作迅速,工作风缸的逆流量及局减量(局减力)均比常用制动位时小。

辅助阀开始工作的动作过程与常用制动位时相同,只是由于列车管减压速度很快,受常用排风堵的限制,辅助阀活塞上方辅助室的压力空气不能迅速排入大气(与列车管相平衡)。因此辅助阀活塞上下形成的较大的压差,使辅助阀活塞继续下移,打开放风阀,使列车管压力空气迅速排入大气,实现列车管紧急放风的作用。由于辅助阀活塞下移,辅助阀杆也打开了紧急排风堵的通路,辅助室的压力空气经过常用和紧急两个排风堵同时排入大气。为了避免断钩事故,辅助室压力空气由开始排出到基本排尽的时间控制在 15 s 左右。另外需要说明的是,只要列车管压力不低于 400 kPa,无论分配阀正处于什么位置(初充气除外),均可随时施行紧急制动,这为运输的安全提供了可靠的保障。

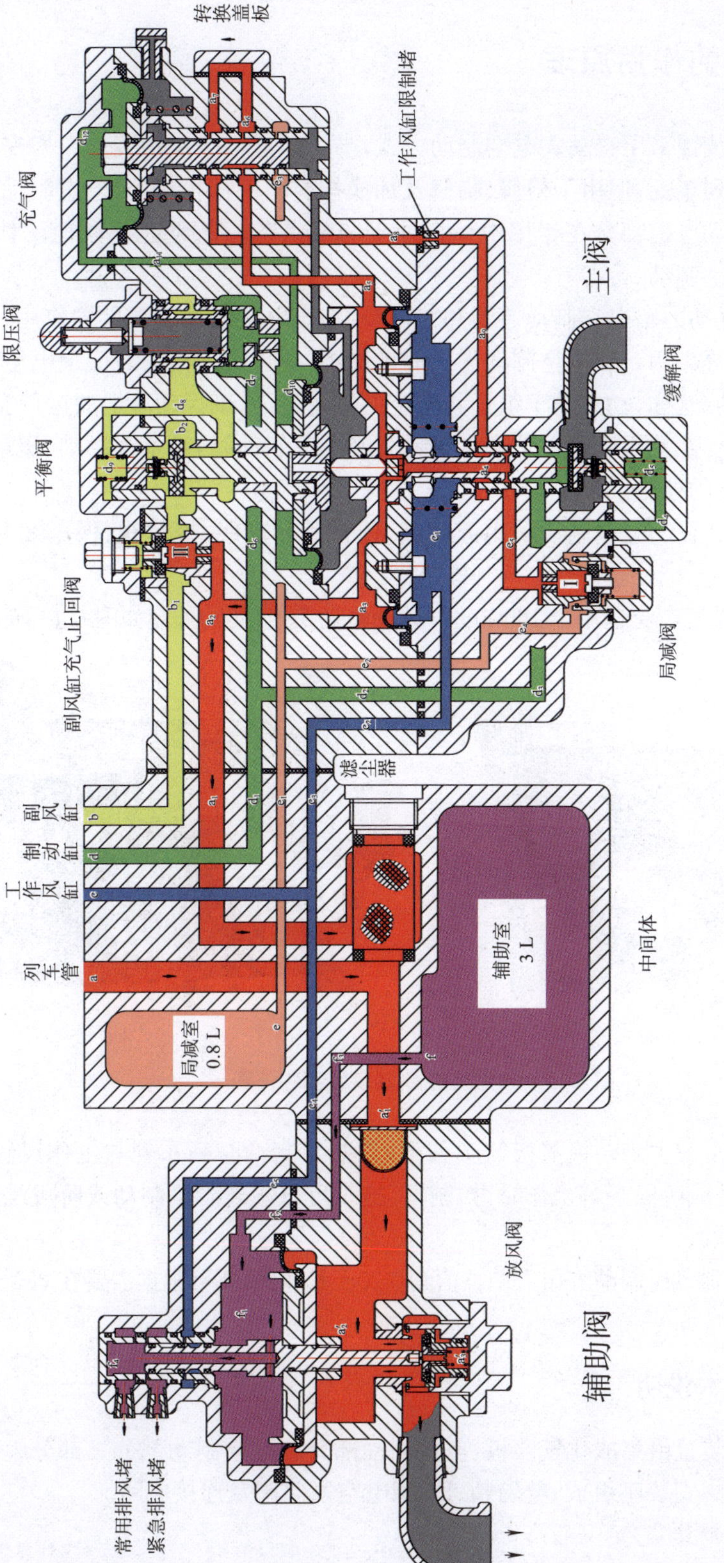

图6-11　F8型空气分配阀作用原理（紧急制动位）

6.3 电空制动的作用原理

F8 型电空制动装置采用自动式电空制动方式，与 104 型电空制动装置一样安装在 25K 型、25T 型等快速型列车上，但由于检修、临修及加换挂客车甩挂较频繁，电空制动的影响因素较多，所以电空制动电控部分在运用中一直处于切断状态。直到动集动车组才真正在拖车、控制车上使用电空制动。

动集动车组通过动力车电空制动装置和控制车、拖车电空制动装置共同作用，实现动集动车组的制动、缓解等作用。在电空制动失效的情况下，通过电磁阀安装座上电空制动切断装置来切断电空制动，这样，动集动车组仍具有空气制动能力，确保动车组的运行安全。

F8 型电空制动装置主要特点为无论空气制动或电空制动时，其基本制动、缓解等作用，均受列车管压力变化的控制。

F8 型电空制动装置的电空制动采用五线制，即常用制动线、缓解线、保压线（备用）、紧急制动线、负线。

F8 型电空制动装置广泛运用于 160 km/h 的动集动车组，实物外观如图 6-12 所示。

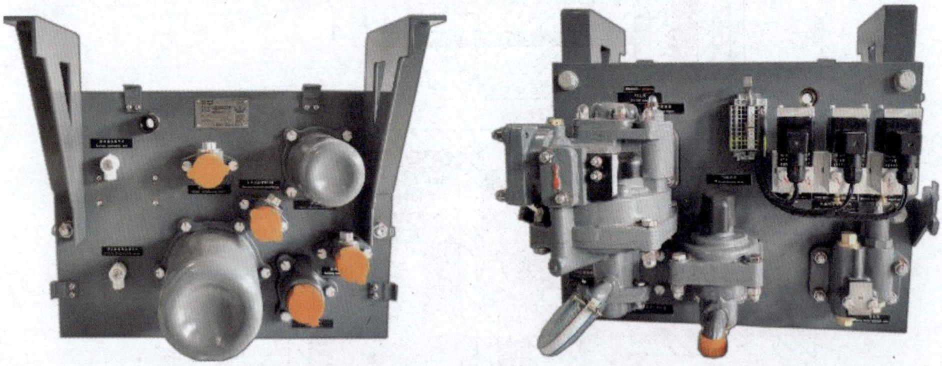

（a）内侧　　（b）外侧

图 6-12　F8 型电空制动装置实物外观

F8 型电空制动装置主阀转换盖板箭头朝下，切断了制动时列车管与工作风缸的通路。在司机进行阶段制动或阶段缓解操作时，控制车、拖车可以实现阶段制动或阶段缓解。阶段缓解次数不少于 5 次。

动集动车组紧急制动时制动缸压力调整值为(420±10)kPa，亦可根据需要在 380～480 kPa 范围内设定公称值。

6.3.1 结构及技术说明

F8 型电空制动装置由集成化气路板、空气制动部分和电空制动部分三部分组成。电空制动部分包括：电磁阀安装座组成、电磁阀、F8 型电空紧急阀及连接电路。

1. 电磁阀安装座组成

电磁阀安装座组成包括：常用排气口、集成板组成、紧急排气口、紧急制动电磁阀、空—电切断装置、电磁阀安装座体、常用制动限制堵、缓解限制堵、常用制动电磁阀、缓解电磁阀、电磁阀胶垫和胶垫等，如图 6-13 所示。电磁阀安装座用四个连接螺栓安装在集成板上。

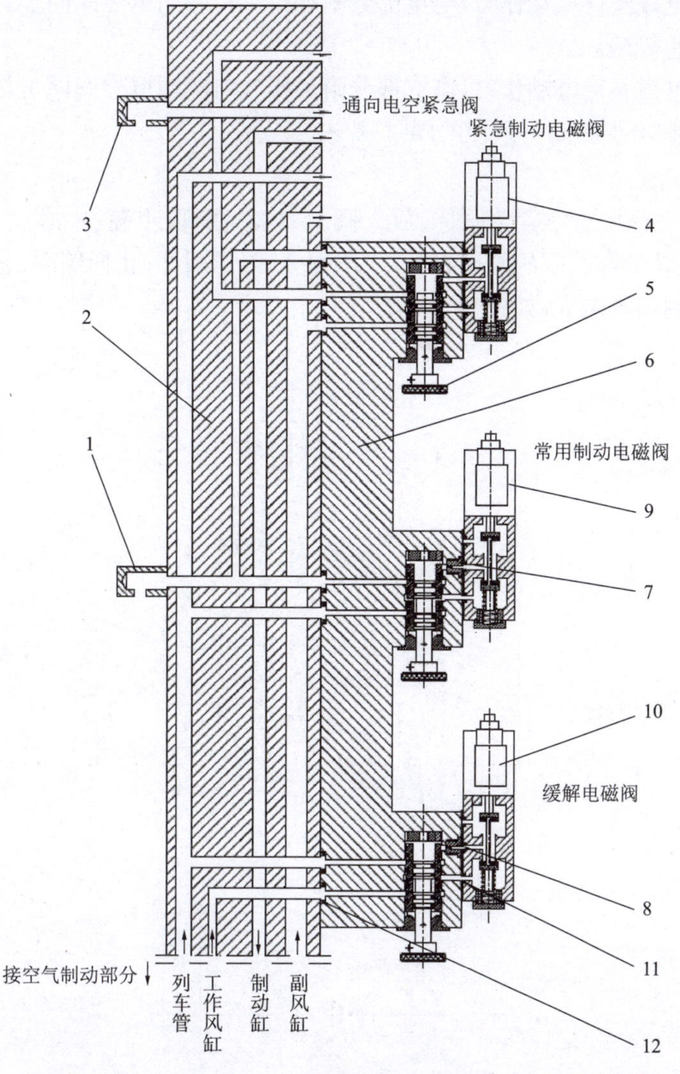

1—常用排气口；2—集成板组成；3—紧急排气口；4—紧急制动电磁阀；5—空—电切断装置；6—电磁阀安装座体；7—常用制动限制堵；8—缓解限制堵；9—常用制动电磁阀；10—缓解电磁阀；11—电磁阀胶垫；12—胶垫。

图 6-13　电磁阀安装座组成

2. 电磁阀

电磁阀为两位三通电磁阀，在电磁阀安装座上的常用制动位、缓解位、紧急制动位安装有相同的电磁阀，起到不同的作用。在阀体上有“HG”和“HD”标识的两种电磁阀，其外形接口一致。

常用制动电磁阀——电空常用制动时，提高列车管的排风速度，加速电空制动作用。

缓解电磁阀——初充气时，沟通工作缸与列车管间的通路，提高工作风缸初充气速度。制动后缓解时，加速工作风缸向列车管的逆流速度，达到迅速缓解的目的。

紧急制动电磁阀——电空紧急制动时，控制放大阀的作用。

在常用制动电磁阀得电动作时，电空部分附加排气口随同电磁阀同步打开，与主阀部分一起加速制动波速传递。

在紧急制动电磁阀得电动作时，电空部分附加排气口随同电磁阀同步打开，加速列车管压力迅速降到 0，在增加制动一致性的同时减少空走距离。

3. F8 型电空紧急阀

F8 型电空紧急阀由电空紧急阀体、放大阀套、放大阀杆、上盖、中心顶、调整螺栓、限压阀弹簧、限压阀盖、限压阀、限压阀密封圈、限压阀套、限压阀杆、止回阀套、止回阀、止回阀弹簧、下盖、紧急限制堵等组成，如图 6-14 所示。

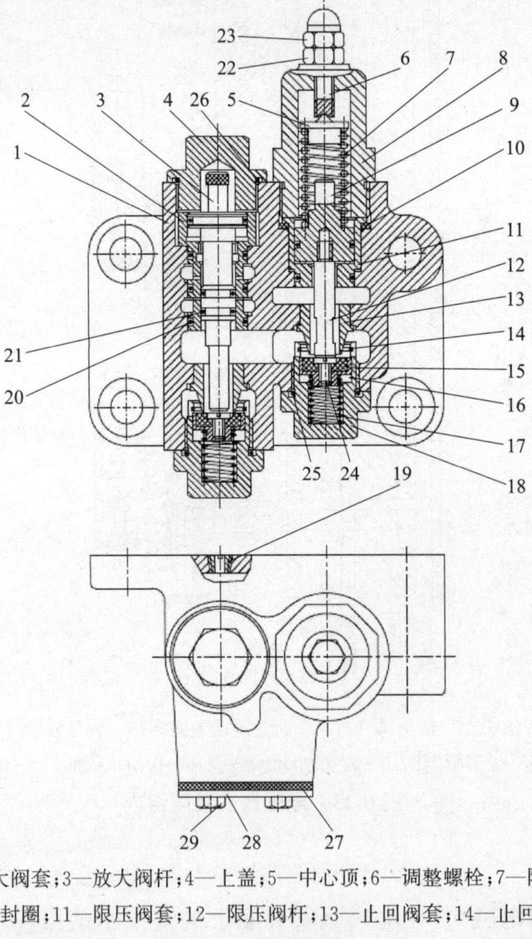

1—电空紧急阀体；2—放大阀套；3—放大阀杆；4—上盖；5—中心顶；6—调整螺栓；7—限压阀弹簧；8—限压阀盖；9—限压阀；10—限压阀密封圈；11—限压阀套；12—限压阀杆；13—止回阀套；14—止回阀挡圈；15—止回阀胶垫；16—止回阀；17—止回阀弹簧；18—下盖；19—紧急限制堵；20、21、25、26—O 形密封圈；22—螺母；23—盖形螺母；24—螺钉；27—低温电磁阀胶垫；28—盖板；29—螺栓。

图 6-14 F8 型电空紧急阀结构组成

放大阀——在电空紧急制动时，放大副风缸至制动缸的通路截面，提高电空紧急制动时制动缸进气速度，改善电空紧急制动性能，同时，使列车管通向大气，产生电空紧急制动附加排风作用。

限压阀——在电空紧急制动时，通过限压阀柱塞上移关闭副风缸通制动缸的通路，限制制动缸最高压力值。

4. 连接电路

电空制动采用五线制，1 为常用制动线、2 为缓解线、3 为备用线、4 为紧急制动线、5 为负线、PE 为地线。电空制动接线方式如图 6-15 所示。

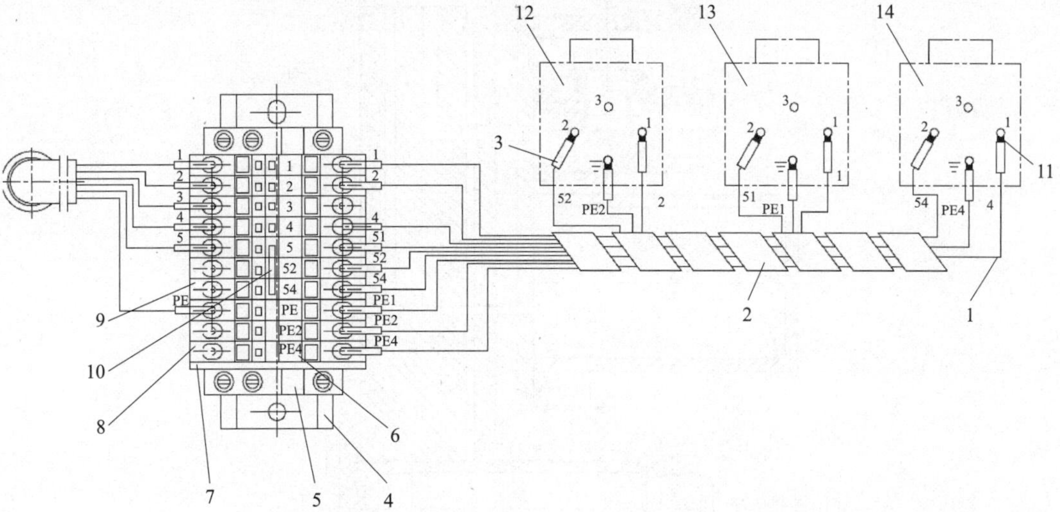

1—导线；2—缠绕管；3—热缩管；4—导轨；5—固定件；6—端子中央标识；7—端子挡板；8、9—接线端子；10—桥接件；11—管状端头；12—缓解电磁阀；13—常用制动电磁阀；14—紧急制动电磁阀。

图 6-15　电空制动接线方式

自动制动阀作用位置与电磁阀的关系如下：

(1)常用制动：常用制动线 1 得电，常用制动电磁阀励磁。

(2)缓解制动：缓解线 2 得电，缓解电磁阀励磁。

(3)紧急制动：常用制动线 1 得电，常用制动电磁阀励磁；紧急制动线 4 得电，紧急制动电磁阀励磁。

6.3.2　集成气路板组成

集成气路板主要由辅助室、列车管连接管座(Rc1)、局减室、管路滤尘器、3/8 螺堵、集成板、滤尘器前盖等组成，如图 6-16 所示。

局减室容积 0.8 L，辅助室容积 3 L。列车管滤尘器、管路滤尘器留有锥管螺纹，分别连接列车管、副风缸、制动缸、工作风缸。在列车管滤尘器内装有粉末冶金滤芯，管路滤尘器内装有滤尘网，过滤进入阀体内的压力空气。滤尘器前盖及管路滤尘器侧面的螺盖应便于清洗、更换滤芯或滤尘网。

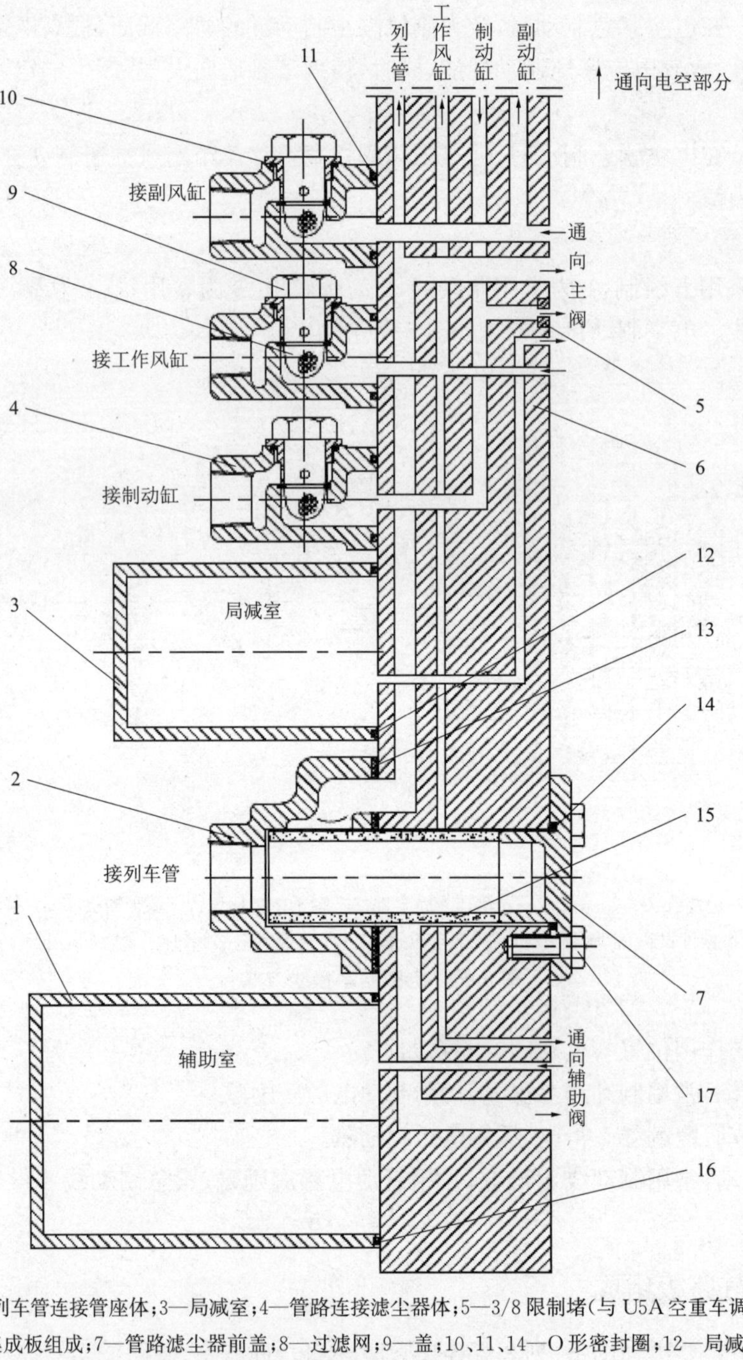

1—辅助室；2—列车管连接管座体；3—局减室；4—管路连接滤尘器体；5—3/8 限制堵(与 U5A 空重车调整阀匹配时使用)；6—集成板组成；7—管路滤尘器前盖；8—过滤网；9—盖；10、11、14—O 形密封圈；12—局减室胶垫；13—管路滤尘器垫；15—管路滤尘器芯；16—辅助室胶垫；17、18—六角头螺栓。

图 6-16　集成板组成结构组成

6.3.3　空气制动作用

集成 F8 分配阀的空气制动作用充气缓解位、常用制动位、制动保压位、紧急制动位与前述普通 F8 阀通路原理相似，由于转换盖板箭头朝下是常态，需要说明阶段缓解保压位。

当转换盖板置于阶段缓解保压位时，具有阶段缓解作用，即在列车管从增压到停止增压，制动缸压力相应地从排气到停止排气实现阶段性动作。这样，主阀就必须在进入缓解位后，随着动力车(控制车)操纵能重新回到保压位，这个动作是通过设置转换盖板位置而实现的。

在阶段缓解保压位，由于转换盖板切断了工作风缸与列车管的直接联络通路，当主阀进入充气缓解位时，工作风缸压力空气不能像一次位那样直接流向列车管，基本保持原有的压力不变，即主活塞向上的力是不变的，而列车管向下的力增加一个值，必然造成制动缸压力相应地降低，以维持三压力的平衡状态。基本不变的工作风缸压力推动主活塞向上移动，缓解柱塞保持关闭缓解阀口并处于接触状态，使主阀从充气缓解位进入降压缓解保压位，如图 6-17 所示。

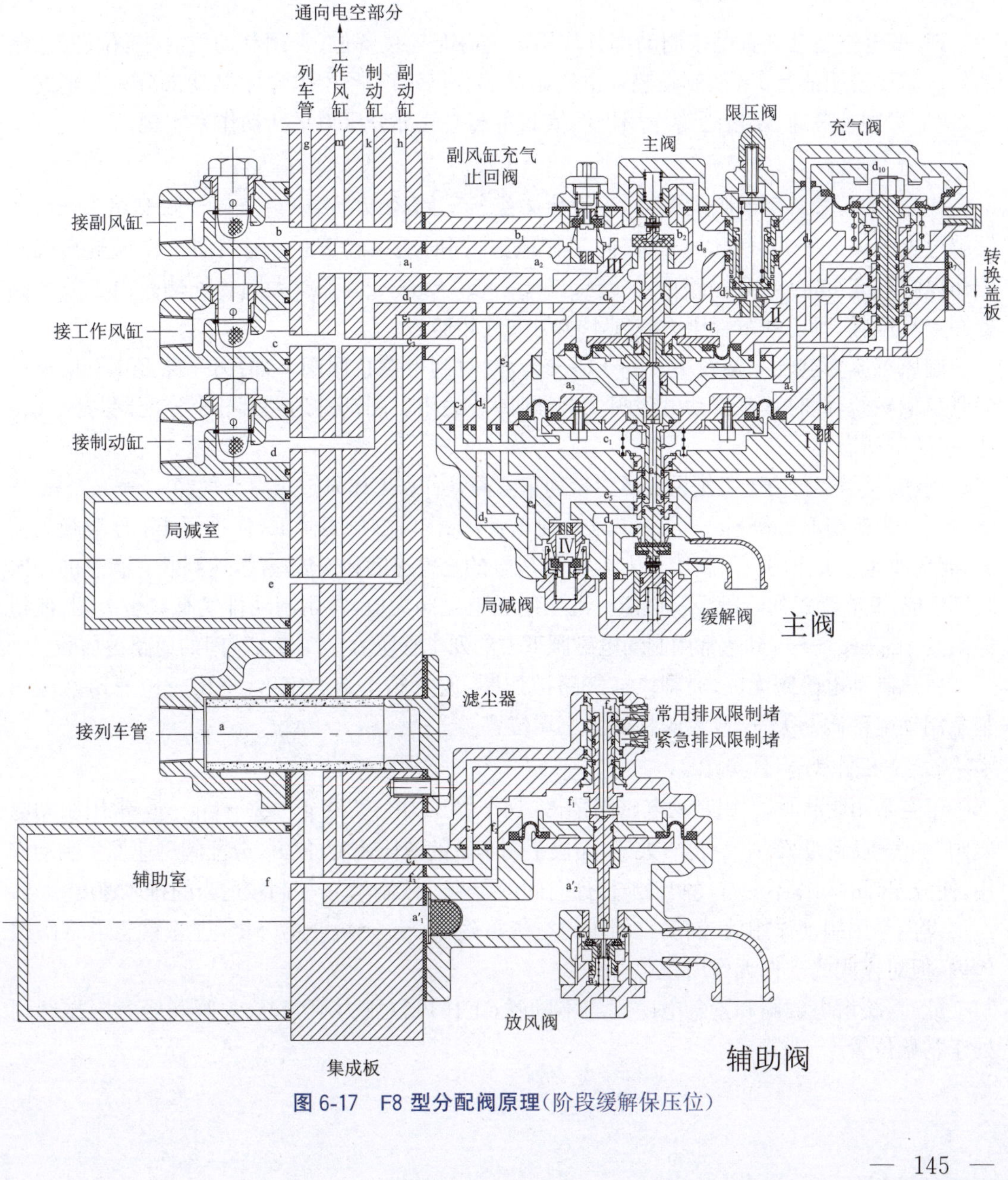

图 6-17　F8 型分配阀原理(阶段缓解保压位)

只有在制动缸压力降至 20 kPa 以下,充气阀在其弹簧作用下移动,充气阀杆才能重新沟通工作风缸与列车管间的联络,此时,工作风缸压力可向列车管逆流,列车管也可向工作风缸再充气。实际试验中一般表现为先逆流后充气。

阶段缓解降压保压位是在缓解作用后实现的保压,所以缓解柱塞杆、主活塞、主阀杆等均处在下方位置(缓解阀刚被关闭的位置上),而制动保压位是主阀杆处在上方位置(平衡阀刚被关闭的位置上)。

由于缓解保压位与制动保压位主阀杆等所处位置不同,因此联络通路也略有差异。制动保压位列车管与局减室的通路是连通的,而在缓解保压位是被切断的。

6.3.4 电空制动作用

F8 型电空制动装置电空制动部分作用位置有充气缓解位、常用制动位、保压位、紧急制动位。需要说明的是 F8 型制动装置空气制动部分仍然正常作用,电空制动部分只起辅助作用,增加了制动波速;阶段缓解作用仍然依靠主阀空气部分压力平衡动作来实现。

1. 充气缓解位(图 6-18)

初充气时,缓解电磁阀励磁,列车管压力空气一路经 $g \to g_1 \to g_2 \to g_3 \to$ 限制堵 $B \to g_4 \to$ 缓解电磁阀 $\to m_3 \to m_2 \to m_1 \to m$,充向工作风缸(同时还可经 F8 分配阀向工作风缸充气)。工作风缸可充至定压;另一路可经 $g \to g_5 \to g_6 \to g_7 \to g_8 \to g_9$,到放大阀套外侧。由于放大阀处在上端位置,所以列车管压力空气不能与大气相通。

副风缸压力空气一路经 $h \to h_1 \to h_2 \to h_3$,同时到下盖止回阀下部;另一路经 $h \to h_4 \to h_5$ 到紧急电磁阀,此时紧急制动电磁阀无电,阀口被关闭。制动缸通路经 F8 分配阀与大气相通,呈缓解状态。

制动后缓解时,由于工作风缸压力较列车管高,所以,工作风缸压力空气经 $m \to m_1 \to m_2 \to m_3 \to g_4 \to$ 限制堵 $B \to g_3 \to g_2 \to g_1 \to g$ 流向列车管,工作风缸压力降低,促进了 F8 分配阀的缓解,起到加速缓解作用。限制堵 B 控制工作风缸的充气速度和逆流速度,达到既有满意的一次缓解性能,又有满意的阶段缓解性能。常用制动电磁阀无电,常用制动排气阀口被关闭,使得经由 $g \to g_{10} \to g_{11} \to g_{12}$ 到达常用制动电磁阀下方的列车管压力空气与大气间的通路被切断。

紧急制动电磁阀无电,通副风缸气路被切断,放大阀上部气室 $h_{10} \to h_9 \to h_8 \to h_7 \to h_6 \to$ 紧急制动电磁阀 $\to$ 大气,放大阀杆处于上端位置。

2. 常用制动位(图 6-19)

电空常用制动时,常用制动电磁阀励磁,列车管压力空气经 $g \to g_{10} \to g_{11} \to g_{12}$ 常用制动电磁阀 $\to n_3 \to$ 限制堵 $A \to n_2 \to n_1 \to$ 大气,加快了列车管的减压速度,使 F8 分配阀迅速发生制动作用,使分配阀的动作不受空气制动波传递时间的影响。限制堵 A 控制较适当的排风速度。

发生常用制动作用后,制动缸的压力空气可经 $k \to k_1 \to k_2 \to k_3 \to k_4$,进入紧急电空阀腔体内,但对该阀的动作无作用。

此时,缓解电磁阀和紧急电磁阀均不励磁,工作风缸压力不变,放大阀和紧急限压阀均处于初始位置。

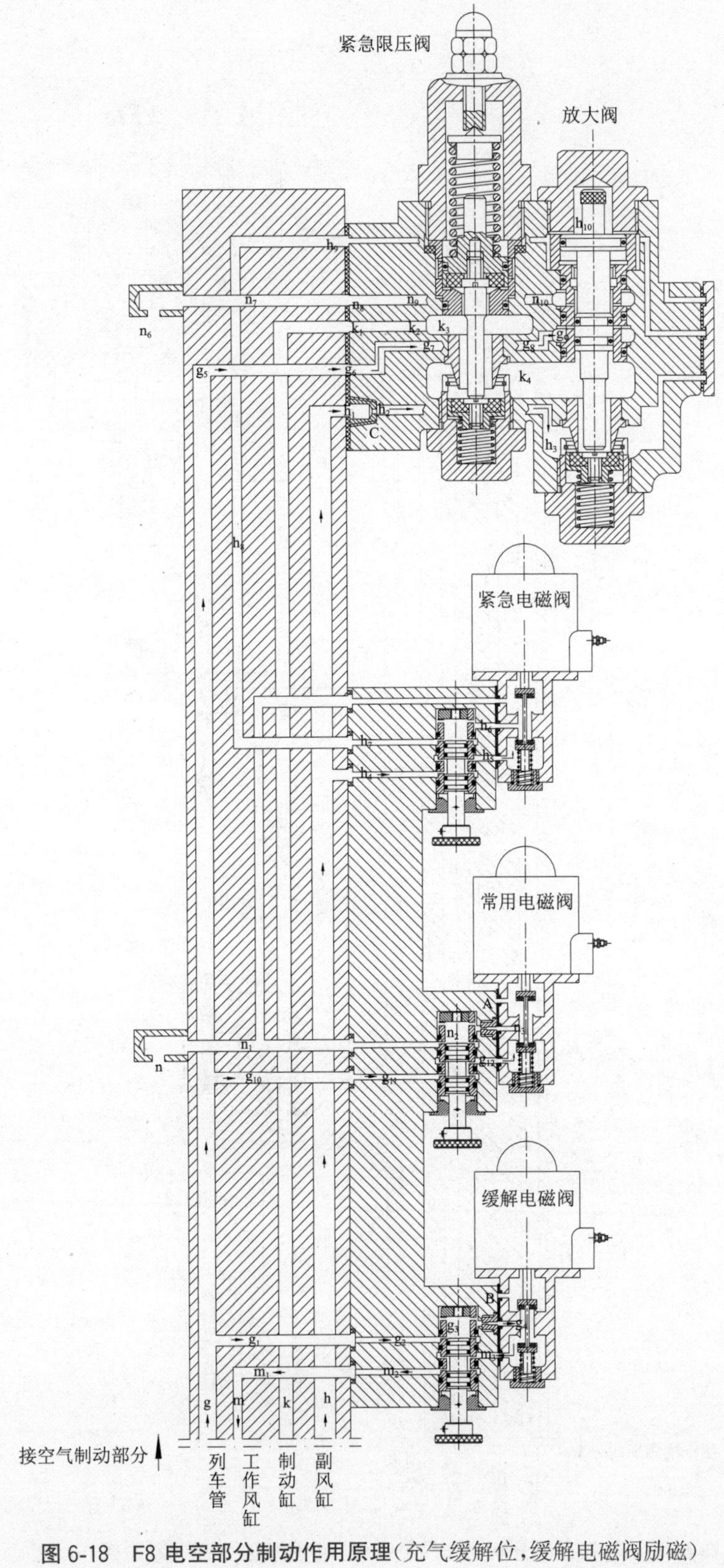

图 6-18　F8 电空部分制动作用原理(充气缓解位,缓解电磁阀励磁)

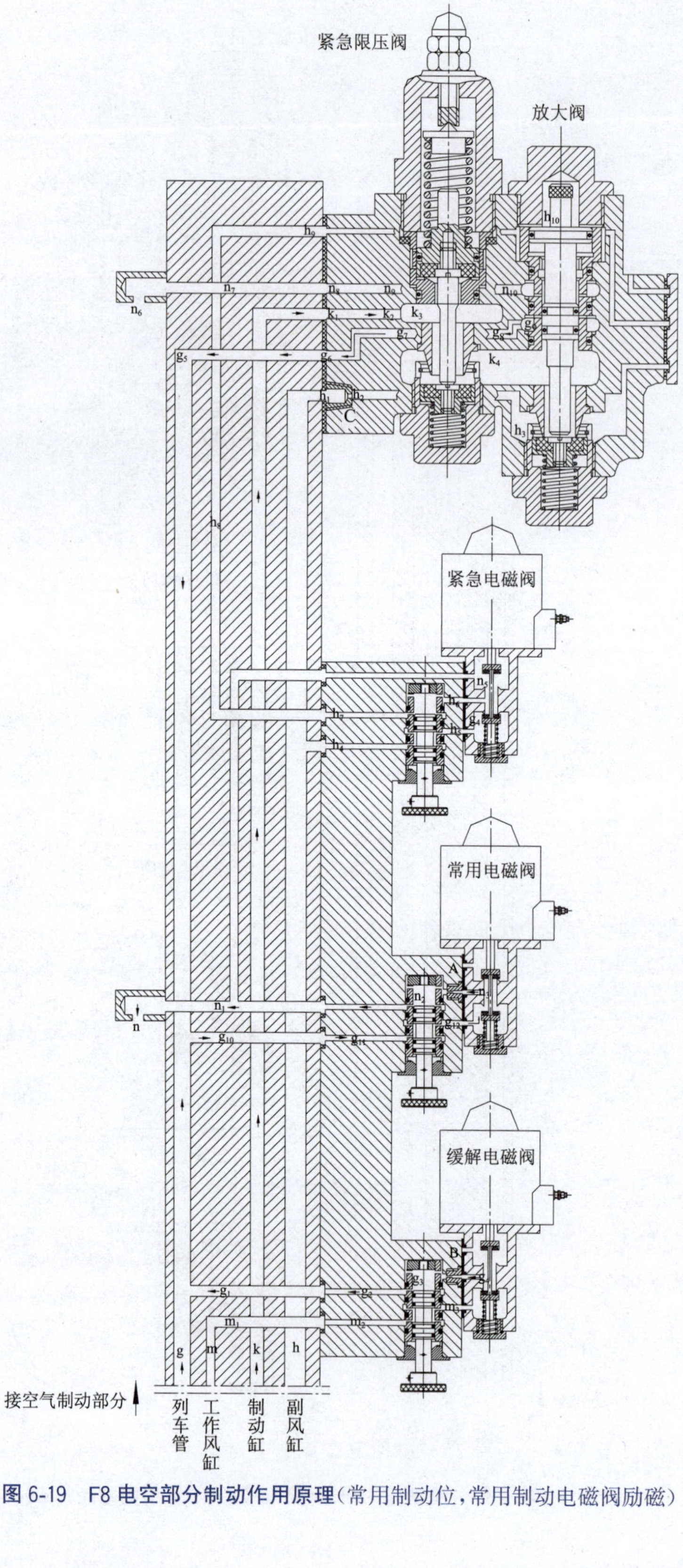

图 6-19　F8 电空部分制动作用原理（常用制动位，常用制动电磁阀励磁）

3. 保压位(图 6-20)

三个电磁阀均不励磁，列车管、工作风缸、副风缸、制动缸压力均保持不变，相互间的联络通路被切断。

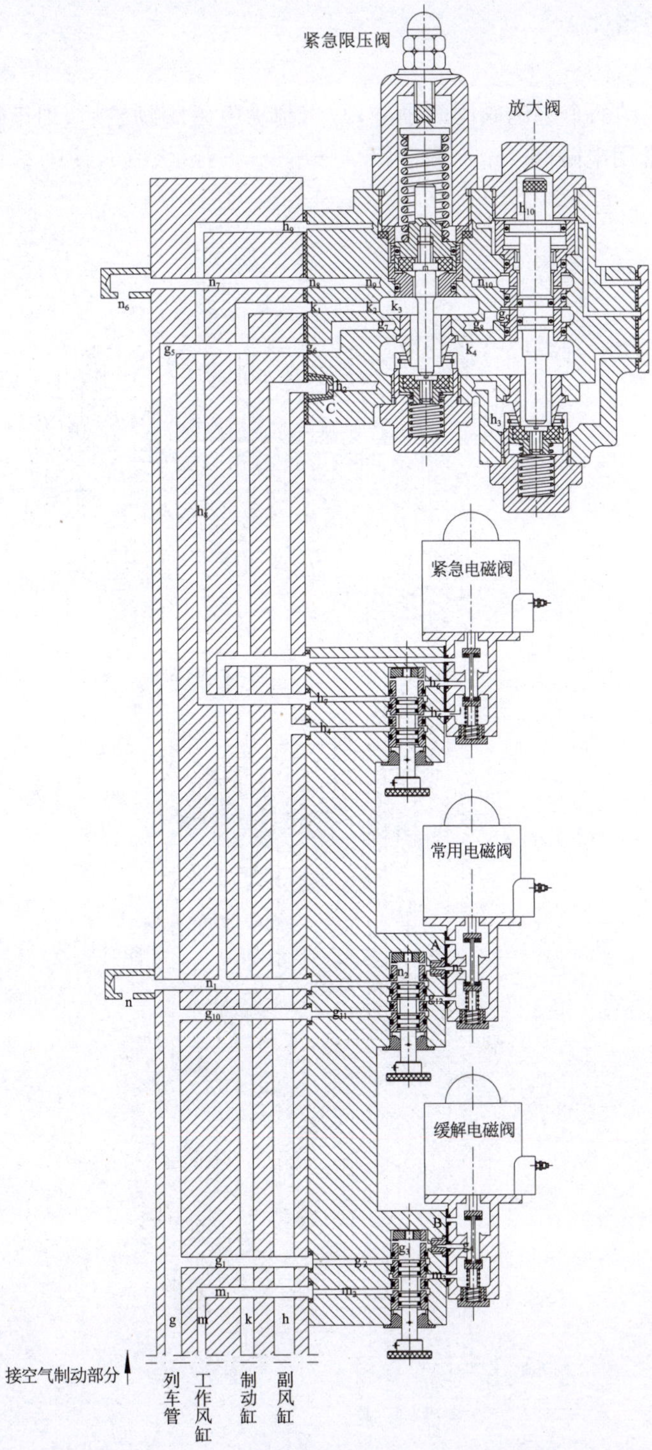

图 6-20　F8 电空部分制动作用原理(保压位，电磁阀均不励磁)

在此位置时，若缓解电磁阀间歇励磁，可获得电空制动的阶段缓解作用；若常用制动电磁阀间歇励磁，可获得电空的阶段制动效果，因此保压位是不可缺少的位置。

因为 F8 分配阀已具有阶段缓解性能，所以不需要单独设保压电磁阀，这为简化电空制动结构提供了方便条件。

4. 紧急制动位(图 6-21)

常用和紧急制动两个电磁阀同时励磁，常用制动电磁阀励磁后，列车管压力空气经 g→g_{10}→g_{11}→g_{12}，经常用电磁阀→n_3→限制堵 A→n_2→n_1→n(大气)，使列车管产生与常用制动时相同的排气效果。

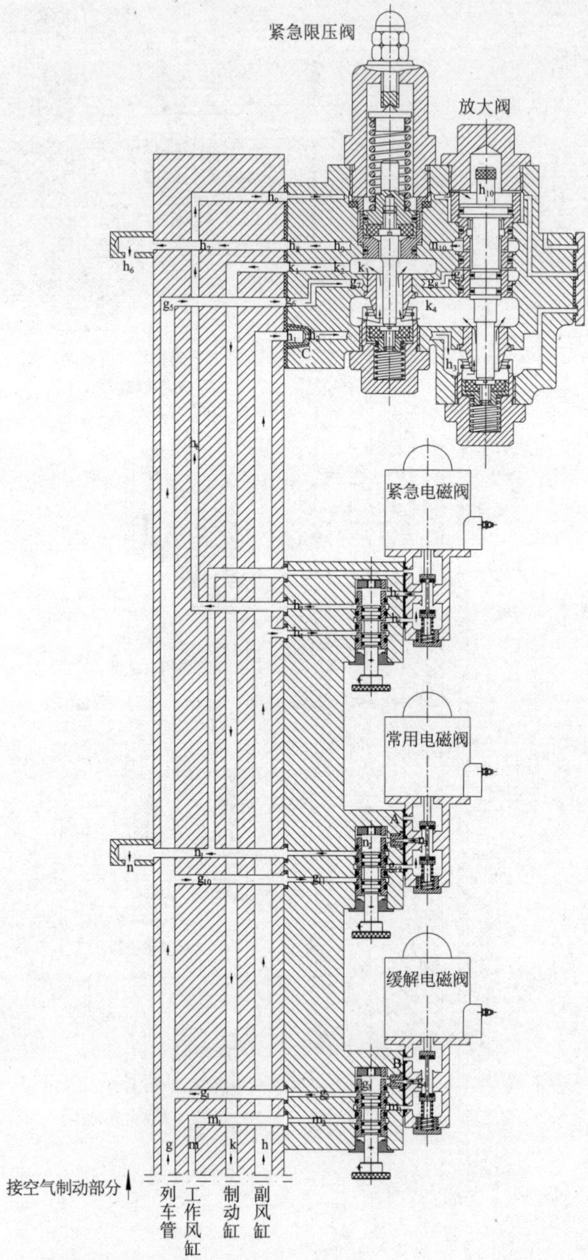

图 6-21　F8 电空部分制动作用原理(紧急制动位，常用和紧急电磁阀均励磁)

紧急制动电磁阀励磁后，副风缸的压力空气经 $h \to h_4 \to h_5 \to$紧急电磁阀$\to h_6 \to h_7 \to h_8 \to h_9 \to h_{10}$，进入放大阀杆上部气室，推动放大阀杆向下移动，完成如下工作：

（1）连通列车管与大气的通路

列车管压力空气经 $g \to g_5 \to g_6 \to g_7 \to g_8 \to g_9$ 放大阀杆、套间间隙$\to n_{10} \to n_9 \to n_8 \to n_7 \to n_6$ 排向大气。此时，列车管排向大气的通路不受限制堵限制，排气速度较快，且与常用制动的排气叠加，列车管减压速度骤增，强烈地刺激 F8 分配阀立刻进入紧急制动位，使列车中各车辆同步起紧急制动作用，最大限度地改善了由于列车中制动时间差而引起的列车冲动。列车编组越长，减少冲动的效果越明显。

（2）开放副风缸到制动缸通路

放大阀杆向下移动，压缩止回阀弹簧，打开下方止回阀。副风缸压力空气经 $h \to h_1 \to$限制堵 $C \to h_2 \to h_3 \to$左侧止回阀$\to k_4 \to$右侧止回阀$\to k_3 \to k_2 \to k_1 \to k$ 进入制动缸。此时副风缸压力空气除经 F8 分配阀进入制动缸外，又增加了一条新气路，放大了原有进气截面，缩短了制动缸升压时间。升压时间可由限制堵 C 的孔径调节。

制动缸的同步作用和快速升压，可很好地减少列车冲动和缩短制动距离，制动性能上有较大改进和提高。制动缸升压后，压力空气经限压阀杆、套间的间隙，作用在限压阀活塞上。当该力大于限压阀弹簧力时，限压阀向上移动，同时，由于下方止回阀弹簧力的作用，右侧止回阀和限压阀杆一起向上移动，右侧止回阀被关闭，切断副风缸与制动缸间的通路，停止从该通路向制动缸增压。制动缸限压值的大小，可用调整螺栓来调节弹簧压力而改变制动缸限压值。

6.3.4　转换盖板

转换盖板位于 F8 主阀的充气阀上，如图 6-22 所示。转换盖板上有一个箭头，当箭头向上，则 F8 分配阀处于一次缓解位；只转动转换盖板使箭头向下，则 F8 分配阀处于阶段缓解位。当 F8 分配阀和没有阶段缓解的分配阀混编使用时，将 F8 分配阀处于一次缓解位；动集动车组 F8 分配阀转换盖板均置箭头向下，处于阶段缓解位。

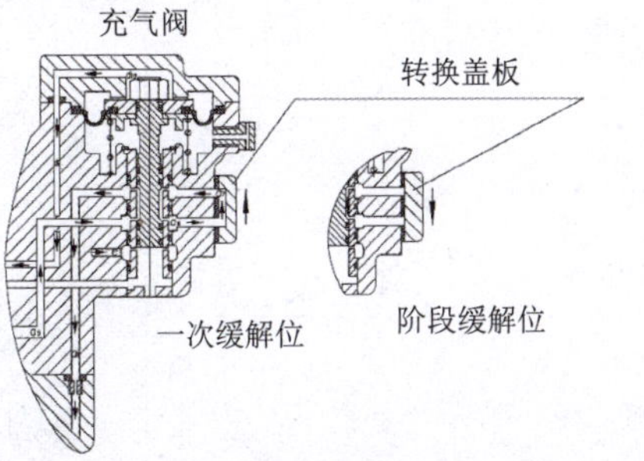

图 6-22　转换盖板示意

6.3.5　电空制动切断装置

电空制动切断装置位于电磁阀安装座组成上，在电空制动部分出现故障时，可以切断电空制动部分的通路，从而保证空气制动部分可以正常使用。

图 6-23 为电空制动切断装置在开通位置，手把 8 在下拉位置，这时 a 和 b、c 和 d、e 和 f 相通，空气制动部分和电空制动部分联合使用。

图 6-24 为电空制动切断装置在切断位置，手把 8 上推后转动 90°，这时 a 和 b、c 和 d、e 和 f 不相通，电空制动部分不起作用。

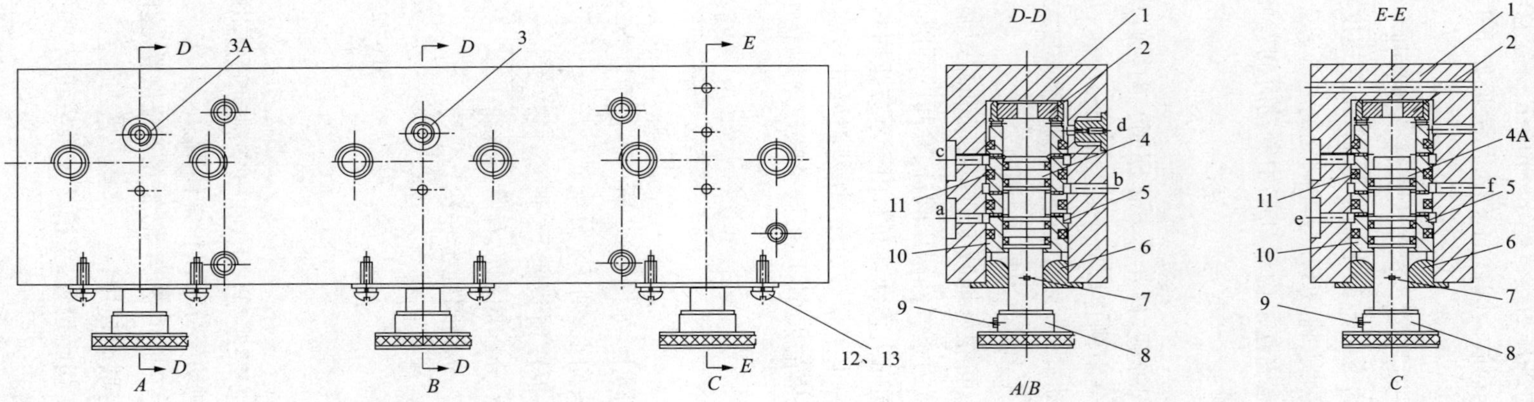

1—电磁阀安装座体；2—垫板；3—常用制动限制堵；3A—缓解限制堵；4—桩塞杆；4A—柱塞杆A；5—套；6—盖；7—销杆；8—手把；9—螺钉；10—O形密封圈ϕ12 mm；11—O形密封圈ϕ20 mm；12—螺钉；13—弹簧垫圈。

图6-23　电空制动切断装置（开通位置）

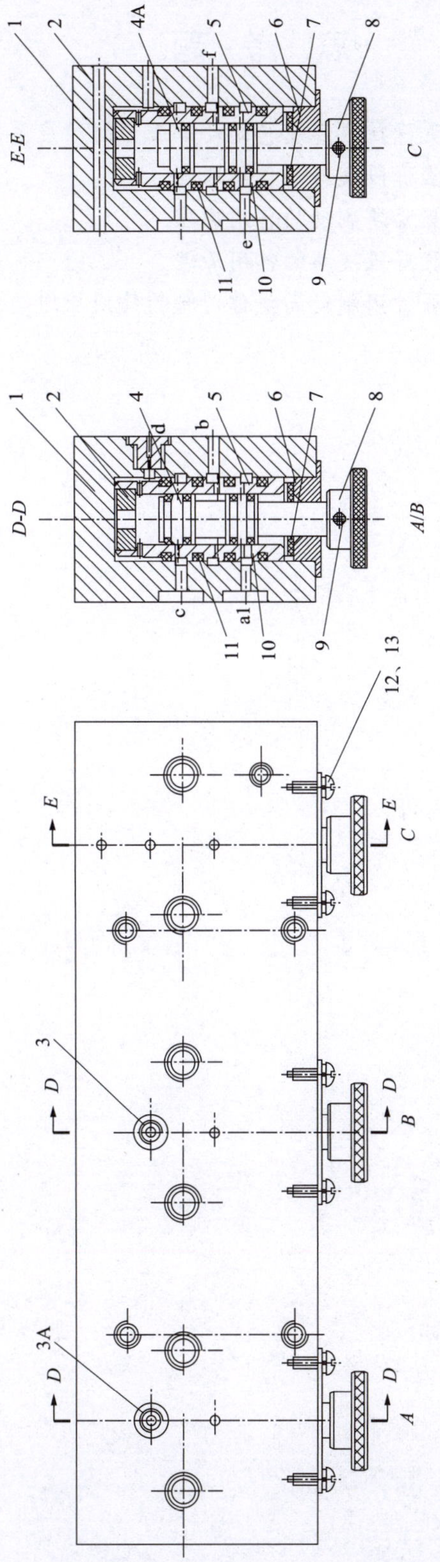

图6-24　电空制动切断装置（切断位置）

思考题

1. 简述F8型空气制动装置保持减压量与制动缸压力的对应关系。
2. 简述F8型电空制动装置阶段缓解的作用原理。
3. 简述F8型电空制动装置紧急制动的作用原理。
4. 简述F8型空气制动装置阶段缓解的作用原理。
5. 简述F8型空气制动装置常用制动局减作用时的作用原理。

第7章 120型空气制动装置

为满足大秦铁路高速重载列车制动要求，20 世纪 80 年代铁道部眉山车辆厂开始研制 120 型空气制动装置，在设计制造过程中，保留了 103 型空气制动装置不影响制动波速的部分结构，同时吸取了国外货车空气控制阀的结构特点。1993 年，120 型空气制动装置通过鉴定后开始批量投入使用，很快成为国内货车的主型空气制动装置。与 104 型、103 型空气制动装置相比，120 型空气制动装置采用直接作用方式，增设先导阀，提高了紧急制动波速。

7.1 概　　述

120 型空气制动装置是为适应重载货物列车制动的需要而研制的，目前主型货物列车已经全部采用了 120 型空气制动装置。

1. 基本组成

研制单位在 120 型空气制动装置设计制造过程中，对 103 型空气制动装置在结构和性能方面的优缺点进行了充分的分析研究，同时也吸取了国外货车空气控制阀在重载方面的优点。120 型空气制动装置的基本组成如图 7-1 所示。

2. 结构特点

120 型空气制动装置仍设计为两压力机构阀。这主要是为了与以前的两压力机构的货车控制阀有良好的混编性能。

120 型空气制动装置采用直接作用方式，取消了 103 型空气制动装置采用的工作风缸、容积室、作用部、充气止回阀部等部件，既简化了结构，又缩短了初充气时间。120 型空气制动装置采用直接作用方式的原因如下：

(1)103 型空气制动装置由于采用间接作用方式，不仅增设了作为间接控制的压力源(工作风缸、容积室)和中继部(作用部、充气部)，使结构复杂，而且在一定程度上影响制动波速和缓解波速。

(2)副风缸容积大也影响充气时间，特别是在间接作用方式中作为两压力机构阀的一个控制压力的工作风缸，其容积较小，在制动保压时若工作风缸漏泄容易产生自然缓解，危及行车安全。

货车制动缸直径已基本定型，与通用闸瓦配套时为 356 mm，与高摩合成闸瓦配套时为 254 mm。因此，120 型空气制动装置在气路设计时，在适应 356 mm 直径制动缸使用的基础上，若配套的是 254 mm 直径的制动缸，只需在充气、缓解、紧急制动两个阶段气路上加装适当的缩孔堵即可。

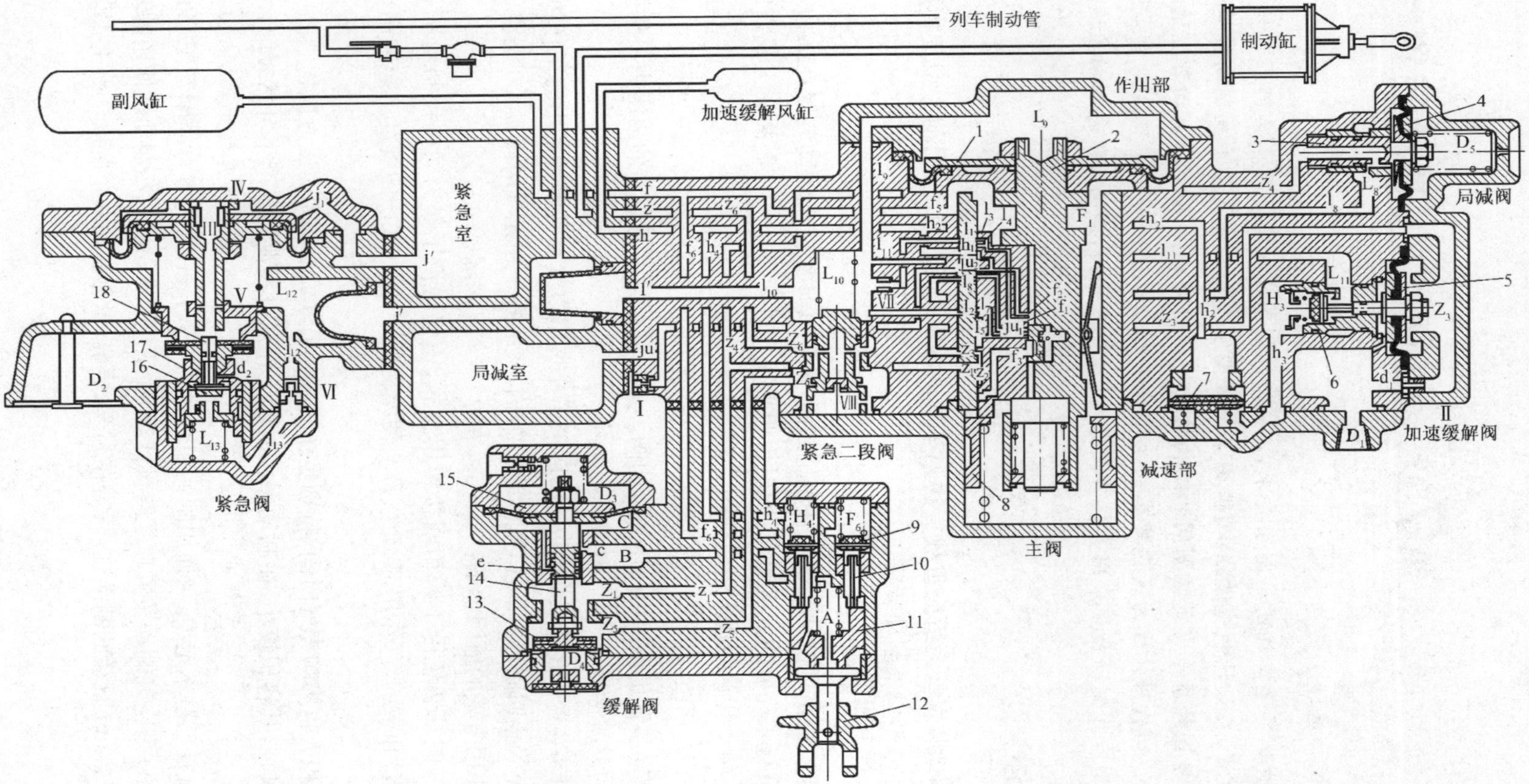

1—主活塞；2—主活塞杆；3—局减阀；4—局减活塞；5—加速活塞；6—夹心阀；7—加速止回阀；8—减速弹簧套；9—止回阀；10—顶杆；11—顶杆座；12—手柄；13—排气阀；14—缓解活塞杆；15—缓解活塞；16—先导阀；17—放风阀导向杆；18—先导阀顶杆；A腔—手柄弹簧室；B腔—半自动缓解阀套空腔；C腔—缓解活塞下腔；D腔—通大气；E腔—通制动缸下游；F腔—通副风缸腔室；G腔—通制动缸上游；H腔—缓解阀腔室；L腔—通列车管腔室；Z腔—通制动缸腔室；d—通大气通路；e—通制动缸下游通路；f—通副风缸通路；G腔—通制动缸上游；h—通缓解阀通路；l—列车管通路；z—通制动缸通路。

图7-1 120型空气制动装置基本组成示意

闸瓦间隙自动调整器的推广使用，解决了由于闸瓦磨耗导致制动缸活塞行程增大而带来的制动力衰减问题。

密封式制动缸的采用及密封技术的提高，使制动缸及其管系漏泄所造成的制动力衰减问题得到了解决。

对于货车而言，以运送煤、矿砂、木材、建筑材料和各种油料的敞车、罐车占多数，而大部分运输去程是重车，回程是空车。因此，完全可以将空重调整位设计成二级，即在直接作用方式的控制阀外设空重车调整装置，而不需要在具有间接作用方式的阀内固定设置。

3. 主控机构的结构

主控机构仍采用橡胶膜板和金属滑阀结构。

4. 上升方式

采用两阶段局减作用和紧急制动时，制动缸压力呈先快后慢的两段上升方式。

(1)120 型空气制动装置设有紧急阀，在紧急制动时使列车管压力空气更快地直接排入大气(提高紧急制动灵敏度)，而在常用制动时又不发生紧急制动(确保常用制动安定性)。

(2)设有局减室和局减阀，使 120 型空气制动装置在刚发生制动作用时，将有限量的列车管压力空气先后引入局减室和通过局减阀引入制动缸，从而具有完整的两阶段局减作用，以提高制动波速。

(3)设有紧急二段阀，使 120 型空气制动装置在紧急制动时制动缸压力呈先跃升后缓升的两段上升方式，以减轻列车的纵向动力作用。

5. 设置加速缓解阀

120 阀与一个 11 L 的加速缓解风缸相配合，使之缓解波速大大提高。

在 120 型空气制动装置的主阀中增设加速缓解阀，用缓解时即将排入大气的制动缸压力空气作为推动加速缓解阀动作的压力源，促发加速缓解阀动作，开通加速缓解风缸压力空气向列车管逆流的通路，从而达到加快列车管充气和提高缓解波速的目的，减轻低速缓解时的纵向冲动。

6. 增设先导阀结构

在紧急阀中增设先导阀结构，提高紧急制动波速。120 型空气制动装置的紧急阀中设有一个小尺寸的先导阀。当实施紧急制动，列车管一开始急速减压时，可以很容易地打开先导阀，消除大尺寸的放风阀的背压，紧接着再顶开放风阀。这样，紧急放风作用虽设计成两步，但却可以提早打开放风阀，从而使紧急制动波速大大提高。

7. 适应压力保持操纵

120 型空气制动装置在主阀作用部的滑阀上增设一个孔径 0.2 mm 的小孔(呼吸孔)，使控制阀在常用制动以后的保压位时，沟通列车管和副风缸，这样可配合机车采用一把闸操纵，以及在制动保压时机车对列车管漏泄有自动补风(压力保持)功能，从而使列车在长大下坡道上基本保持匀速运行。

8. 加装 BZH 半自动缓解阀

加装 BZH 半自动缓解阀是为了方便调车作业，节省人力和减少耗风量而设。该阀不是排副风缸的风，而是直接排制动缸的风，并具有自锁功能。

7.2 主要部件

120 型空气制动装置主要部件包括中间体、主阀、半自动缓解阀和紧急阀等，其外观如图 7-2 所示。

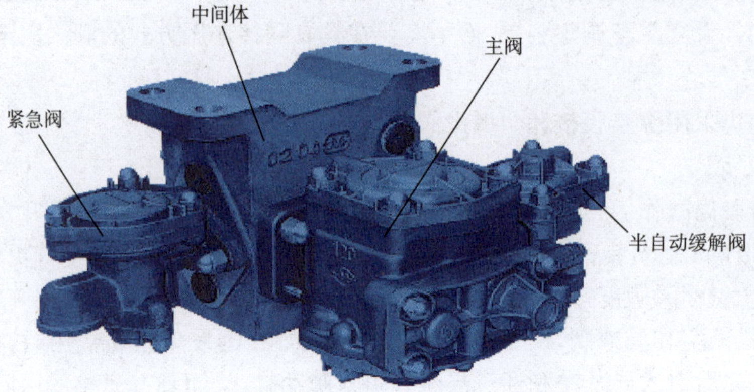

图 7-2 120 型空气制动装置外观

7.2.1 中间体

中间体采用灰铸铁铸造，其四个垂直面有两个分别是主阀和紧急阀的安装面，另两个垂直面为风管安装面。

与紧急阀安装面相邻的管孔为加速缓解风缸孔(H)和列车制动管孔(L)。

与主阀安装面相邻的管孔为副风缸孔(F)和制动缸孔(Z)。

中间体内部铸有两个空腔，在紧急阀安装面一侧上部为 1.5 L 的紧急室，下部为 0.6 L 的局减室，如图 7-3 所示。

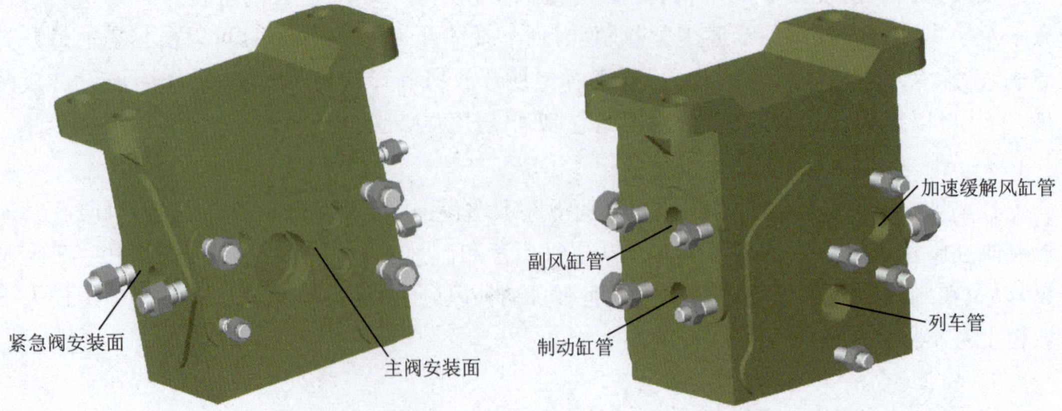

图 7-3 中间体结构示意

7.2.2 主　　阀

主阀(包括缓解阀)控制着充气、缓解、制动、保压等作用,是控制阀中最主要的部分,由作用部(主控部)、减速部、局减阀、加速缓解阀和紧急二段阀等五个部件组成,如图 7-4 所示。

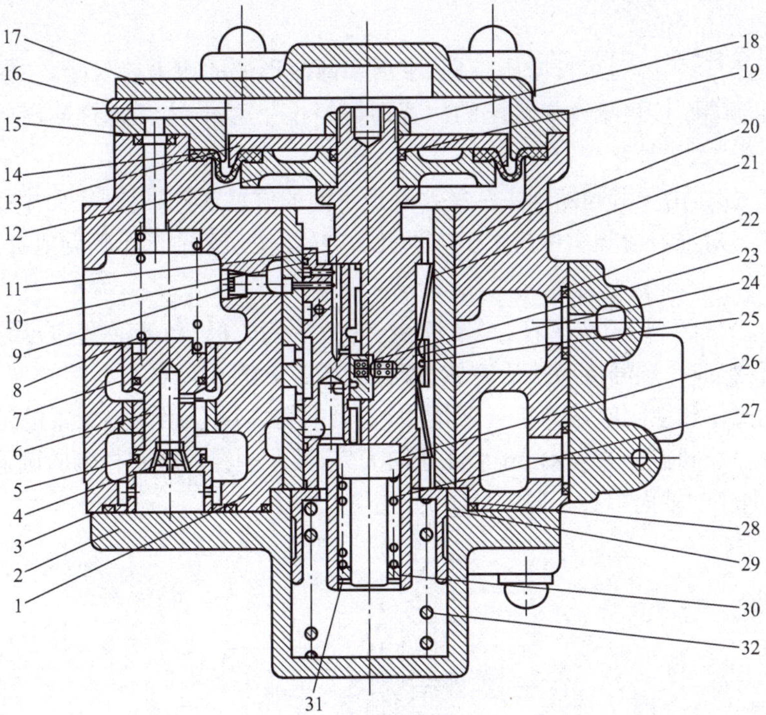

1—主阀体;2—主阀下盖;3、5、15、19、22、28—O 形密封圈;4、9—缩孔堵Ⅷ;6—二段阀;7—二段阀套;8—二段阀弹簧;10—滑阀;11—主活塞杆;12—主活塞;13—主活塞压板;14—主活塞膜板;16—塞堵;17—主阀上盖;18—主活塞压板螺母;20—滑阀套;21—滑阀弹簧;23—节制阀;24—节制阀弹簧;25—滑阀弹簧销;26—稳定杆;27—稳定弹簧;29—减速弹簧套;30—稳定弹簧座;31—挡圈;32—减速弹簧。

图 7-4　主阀结构示意

1. 作用部(主控部)

(1)作用部仍采用 S 形橡胶膜板及滑阀结构。其由主活塞压板、ϕ126 mm S 形橡胶膜板、O 形密封圈、主活塞体、滑阀弹簧、节制阀弹簧、节制阀、滑阀、滑阀座、稳定杆、稳定弹簧、稳定弹簧座、挡圈等零件组成。

(2)主活塞压板、主活塞体和橡胶膜板等零件套装在主活塞杆的上端,拧上螺母,组成“主活塞”。节制阀装在主活塞杆中部,滑阀装在主活塞杆上。轴向有 6 mm 间隙。滑阀弹簧用销子与滑阀固定在一起。

橡胶膜板周边压装在主阀上盖和主阀体之间。膜板上通列车管,下通副风缸。

主活塞杆的尾部安装稳定杆、稳定弹簧、稳定弹簧座和挡圈等零件。

2. 减速部

减速部在作用部下面，位于主阀下盖内，由减速弹簧、减速弹簧座组成。

主阀下盖的螺纹根部套有O形密封圈，以防止副风缸压力空气漏入大气。

列车管充气增压时，长大列车前部车辆先充入压力空气，增压迅速，使主活塞上、下侧形成较大的压力差。主活塞带动滑阀向下移动，滑阀尾部端面接触减速弹簧座后，继续下移，压缩减速弹簧而移到最下面的位置（主活塞下移到它的主阀下活塞的下端面碰到主阀体），即为减速充气（缓解）位。

而列车后部车辆，因列车管增压较慢，主活塞两侧形成的压力差较小，主活塞带动滑阀下移至滑阀尾部端面接触减速弹簧座的位置即行停止。这时，主活塞连同滑阀所处的位置为充气（缓解）位。

在减速充气时，由于滑阀随同主活塞移到最下面的位置，所以滑阀底面中排最上方的通孔 l_3（ϕ1.9 mm）对准着滑阀座中排最上方的孔 l_1，从而使列车前部车辆副风缸的充气减慢。

3. 局减阀

局减阀由局减阀套、局减阀杆、局减膜板、局减活塞压板、局减活塞体、局减阀弹簧、毛毡、压垫等零件组成。螺母将局减活塞体、膜板和压板紧固在局减阀杆螺纹端，局减膜板的周边嵌装在主阀体和主阀前盖的接合凹槽中，主阀前盖内设有用压垫压紧的毛毡。局减膜板的右侧（外侧）经阀盖上的 ϕ3 mm 小孔通向大气，其左侧经局减阀杆轴向圆周凹槽 a 及两个 ϕ3 mm 径向孔与轴向中心孔通制动缸，如图 7-5 所示。

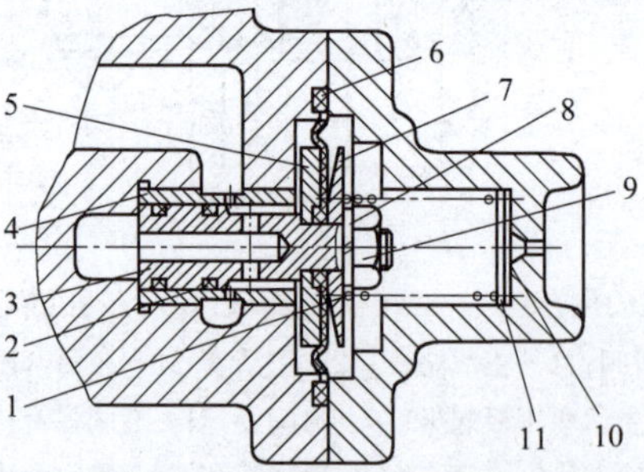

1—局减阀弹簧；2—O形密封圈；3—局减阀；4—局减阀套；5—局减活塞；6—局减膜板；7—局减活塞压板；
8—垫圈；9—局减活塞螺母；10—毛毡；11—局减阀弹簧垫。

图 7-5　120 阀局减阀

局减阀套中部沿圆周均布 8 个 ϕ1 mm 径向小孔 *b*，这些小孔的外围通向滑阀座 l_8 孔。

平时，局减活塞受到其右侧局减阀弹簧弹力的作用，所以它连同局减阀杆处于左侧的位置。这时，局减阀杆右侧边缘正好开放局减阀套上的 8 个小孔，因而滑阀座 l_8 孔经主阀体内暗道引至局减阀套，然后再通过这些小孔以及局减阀杆的径向孔、轴向中心孔并最后通到制动缸的局减通路是开通的。这个位置称为局减阀开放位。

制动一开始，当主活塞杆下肩带动滑阀上移，使列车管压力空气由滑阀座 l_2 孔经滑阀底面 l_5 孔、l_7 槽流入滑阀座 l_8 孔时，列车管压力空气便经此局减通路流入制动缸，这就是第二阶段局减作用。

当制动缸压力升到50～70 kPa时，由于局减活塞左侧的压力增大，使局减阀杆克服局减阀弹簧的弹力而右移，局减阀杆到达右侧位置。局减阀杆左方杆身遮住了局减阀套上的8个小孔，局减阀处于关闭位，切断了列车管至制动缸的局减通路，即列车管压力空气只能到达局减阀套小孔b的外围空腔及小孔内，而不能进入局减阀杆的中心孔，于是第二阶段局减作用结束。

第二阶段局减作用可使制动缸获得跃升的初压力，并提高全列车的制动波速。而局减阀的作用是控制制动时第二阶段局减量。这样，在列车管少量减压时，尾部车辆的制动缸至少也能有50～70 kPa的压力。

局减阀杆上套有两个O形密封圈，使局减阀处于关闭位时，列车管与制动缸之间不发生压力空气的窜流。

主阀前盖（局减阀处）外端具有向内凹入的窄窝，这样可使 $\phi 3$ mm通气小孔不露出在外表面，以防止小孔冰冻堵塞，而使局减活塞外腔可能产生背压。

4. 加速缓解阀

长大货物列车在运行中制动以后缓解时，列车管压力空气由机车供给，列车管增压作用沿列车由前向后顺序地进行。某一辆车其列车管获得增压后，主活塞动作，随即发生列车管向副风缸等容器的充气作用及制动缸的缓解作用。由于每一车辆上的某些缸（室）均需列车管压力空气的充入，造成列车后部车辆列车管增压作用延迟，这样也就延迟了后部车辆的缓解作用。

加速缓解阀是120阀主阀中新增加的一个部件，它与新增加的加速缓解风缸一起通过本车列车管获得增压。当主活塞动作（下移），本车制动缸缓解时，让准备排入大气的制动缸压力空气作为压力信号先引到加速缓解阀处，使加速缓解阀产生动作，让本车上加速缓解风缸的压力空气通过加速缓解阀中被顶开的夹心阀充入列车管（因为在上一次制动时，列车管减压后压力低于定压，加速缓解风缸压力仍为定压）。

这样一来，列车管除了有来自机车供风系统的压力空气充入以外，还有来自本车加速缓解风缸的压力空气的充入，这就是列车管的“局部增压”作用。由于列车中前后列车管的压力梯度增大，使列车管增压作用沿列车由前向后的传播速度加快，这就大大地提高了缓解波速，有利于减小列车低速缓解时的纵向冲动。

加速缓解阀由加速缓解阀套、加速缓解阀弹簧、夹心阀、加速缓解弹簧座、挡圈、加速缓解膜板、加速活塞、活塞紧固螺钉、顶杆等组成，如图7-6所示。

加速缓解阀套的右部呈盘形，中间有个轴向孔，顶杆就嵌装在这个孔中，顶杆的凹槽内嵌装一个O形密封圈；加速缓解阀套的左部呈套筒形状，套筒内装入夹心阀、加速缓解阀弹簧、弹簧座，然后用挡圈卡入套筒左侧内圆面的凹槽内，夹心阀被左侧的弹簧压紧在套筒内侧的阀座上；加速缓解膜板、加速上活塞与下活塞用活塞紧固螺钉及螺母（M8）紧固成一个“加速活塞”，这个部件装在主阀体与主阀前盖之间的空腔内，加速缓解膜板的周边被压紧在上阀体的凹槽内。

主阀排气口也称制动缸排气口，旋有螺纹，可在此处装排气管。

加速缓解阀还附有一个止回阀部件，橡胶夹心阀被它下面的止回阀弹簧压紧在阀座上。

止回阀的上方经主阀体内的通路直接与加速缓解风缸相通；下方（止回阀弹簧室）经主阀下盖及主阀体内的暗道与加速缓解阀夹心阀左侧空腔（加速缓解阀弹簧室）相通，所以加速缓解阀弹簧室充满着加速缓解风缸的压力空气；顶杆左侧，即夹心阀右侧空腔，经加速缓解阀套上的 2 个 $\phi 5$ mm 径向孔及主阀体内通路与列车管相通。

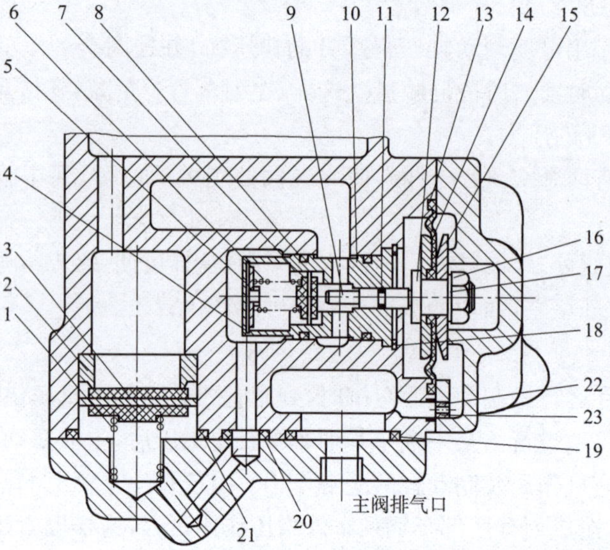

1—止回阀弹簧；2—止回阀座；3—夹心阀；4—挡圈；5—加速缓解阀弹簧座；6—加速缓解阀弹簧；7—夹心阀；8、11、19、20、21、23—O 形密封圈；9—顶杆；10—加速缓解阀套；12—紧固螺钉；13—加速缓解膜板；14—加速活塞；15—加速活塞压板；16—加速活塞螺母；17—垫圈；18—挡圈；22—缩孔堵。

图 7-6　120 阀加速缓解阀

列车管增压时，由于主活塞带动滑阀下移，制动缸压力空气经滑阀底面缓解联络槽 z_2 的沟通，进入滑阀座 z_3 孔，并由此充入加速活塞的右腔，同时经缩孔堵Ⅱ排入大气，实现缓解作用。

由于制动缸压力空气经过缩孔堵Ⅱ排入大气的节流作用，涌入加速活塞右腔的制动缸压力空气将加速活塞推向左位，通过顶杆顶开夹心阀，于是，夹心阀左侧空腔内的加速缓解风缸压力空气通过开启的夹心阀口充入右腔，继而充入列车管。这样，就实现了列车管局部增压，从而达到提高缓解波速的目的。

包括加速活塞右腔在内的制动缸压力空气，最后将全部经缩孔堵Ⅱ排入大气，制动缸完全缓解。

止回阀的作用是：当列车管压力增高到接近加速缓解风缸压力时，止回阀弹簧将止回阀关闭，局部增压作用停止。同时防止列车管压力大于加速缓解风缸压力时，列车管压力空气经由加速缓解阀流向加速缓解风缸。在这种情况下，只允许列车管压力空气通过作用部滑阀与滑阀座的通路（即 f_2 与 h_1 孔）并经滑阀室向加速缓解风缸充气。

加速活塞只是在上述工况（制动缸缓解排气）时处于左位。而在其他工况下，由于加速活塞两侧均通向大气，活塞两侧不产生压力差。于是，在加速缓解阀弹簧弹力的作用下，夹心阀与阀座密贴，呈关闭状态，加速活塞处于右位，加速缓解阀不发生作用。

5. 紧急二段阀

紧急二段阀位于主阀安装面旁。它是为了减轻长大货物列车在紧急制动时的纵向冲动而设置的，由紧急二段阀杆、紧急二段阀弹簧、紧急二段阀套等零件组成。

紧急二段阀杆的上腔通列车管。紧急二段阀套由上套和下套组成，上、下套之间沿轴向有 3～5 mm 间隙，与此环形间隙相对的是主阀体的铸造环槽。环形间隙与铸造环槽形成环形空腔 c，该空腔经主阀体和中间体内的通路与制动缸相通；紧急二段阀杆的下部外围空腔 e 经主阀体与缓解阀体内的通路通向缓解阀。紧急二段阀杆有轴向中心孔，此中心孔的上方通一个 ϕ3 mm 径向孔，下方通两个 ϕ3 mm 径向孔，中心孔的下部有内螺纹，以便与 254 mm 直径制动缸配套的 120 阀，在此螺孔处拧上一个孔径为 ϕ2.2 mm 的缩孔堵(Ⅷ)。

平时紧急二段阀弹簧及弹簧室内的列车管空气压力使紧急二段阀杆处于下部开放位置。当控制阀处于制动位时，来自局减阀的列车管压力空气(局减)或来自滑阀、滑阀座的副风缸压力空气，经由缓解阀内的通路来到紧急二段阀杆下部的外围空腔 e，再经过紧急二段阀杆中部三角形截面与阀套圆孔之间的三条通路、两阀套中部环形空腔 c 等比较通畅的通路流向制动缸，所以制动缸压力快速上升。

紧急制动时，列车管压力空气迅速排入大气，通过作用部动作，制动缸充气，当制动缸压力跃升到 120～160 kPa(600 kPa 列车管定压时的跃升压力标准)时，紧急二段阀杆下腔的制动缸压力便能克服紧急二段阀杆上方紧急二段阀弹簧的弹力和列车管剩余压力之和，使紧急二段阀杆上移至关闭位。

关闭位是指紧急二段阀杆中部三角形截面处的三条畅通通路被切断。于是，经缓解阀流过来的副风缸压力空气只能经由紧急二段阀杆下腔、轴向中心孔(使用 254 mm 直径制动缸的还要通过一个孔径 2.2 mm 的缩孔堵Ⅷ)、上部 ϕ3 mm 径向孔等流向制动缸，由于流通通路大大变窄，使制动缸压力缓慢上升。因此，制动缸压力分成两个阶段呈先快后慢地上升，故称为紧急二段阀。

紧急二段阀杆上套有两个 O 形密封圈。平时，上面的 O 形密封圈用来防止列车管压力空气漏入 c 腔而进入制动缸；在紧急制动后，防止制动缸压力空气经此 O 形密封圈漏出。下面的 O 形密封圈用来确保紧急制动时，当紧急二段阀杆上移以后，切断制动缸充气的畅通通路。主阀下盖在紧急二段阀处与主阀体接合处设有 O 形密封圈(ϕ45 mm×3.1 mm)，防止制动缸压力空气漏泄进入大气。

6. 主阀体

主阀体用灰铸铁制成，内部设有用来安装作用部(包括减速部)、局减阀、加速缓解阀、紧急二段阀等零部件的空腔，这些空腔中均压装有与各部件相配的铜套。主阀体内还有许多供压力空气流通用的铸造和加工通路。

主阀体外廓形状基本上呈方形，安装面的尺寸以及各孔的位置均与 103 阀主阀相同。为了防止误将 120 阀的主阀当作 103 阀主阀安装到 103 阀的中间体上，在 120 阀主阀安装面的右下角(对着安装面看)的孔改小为 ϕ13.5 mm，使这个孔只能套装在 120 阀中间体对应的 M12 的螺柱上，而其余三个孔仍为 ϕ18 mm。另外，为了防止 254 mm 与 356 mm 两种不同直径制动缸的主阀误装，在主阀安装面左侧（面对安装面）的上、下两个安装孔之间，设了一个防误装销钉孔。与 254 mm 和 356 mm 直径制动缸配套的主阀的防误装销钉孔分别设在靠近上孔处和下孔处。当然，在中间体的主阀安装面的对应位置上设有与销钉孔相配的防误装销钉。该防误装销钉同样可以防止将 103 阀主阀当作 120 阀主阀安装到 120 阀的中间体上，因为 103 阀主阀安装面上没有对应的销钉孔。

7.2.3 半自动缓解阀

半自动缓解阀的功能是手动排出制动缸的压力空气，使制动装置缓解。半自动缓解阀在拉动位于车体两侧的任一侧缓解阀拉手后，便可带动缓解阀手柄向一侧倾斜。此时，只要制动缸压力空气一开始排出，就可松开拉手，制动缸压力空气会自动地排完。也可一直拉着缓解阀拉手，使整个制动系统（包括制动缸、副风缸、加速缓解风缸、列车管等）的压力空气全部排出。

半自动缓解阀由手柄部和活塞部两部分组成，其结构如图 7-7 所示。

手柄部由手柄、手柄座、手柄座套、顶杆、止回阀座、止回阀、止回阀弹簧等组成。

顶杆、止回阀座、止回阀、止回阀弹簧为两套，一套为副风缸排气止回阀，另一套为加速缓解风缸排气止回阀。副风缸排气止回阀的位置比加速缓解风缸排气止回阀的位置略低，所以拉动手柄后，副风缸排气止回阀先被顶开。

顶杆两端头部较细，中部较粗，两端及中部的横截面均呈十字形或 Y 形，这样，沿顶杆轴向便形成四条（Y 形截面为三条）空气流动通路。

顶杆座不仅是顶杆的下支座，也是手柄弹簧的下支座，顶杆座下部设有一个孔径 5 mm 的中心孔，它的两侧各有一个孔径 2 mm 的斜向通孔。手柄座的下部呈杆状，用销与手柄连接。

手柄弹簧室（A 腔）经缓解阀体内的通路与活塞部的 B 腔相通。平时两个止回阀弹簧及止回阀上方的空气压力将两个止回阀紧压在各自的阀座上。

活塞部由缓解活塞膜板、缓解活塞压板、缓解活塞体、缓解活塞杆、缓解阀弹簧、O 形密封圈、缓解活塞杆套、排气阀、上阀座、下阀座等组成。

缓解阀活塞体、膜板及压板用螺母紧固在缓解活塞杆上，构成缓解活塞部件。活塞杆装在缓解阀套内，可在套内上下移动，活塞杆的下端通过销轴与排气阀销接。平时，缓解活塞在缓解阀弹簧弹力及其自重的作用下处于下位。排气阀与下阀座密贴，使 G 腔与 E 腔相通，E 腔与通向大气的 D 腔不通。上方的缓解阀弹簧室经缩孔堵永远通向大气。

缓解活塞杆套压装在缓解阀体内，它的中部左侧有一个径向小孔 c。该孔的外面与缓解阀套外围空腔 B 连通，缓解阀套沿圆周方向有两个径向孔 e，这两个孔通过各自的轴向小孔与缓解活塞下腔 C 相通。

活塞部 G 腔经缓解阀体和主阀体内通路与滑阀座上的 z_1 孔相通，活塞部 E 腔经缓解阀体、主阀体、紧急二段阀杆与套之间的通路，并经紧急二段阀中部的环形空腔、中间体内的通路通向制动缸。所以在平时缓解活塞处于下位时，滑阀座 z_1 孔经缓解阀及紧急二段阀通向制动缸。

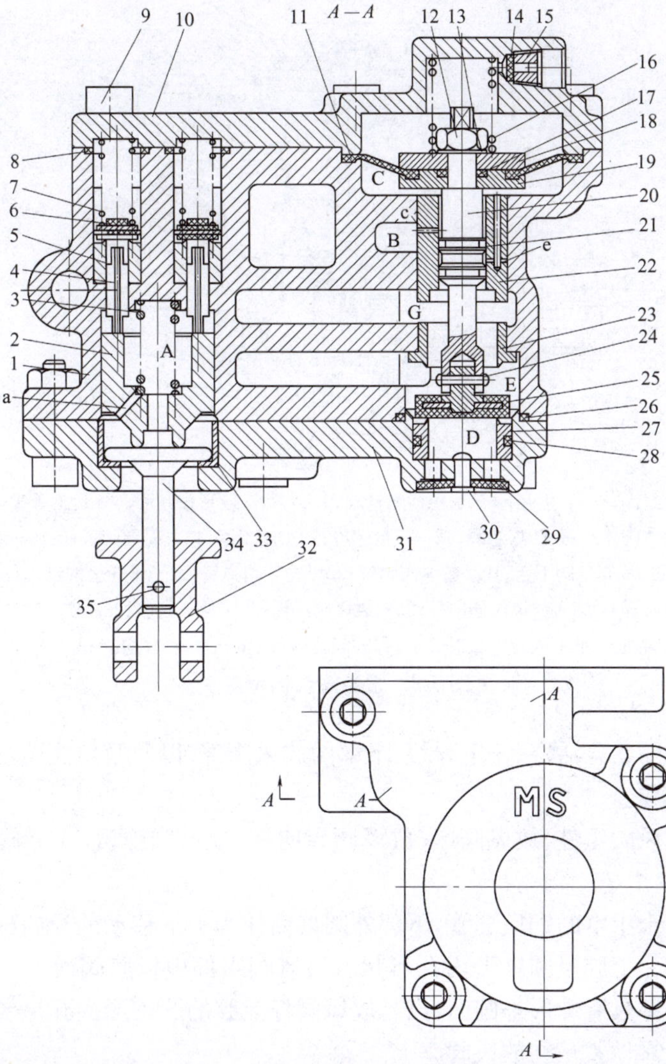

1—缓解阀体；2—顶杆座；3—手柄弹簧；4—顶杆；5—止回阀座；6—止回阀；7—止回阀弹簧；8、17、21、26、28—O 形密封圈；9—螺杆；10—缓解阀上盖；11—缓解活塞膜板；12—螺母；13—垫圈；14—滤尘网；15—缩孔堵；16—缓解阀弹簧；18—缓解活塞压板；19—缓解活塞；20—缓解活塞杆；22—缓解活塞杆套；23—上阀座；24—销轴；25—排气阀；27—下阀座；29—排气口胶垫；30—排气口销；31—缓解阀下盖；32—手柄；33—手柄座套；34—手柄座；35—销。

图 7-7　半自动缓解阀结构示意

7.2.4　紧 急 阀

紧急阀的作用是在紧急制动时加快列车管的排气（紧急局减作用），使紧急制动的作用可靠，提高紧急制动灵敏度，从而提高紧急制动波速。

紧急阀的结构与 104 阀所用的紧急阀结构相类似，但它采用了先导阀。在紧急制动时紧急阀杆首先打开先导阀，卸掉紧急放风阀的背压，更快地打开放风阀，将列车制动管的压力空气排向大气。紧急阀的结构示意如图 7-8 所示。

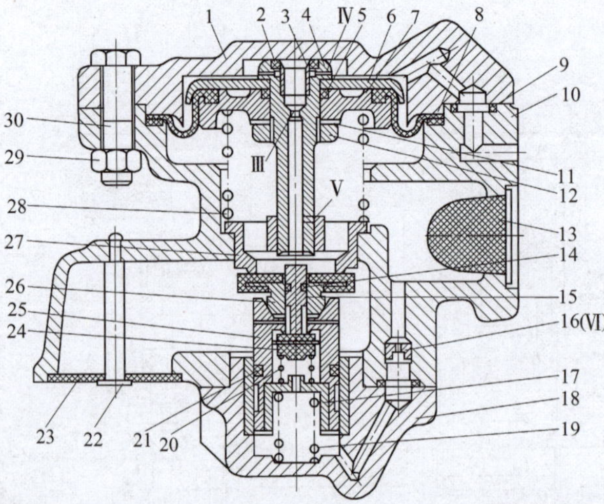

1—紧急阀上盖；2—密封圈；3—滤尘套；4—紧急活塞杆；5、9、14、21—O 形密封圈；6—紧急活塞；7—紧急活塞压板；8—紧急活塞膜板；10—紧急阀体；11—防松垫圈；12—压板螺母；13—滤尘网；15—先导阀顶杆；16—缩孔堵Ⅵ（ϕ1.0 mm）；17—先导阀弹簧座；18—紧急阀下盖；19—放风阀弹簧；20—先导阀弹簧；22—排气垫铆钉；23—排气保护罩垫；24—先导阀(夹心阀)；25—放风阀导向杆；26—放风阀组件；27—放风阀座；28—安定弹簧；29—螺母；30— 螺栓；Ⅲ—限孔(ϕ2.5 mm)；Ⅳ—限孔(ϕ0.5 mm)；Ⅴ—限孔(ϕ1.1 mm)。

图 7-8　紧急阀结构示意

紧急阀由上部的紧急活塞、安定弹簧、下部的放风阀部，以及紧急阀盖、紧急阀下盖和紧急阀体等零部件组成。

放风阀部由放风阀组件、放风阀座、放风阀导向杆、放风阀弹簧、先导阀、O 形密封圈等零件组成。

放风阀杆是一个中空的铜质套管，下部外圆柱面作为上下移动的导向杆；内部中空部分形成上下两个空腔。上腔呈圆锥形内孔形状。放风阀组件由橡胶阀面、心板和心轴等三个零件组成。心轴下部具有球形外圆面，以与放风阀杆上腔的圆锥形内孔呈铰式连接，保证放风阀橡胶阀面能可靠地紧贴在放风阀座上。

先导阀顶杆嵌装在放风阀中心孔内，放风阀杆的中部均布四个 ϕ2 mm 的径向小孔。当先导阀被其顶杆顶开时，放风阀杆下腔内的列车管压力空气可经这些小孔并经过放风阀杆外侧空间经紧急阀排气口向大气排出。

紧急活塞的上腔经紧急阀盖和紧急阀体内的暗道及安装面上的通孔与中间体内的紧急室相通，紧急活塞的下腔经安装面上大的通孔及中间体内的通路与列车管相通，放风阀杆的下腔(包括先导阀弹簧室和放风阀弹簧室)经紧急阀下盖和紧急阀体内的暗道也与列车管相通。

在紧急阀体与放风阀盖接合处的暗道中装设缩孔堵Ⅵ。此堵的作用是：紧急制动开始时，紧急活塞杆通过顶杆顶开先导阀，使放风阀杆下腔的列车管压力空气经四个径向小孔排入大气从而消除放风阀的背压时，这个缩孔堵可限制紧急活塞下腔的列车管压力空气由于压力差而充入放风阀杆下腔的速度，使放风阀杆下腔不形成新的背压，从而使紧急活塞能比较容易地继续下移顶开放风阀，实现紧急局减作用，这样便提高了紧急制动的灵敏度。

紧急活塞杆顶面环形凹槽中的异形密封圈，稍稍高出于顶面。平时，在安定弹簧弹力的作用下，紧急活塞处于上极端位，此密封圈与紧急阀盖密贴。因而紧急活塞杆的轴向中心孔与紧急活塞上腔的通路是被切断的，只是在列车管减压，紧急活塞两侧产生压力差，克服了安定弹簧的弹力而下移时，紧急活塞杆顶端的轴向中心孔才开放。

在紧急活塞杆的轴向中心孔内，有一个 $\phi 2.5$ mm 的限制孔Ⅲ，用于控制紧急室压力空气向列车管逆流的速度，以保证紧急制动时在紧急活塞两侧形成足够的压力差来推动紧急活塞下移，通过顶杆先顶开先导阀，继而顶开放风阀，达到产生紧急局减作用的目的；同时，在常用制动时，要保证紧急室压力空气能较多地向列车管逆流，以保证在紧急活塞两侧形成不了足以使紧急活塞下移到能够顶开先导阀的压力差。限制孔Ⅲ的孔径应设计合理，过大会降低紧急制动灵敏度，过小会影响常用制动安定性。

紧急活塞杆上部有 $\phi 0.5$ mm 的径向限制孔Ⅳ，用以控制列车管向紧急室充气的速度，以保证紧急活塞上下两侧压力平衡，避免紧急室充气过快而引起意外紧急制动。

在紧急活塞杆的下部，距离下端 13 mm 处，钻有 $\phi 1.1$ mm 的径向限制孔Ⅴ，用以在紧急制动后，控制紧急室压力空气排入大气的速度，使处于下位的紧急活塞能间隔一定的时间后才向上回移，保证在实施紧急制动后，必须让列车停车后再向列车管充气，使列车缓解，然后再启动加速。

紧急活塞在上部极端位置时，紧急活塞杆的底面距离先导阀顶杆顶端有 3 mm 间隙。当紧急活塞下移 3 mm 时，紧急活塞杆就碰到先导阀顶杆，再下移就打开先导阀；如顶杆被紧急活塞杆所压，其继续下移量超过 1 mm 时，放风阀便被顶开。

7.3　作用原理

7.3.1　充气及缓解位置

列车制动管压力空气进入中间体后分为两路，一路进入主阀，另一路进入紧急阀。进入主阀的列车制动管压力空气，经主阀体紧急二段阀的上方，有一路到主活塞的上方，将主活塞、主活塞杆和滑阀推动一起下移，列车制动管压力空气分别充入副风缸、加速缓解风缸。进入紧急阀的列车管压力空气最终充入紧急室、紧急活塞上下腔、放风阀导杆下腔等处，如图 7-9 所示。

(1)副风缸充气

列车制动管压力空气进入主阀体，到紧急二段阀的上方，然后经缩孔堵Ⅶ(与 254 mm 直径制动缸配套，$\phi 1.8$ mm)到滑阀座 l_1 孔。此时 l_1 孔与滑阀底面上的 l_4 孔($\phi 2.0$ mm)对齐，而节制阀在滑阀背面处于下位，因而滑阀背面的 f_1 孔开启，列车管压力空气→滑阀座 l_1 孔→滑阀底面 l_4 孔→滑阀背面 f_1 孔→滑阀室。

主活塞下方的滑阀室经主阀体内和中间体的通路，与副风缸相通，副风缸获得充气；向副风缸充气的同时，经过通路 f_6(中间体内)也充入到半自动缓解阀的副风缸止回阀上方 F_6。

(2)加速缓解风缸充气

滑阀 f_2 孔与滑阀座 h_1 孔开通，副风缸压力空气→f_2 孔→h_1 孔→主阀安装面孔→中间体内通路→加速缓解风缸。同时，经另一通路 h_4(中间体内)充入加速缓解阀弹簧室 H_3 和缓解阀的止回阀上方 H_4。

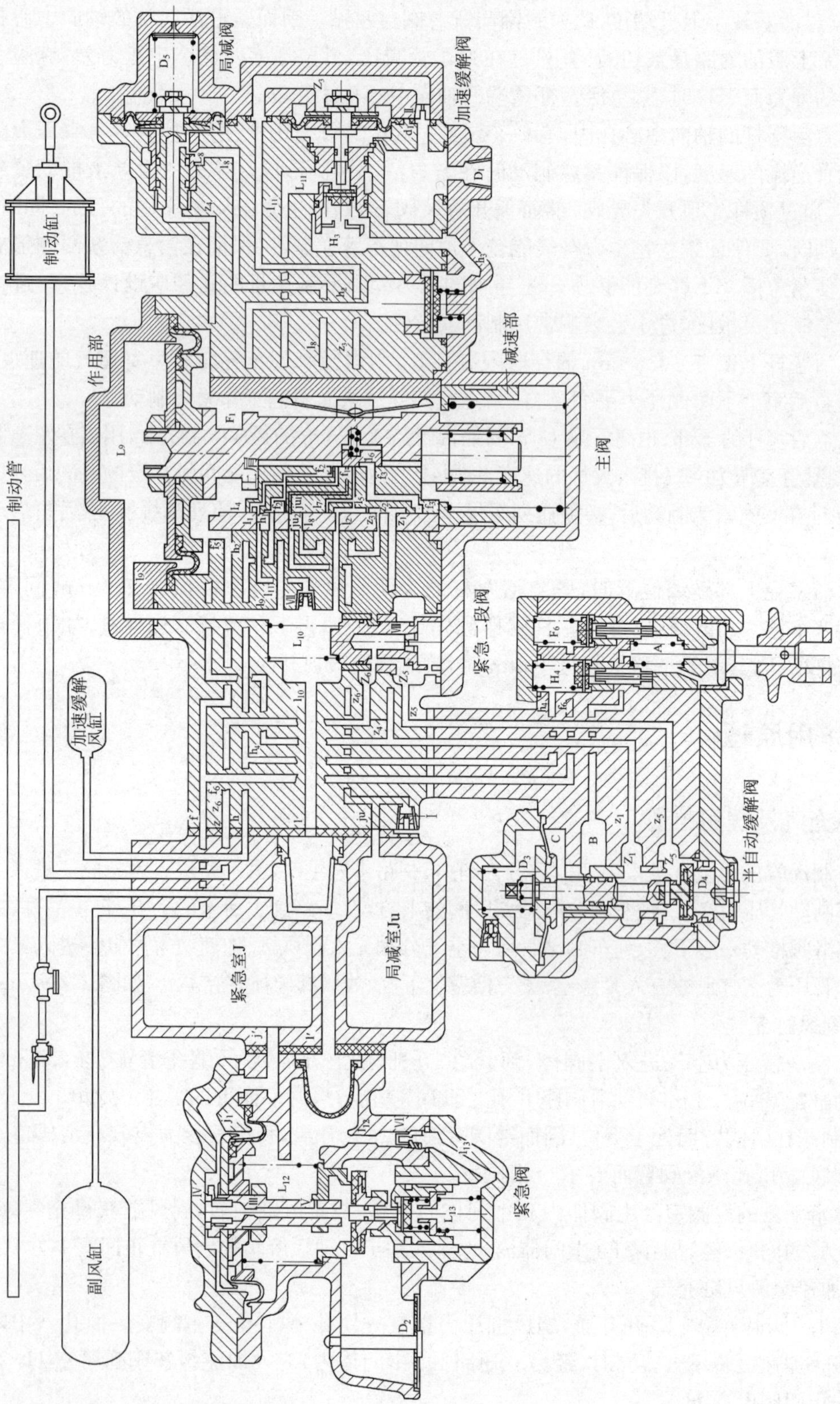

图7-9　120阀的充气及缓解位

(3)紧急室充气

列车制动管压力空气经紧急活塞下方→紧急活塞杆下端面孔口→中心限制孔Ⅲ→紧急活塞杆上部径向孔Ⅳ→紧急活塞上方→阀体内通路→中间体内紧急室。

(4)列车制动管压力空气进入紧急阀后，还经缩孔堵Ⅳ到放风阀杆下侧，即放风阀弹簧室和先导阀弹簧室。

(5)紧急二段阀上方的压力空气经主阀体内通路通到加速缓解阀。

(6)列车制动管压力空气经滑阀座 l_2 孔，进入滑阀的 l_5 孔，为制动时的局减作用做好准备。

7.3.2　减速充气及缓解位

列车管充风时前部车辆的压力上升较快，在主活塞两侧产生的压力差较大，主活塞带动滑阀下移到下面极端位置并压缩减速弹簧，即为减速充气及缓解位。

(1)副风缸减速充气

因滑阀下移的行程长，滑阀上与滑阀座 l_1 孔对准的是截面积较小的减速充气孔 l_3，故列车管压力空气→滑阀座 l_1 孔和滑阀 l_3 孔→滑阀 f_1 孔→滑阀室，然后与上述充气缓解位一样，经主阀体和中间体通路充入副风缸。

由于经孔径 1.9 mm 的减速充气孔 l_3 充气，所以副风缸压力的上升稍慢一些。

(2)制动缸缓解和列车制动管局部增压

在减速充气及缓解位时，滑阀虽已移到最下端的位置，与充气及缓解位所处的位置不同，但滑阀底面上的槽仍盖在滑阀座的 z_1 孔和 z_3 孔之上，制动缸压力空气仍可向大气排出。其加速缓解阀使加速缓解风缸压力空气向列车制动管进行局部增压的过程与再充气及缓解位相同。

(3)减速充气及缓解位时主阀和紧急阀的其余通路基本上与充气及缓解位相同，如图 7-10 所示。

7.3.3　制动装置缓解状态的稳定性

列车制动管缓慢减压(轻微漏泄)时，因滑阀室内的副风缸压力空气经滑阀 f_1 孔、滑阀底面的 l_4 孔(或 l_3 孔)和滑阀座的 l_1 孔逆流到列车制动管，故副风缸压力伴随着列车制动管的漏泄也缓慢下降。由于主活塞(主活塞杆)尾部设有稳定弹簧以及其他阻力的作用，制动装置能保持稳定性。

7.3.4　常用制动及其安定性(图 7-11)

1. 第一阶段局减

当主活塞两侧形成一定的压力差后，主活塞带动节制阀向上移动。首先滑阀及稳定杆暂时不动，因为主活塞杆下肩与滑阀端面之间本来有 6 mm 的间隙，所以当主活塞带动节制阀上移 6 mm 而使主活塞杆下肩与滑阀对应端面接触时，稳定弹簧也被压缩 6 mm。由于节制阀相对于滑阀背面向上移动，所以它在滑阀背面上处于上位，即：

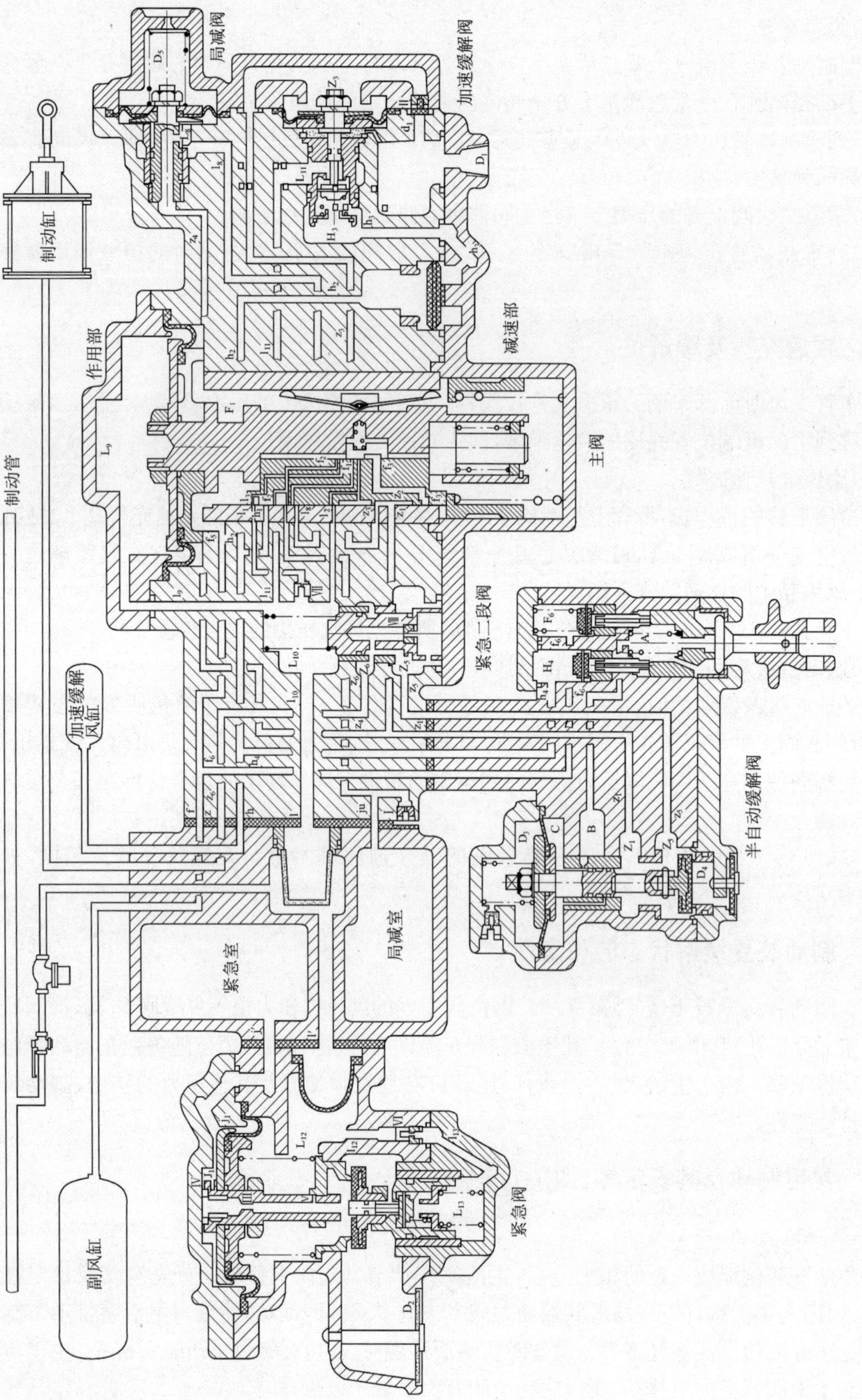

图7-10　120阀的减速充气及缓解位

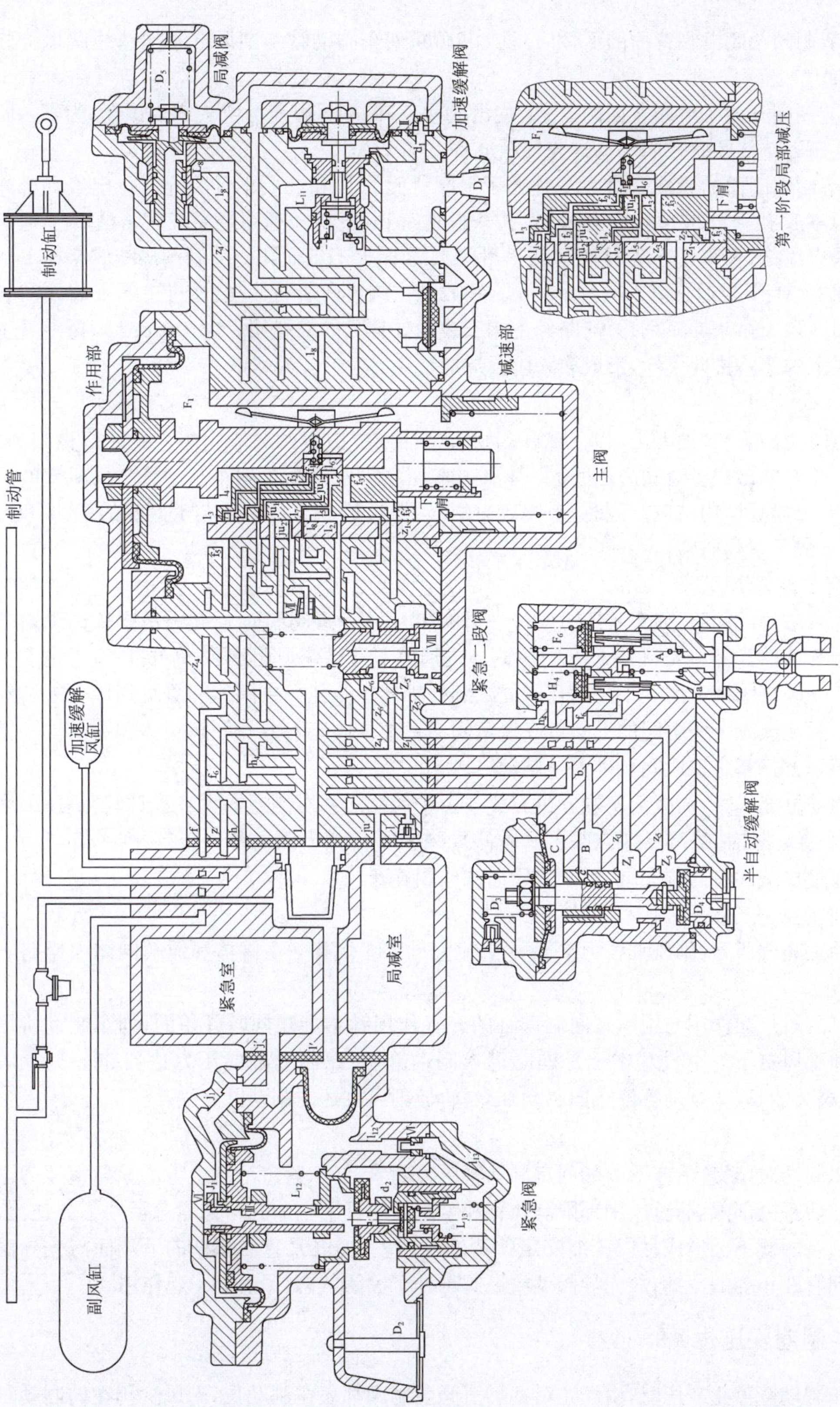

图7-11 120阀的常用制动位

(1)节制阀关闭滑阀背面的 f_1 和 f_2 孔，以切断列车制动管与副风缸和加速缓解风缸之间的通路。

(2)节制阀开放了滑阀背面的 f_3 孔，使滑阀室 F_1 的副风缸压力空气充入该孔，为下一阶段副风缸压力空气经此孔向制动缸充气做准备。

(3)节制阀底面的局减联络槽 l_6 连通了滑阀背面的 l_5 和 ju_1 孔，使在充气位已经局部连通的滑阀座 l_2 孔→滑阀 l_5 孔和滑阀 ju_1 孔→滑阀座 ju_2 孔两条通路经局减联络槽 l_6 连通起来。于是有通路：列车管→滑阀座 l_2 孔→滑阀上的 l_5 上下贯通孔→节制阀局减联络槽 l_6→滑阀上的 ju_1 上下贯通孔→滑阀座 ju_2 孔。然后经主阀体内通路，一路通过主阀安装面的 ju 孔→中间体内通路→局减室；另一路经主阀安装面处拧入的缩孔堵Ⅰ(ϕ0.8 mm)，再沿着主阀橡胶垫上的槽路排向大气，形成第一阶段局减。

2. 制动

第一阶段局减后，加大主活塞两侧压力差，主活塞克服滑阀与滑阀座之间的摩擦阻力，进一步上移至制动位。滑阀底面的 ju_1 与滑阀座 ju_2 错开，切断了列车制动管与局减室的通路，第一阶段局减作用结束。同时，滑阀底面的 l_5 孔、l_7 槽和 f_3 孔分别与滑阀座的 l_2、l_8 和 z_1 孔对准，形成了下列通路：

(1)第二阶段局减

第二阶段局减通路：列车管压力空气→滑阀座 l_2 孔→滑阀底面 l_5 孔→滑阀体内纵向暗道→滑阀底面的 l_7 槽→滑阀座 l_8 孔→主阀体内通路 l_8→局减阀套外围→局减阀套上的 8 个径向小孔→局减阀杆上的 2 个径向孔→局减阀杆轴向中心孔→主阀体和缓解阀体→缓解阀活塞部上阀座上方→缓解阀的上阀口→缓解阀活塞部下阀座上方→缓解阀体和主阀体→紧急二段阀下方→紧急二段阀套外围→制动缸。

当制动缸充气时，局减活塞左方也充气。由于局减活塞右侧通向大气，当制动缸压力增大到 50～70 kPa 时，局减活塞克服了其右侧局减弹簧的弹力而右移。于是，列车管压力空气不能通过局减阀流向制动缸，第二阶段局减作用停止。

(2)制动缸充气

制动缸充气通路：副风缸压力空气→滑阀室→滑阀 f_3 孔→主阀体和缓解阀体内通路 z_1→制动缸。

第二阶段局减作用与副风缸向制动缸的充气作用基本上是同时开始的，列车制动管压力空气和副风缸压力空气基本上是同时进入制动缸，所以制动缸的压力达到 50～70 kPa 时，局减阀关闭，列车制动管停止向制动缸充气，但副风缸还向制动缸充气。

3. 安定性

常用制动时，紧急活塞下方的列车制动管压力随着下降，紧急活塞上方的紧急室压力空气经紧急活塞上部限制孔Ⅳ、中部限制孔Ⅲ和紧急活塞杆下端面孔口向紧急活塞下方逆流，故紧急活塞两侧不会形成足以压缩安定弹簧的压力差，加之紧急活塞杆的下端面与先导阀顶杆之间有 3 mm 的距离，故先导阀及放风阀均处于关闭状态，紧急阀不起作用。

7.3.5 制动保压位(图 7-12)

列车制动管停止减压时，由于主活塞和滑阀节制阀都还在制动位，副风缸仍在向制动缸

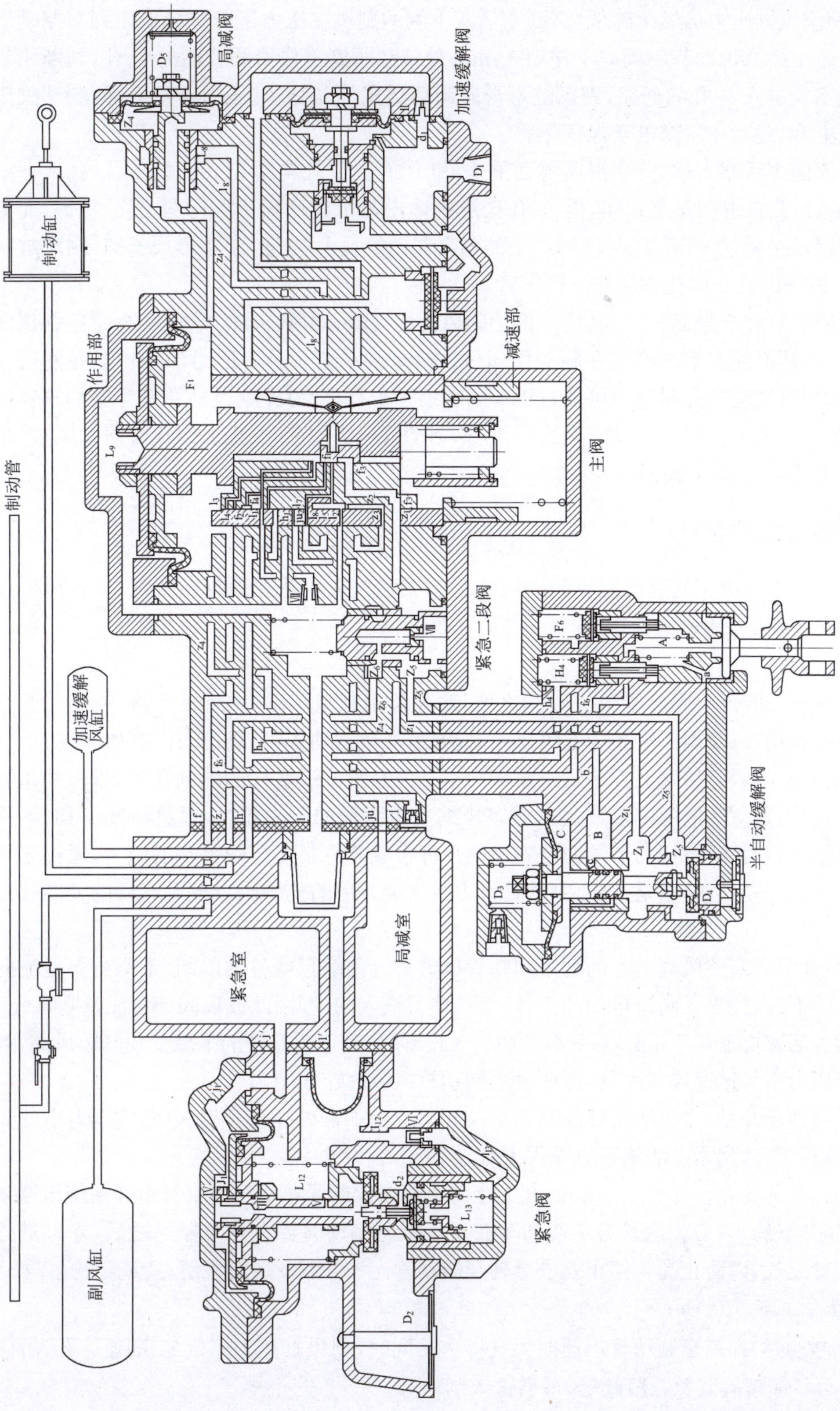

图7-12　120阀的制动保压位

充气，因而副风缸压力仍继续降低，直到主活塞下侧的副风缸压力下降到稍低于列车制动管压力。此时主活塞带动节制阀向下移动 6 mm，使节制阀遮盖住滑阀背面的 f_3 孔，切断了副风缸压力空气进入 f_3 孔的通路，副风缸不再向制动缸充气，副风缸压力停止下降，制动缸压力也停止上升，此时作用部处于保压位。

节制阀随主活塞下移，开启滑阀背面的 f_1 和 f_2 孔。f_1 孔与滑阀底面的 l_3、l_4 孔上下贯通，此时 l_3、l_4 孔在滑阀座上封闭，但 f_2 孔在滑阀体内与滑阀底面上的呼吸孔 f_4 相通，而滑阀在制动保压位时，呼吸孔 f_4 与滑阀座上的列车制动管孔 l_1 对准，于是形成通路：副风缸→经滑阀室 F_1→f_2 孔→f_4 孔→l_1 孔→列车管。

列车制动管如有轻微漏泄，其压力低于副风缸压力时，副风缸压力空气可通过 f_4 孔流向列车制动管，从而使主活塞稳定在制动保压位。机车制动装置具有压力保持功能并使用这种功能时，列车制动管的漏泄均可通过机车制动装置来补足；另外副风缸及其管路如有轻微漏泄，导致其压力低于列车制动管压力时，列车制动管压力空气可通过 f_4 孔流向副风缸，从而使主活塞稳定在制动保压位。

7.3.6 紧急制动位(图 7-13)

列车制动管压力空气通过紧急制动阀或自动制动阀大量急速地排入大气(每秒减压量大于 70 kPa)发生紧急制动作用。

1. 紧急阀放风作用

(1)紧急制动时，主阀除紧急二段阀之外，均与常用制动一样，先后发生第一、第二两个阶段的局减作用，以及副风缸压力空气充入制动缸，产生制动作用，只是动作更加迅速。

(2)紧急室的紧急活塞上方的紧急室压力空气先经紧急活塞杆的限制孔Ⅳ、Ⅲ向列车制动管逆流，继而紧急活塞两侧形成足以更多压缩安定弹簧的压力差时，紧急活塞下移，下移量为 3 mm 时，紧急活塞杆的下端面与先导阀顶杆接触并克服先导阀弹簧的阻力，通过先导阀顶杆向下顶开先导阀，于是，列车制动管压力空气经开启的先导阀口放风阀杆的径向孔排入大气。

此时，紧急活塞放风阀上方的列车制动管压力空气因缩孔堵Ⅵ的限制，不能更多地流向放风阀杆的下方，经先导阀口排出的多，经缩孔堵Ⅵ流入的少，因此放风阀的背压急剧降低。

当紧急活塞再下移 1 mm，总下移量超过 4 mm 时，紧急活塞杆的下端面顶开放风阀，列车制动管压力空气迅速排入大气，形成紧急制动放风(局减)作用。

放风阀被压开后，紧急活塞杆限制孔Ⅴ(ϕ1.1 mm)的向外孔口开启，紧急室压力空气只能通过限制孔Ⅴ流到紧急活塞下方排入大气。

限制孔Ⅴ的孔径设计为 1.1 mm，其大小就是用来控制紧急室压力空气由开始排出至基本排尽的时间(约 15 s)。这是为了使列车在发生紧急制动时要在列车停车之后，才可进行列车制动管充气，以防止尚未停车就进行列车制动管充气和制动装置缓解，造成断钩事故。

2. 紧急二段阀的作用

紧急制动时，在列车制动管迅速向大气排出的同时，副风缸压力空气经滑阀 f_3 孔、滑阀座 z_1 孔，再经缓解阀紧急二段阀等，最后进入制动缸。

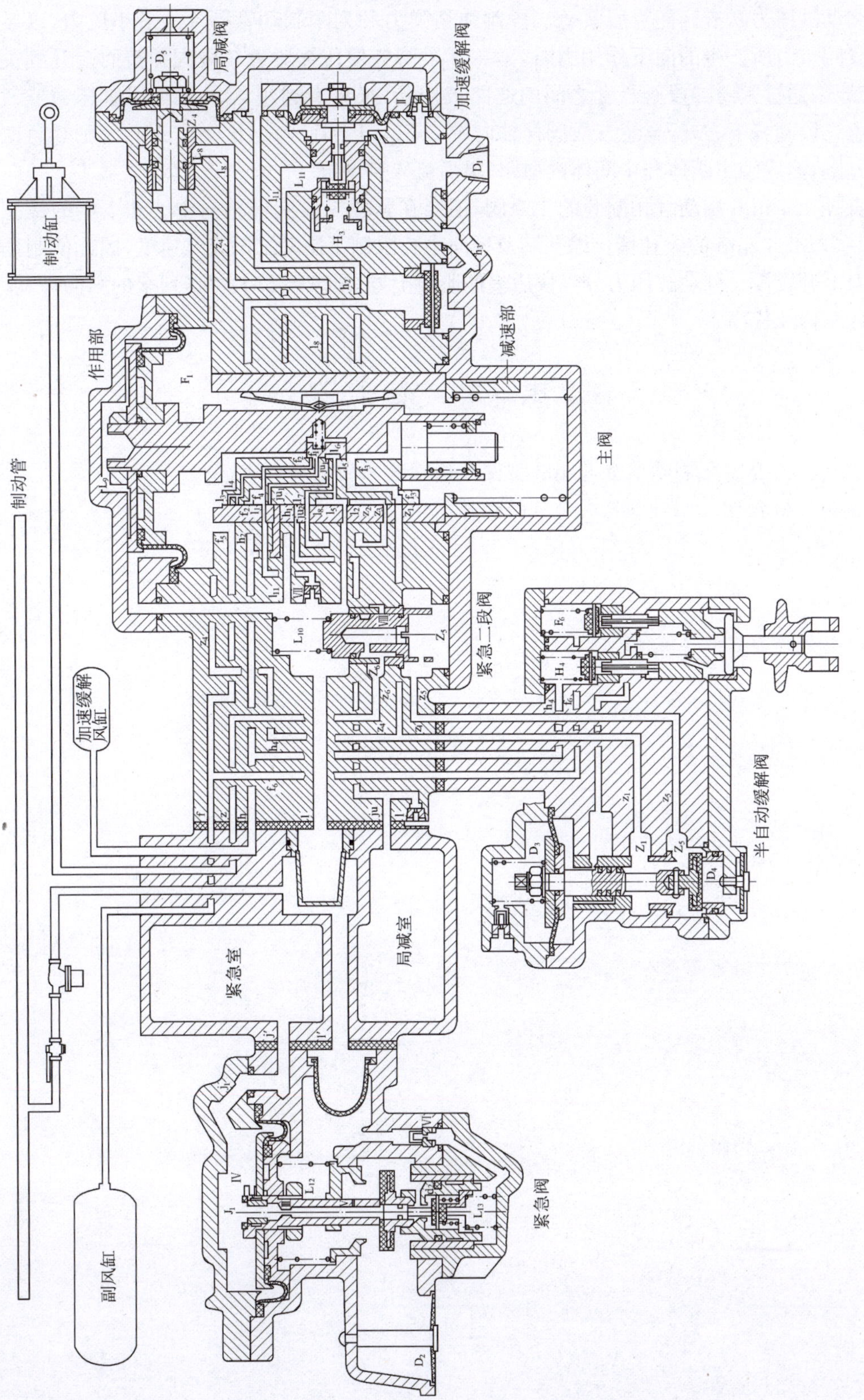

图7-13　120阀的紧急制动位

当制动缸压力跃升到能克服紧急二段阀弹簧弹力和列车制动管剩余的最小压力，以及紧急二段阀重力所产生的向下作用力时，紧急二段阀杆便压缩紧急二段阀弹簧而上升到关闭位，使原来通过紧急二段阀与套之间的通路被切断，来自滑阀座 z_1 孔的副风缸压力空气进入紧急二段阀杆下方，经紧急二段阀杆轴向中心孔及上部径向小孔（ϕ3 mm）流到紧急二段阀套外围，然后经主阀体和中间体内通路，最后流入制动缸。

与直径 254 mm 制动缸相配套的 120 阀，还要在紧急二段阀杆轴向中心孔下端的螺孔上拧上一个 ϕ2.4 mm 的缩孔堵。缩孔堵及径向小孔限制了制动缸的充气速度，因此使制动缸的压力上升缓慢。制动缸压力分先快后慢两阶段上升，可减轻长大货物列车的纵向冲动，防止损坏车辆及货物。

思 考 题

1. 简述 120 型空气制动装置与 103 型空气制动装置的区别。
2. 简述 120 型空气制动装置制动位的动作原理。

第8章 CAB型制动控制系统

动集动车组制动系统综合运用了前述机车车辆各种制动装置，是相对独立且功能完备的电空制动系统。自20世纪90年代快速、提速客车装用电空制动装置以来，由于多方面因素，实际运用中这些客车并未真正使用电空制动。动集动车组所采用的电空制动装置，动力车制动系统以和谐型电力机车为基础，拖车制动系统以25T型客车为基础，控制车则同时集成了动力车与拖车的制动控制系统，并进行优化。与机车加车辆的传统编组形式相比，动集动车组具有站折时间短、制动响应快、制动能力强等优势。CR200J型动车组鼓形车体制动系统以直形车体制动系统为基础进行优化设计，采用停放制动替代人力制动，取消气路控制箱，并对供风管路进行优化。

8.1 概　　述

动集了动车组CAB型制动控制系统(以下简称CAB系统)是北京纵横机电科技有限公司在CCBⅡ系统的基础上研制的新型制动控制系统。其主要结构实现了简统化，特别是制动柜优化了控制模块。动力车制动控制柜集成安装电空控制单元(EPCU)、电气接口单元(EIU)、与动力车接口的接口箱模块(IOB)、辅助控制装置(ACU)、辅助风源系统、停放风缸和总风缸等。其中辅助控制装置包括升弓及辅压机启停控制、停放制动控制和空压机启停控制等单元。

CAB系统根据列车管压力信号，控制制动缸的压力大小实现制动的施加和缓解。在电空制动失效的情况下，列车仍具有空气制动能力，确保列车安全。

CAB系统基于微机控制技术，采用网络通信传输制动指令，系统具有自诊断及事件、故障记录和分析功能，记录的状态数据能满足列车维护时的需要；具备自动制动、后备制动、紧急制动、车列电空控制、断钩保护等功能。

CAB系统风源最大压力为1 000 kPa，工作标称电压为DC 110 V。CAB系统主要包括制动控制器、制动控制柜、紧急制动阀、后备制动模块、显示屏等。

1. 制动控制器

制动控制器为动力车司机操作接口，主要用于制动、缓解的指令操作，以给出相应指令控制动力车或动集动车组的制动作用。制动控制器具备双CAN网络接口。

制动控制器为组合式结构，即集成了自动制动手柄和单独制动手柄。制动控制器具备紧急位直排列车管压力功能，具有后备功能，采用双供电电路模式，供电电压DC 24 V或DC 110 V，当主制动控制系统失效时，可转为后备制动控制模式进行操纵。

动力车单独制动手柄用于控制本车制动施加和缓解，而不会影响列车管的压力变化。

制动控制器如图 8-1 所示。

图 8-1　制动控制器

单独制动手柄位置包括运转位，通过制动区到达全制动位。手柄向前推为制动作用，向后拉为缓解作用。当侧压手柄时，可以实现缓解机车的自动制动作用。

2. 制动控制柜

制动控制柜各单元采用模块化设计，方便运用维护与检修。电空控制单元和系统控制模块采用基于网络通信技术的微机控制方式，与制动控制器和显示器构成动力车制动控制系统。

制动控制柜安装在动力车机械间，安装尺寸及接口满足国铁集团简统要求和相关技术规范要求。TKJ602BF02 型制动控制柜如图 8-2 所示。

图 8-2　TKJ602BF02 型制动控制柜

制动控制柜设置有 CAB 系统与动力车主控制系统网络通信接口，以实现相关信息的传输。网络通信采用满足 TCN 标准的协议，通过 MVB 总线与动力车总控制系统进行通信。制动控制柜预留以太网接口，采用 M12 连接器，协议按照列车实时数据通信 TRDP 协议要求进行设计。

(1)电空控制单元

电空控制单元是 CAB 系统中的重要组件，其上有数个部件作为网络的节点，根据指令要求实施对动力车或动集动车组的制动控制。电空控制单元根据制动系统功能采用模块化设计，其中 4 个模块具有网络节点，除电源控制模块，其余 3 个为机电一体化的智能模块，各模块位置如图 8-3 所示。

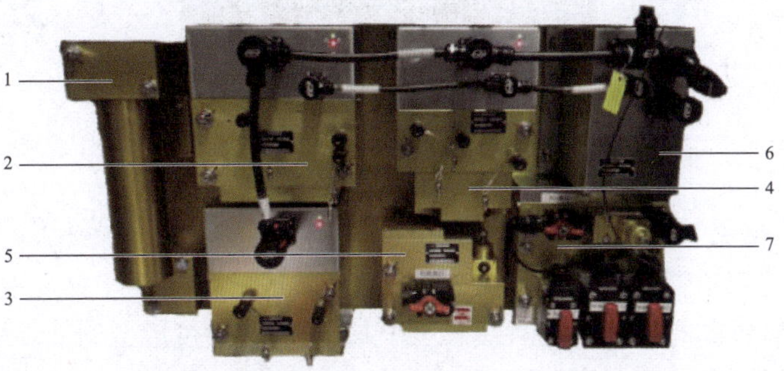

1—滤清器模块；2—列车管控制模块(BPCM)；3—单独控制模块(IBCM)；4—制动缸控制模块(BCCM)；5—空气制动阀(PBTV)；6—电源模块(PSCM)；7—辅助功能模块(ACM)。

图 8-3　电空控制单元

(2)辅助控制单元

辅助控制单元集成空压机启停控制、停放制动控制、升弓及辅压机启停控制、撒砂控制等模块，各模块位置如图 8-4 所示。

1—空压机启停控制(ACSM)；2—停放制动控制(PBM)；3—升弓及辅压机启停控制(APM)；4—撒砂控制(SDM)。

图 8-4　辅助控制单元

3. 紧急制动阀

紧急制动阀(车长阀)位于司机室左边柜上,为纯机械部件,仅与列车管相连。紧急制动阀按钮如图 8-5 所示。

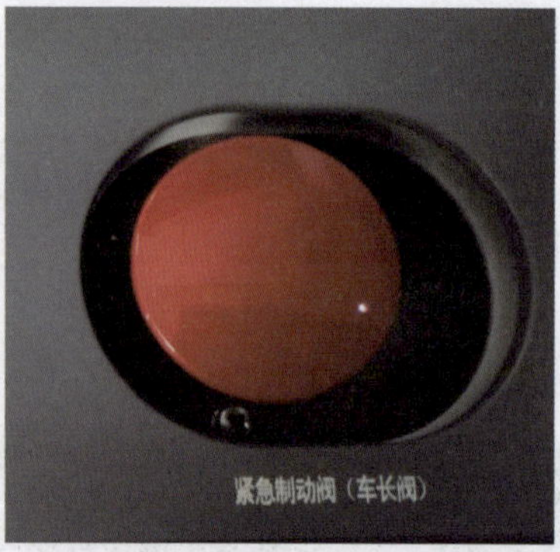

图 8-5　紧急制动阀

4. 后备制动模块

当微机控制的列车管控制功能失效时,还可以通过后备制动装置实现对列车管压力的控制。后备制动装置具有制动、保压、缓解三个基本功能,通过后备制动手柄(图 8-6)控制列车管的压力变化,控制整列车的制动、缓解,如图 8-7 所示。

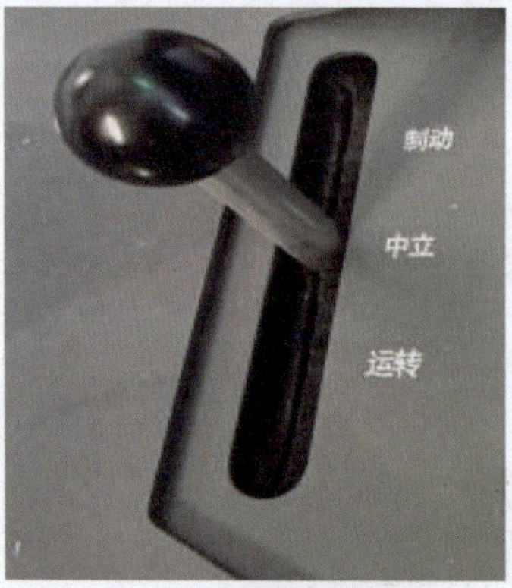

图 8-6　后备制动手柄

图 8-7　后备制动模块

5. 司机显示屏

司机室显示屏作为人机接口,可进行均衡风缸定压(微调)、列车管投入/切除(本务/单机)、单独制动阀投入/切除、车列电空投入/切除、系统自检、风压值标定、故障查询等功能的选择和应用。

司机显示屏可以显示首尾车压力、车列电空状态、可用车辆、电空线贯穿状态等,还可进行 CAB 系统的功能设置。

司机显示屏采用双屏冗余模式,正常情况下微机信息和制动信息分屏显示(分别如图 8-8 和图 8-9 所示),故障情况下制动信息和微机信息可合屏显示,如图 8-10 所示。

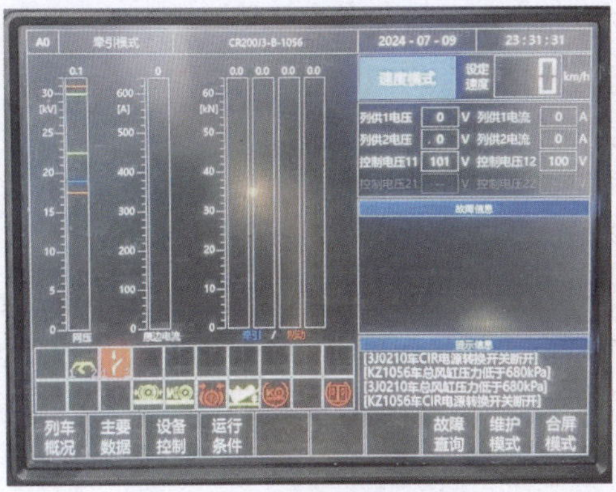

图 8-8　微机信息显示屏

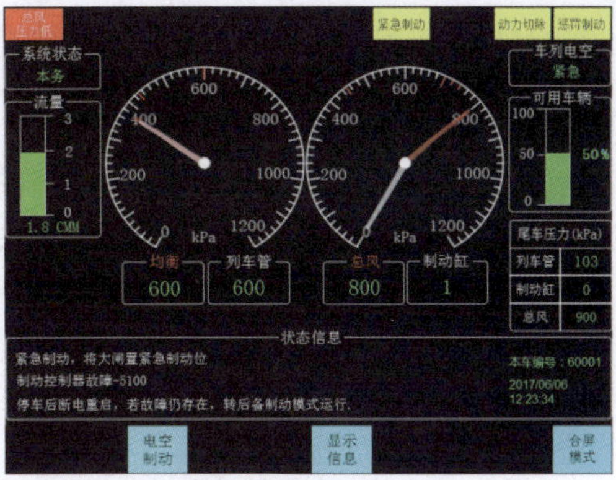

图 8-9　制动信息显示屏

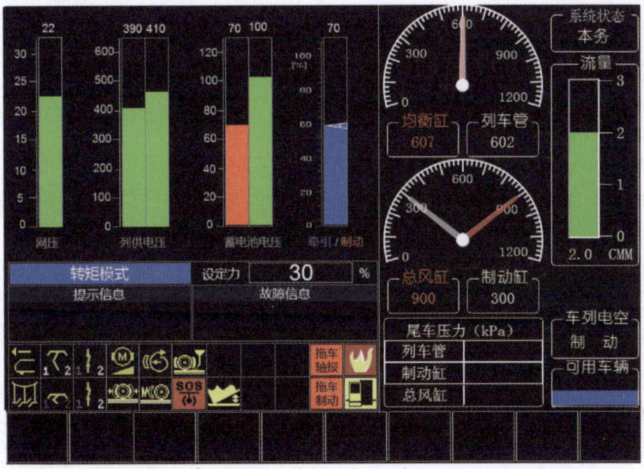

图 8-10　制动和微机信息组合显示屏

8.2　制动控制作用原理

8.2.1　制动控制器的操纵

1. 自动制动手柄

自动制动手柄通过对均衡风缸的充排风控制操作进而控制列车管的增压和减压作用，实现对列车制动的操作控制。自动制动手柄设有运转位、初制动位、常用制动位、常用全制动位、抑制位、重联位、紧急制动位。

(1)运转位：自动制动手柄维持在运转位时，均衡风缸充风，最终实现列车管的定压充风及动力车制动缸的完全缓解。

(2)初制动位：自动制动手柄置初制位时，列车管能够实现最小减压量制动作用。

(3)常用制动位：自动制动手柄在常用制动位，能够实现列车管从初制位至全制动的减压，动力车制动缸压力与列车管减压量呈线性比例关系。

(4)常用全制动位：自动制动手柄在常用全制动位时，列车管实现最大常用减压量。

(5)抑制位：自动制动手柄置抑制位，列车管仍执行最大常用减压量。

当CAB系统执行动力车或监控装置请求的惩罚制动后，自动制动手柄失去常用制动控制功能，需要缓解惩罚制动时，应将自动制动手柄置抑制位至少1 s，用于确认司机操作，然后允许司机将制动手柄置运转位以缓解惩罚制动作用。

(6)重联位：自动制动手柄置重联位，均衡风缸和列车管将按常用减压速率减压至100 kPa以下。当手柄从抑制位移至重联位，能够进行超出列车管常用全制动减压量的减压作用，均衡风缸执行连续减压，从全制动减压量到最终减压至0。当CAB系统设为补机或处于断电状态时，手柄可以放此位置。

(7)紧急制动位：自动制动手柄在紧急制动位时，具有机械和电气联锁能够同时触发紧急制动作用。制动控制器内设有机械排气阀，直接排出列车管压力空气以触发空气紧急制动作用。

2. 单独制动手柄

操作单独制动手柄能控制动力车本身的制动和缓解作用，而不会影响列车管的压力变化。单独制动手柄在操作时有明显的位置感，设有运转位、制动位和全制动位。手柄向前推为制动作用，向后拉为缓解作用。侧压手柄时，可以实现缓解机车的自动制动作用。

8.2.2 制动控制柜

1. 列车管控制模块(BPCM)

列车管控制模块(图8-11)，主要作用是通过对均衡风缸的充排气控制，最终实现对列车管的充排气控制。

其主要功能如下：

(1)均衡风缸、列车管等压力采集与测试；

(2)列车管充风流量的监测；

(3)提供并控制均衡风缸压力；

(4)响应均衡风缸压力实现对列车管压力控制；

(5)执行紧急制动排风；

(6)控制列车管补风/不补风作用；

(7)系统失电时执行惩罚制动。

2. 制动缸控制模块(BCCM)

制动缸控制模块(图8-12)，主要作用是根据列车管压力变化实现对制动缸的压力控制，最终实现动力车制动缸压力的输出。

其主要功能如下：

(1)根据列车管压力输出制动缸压力；

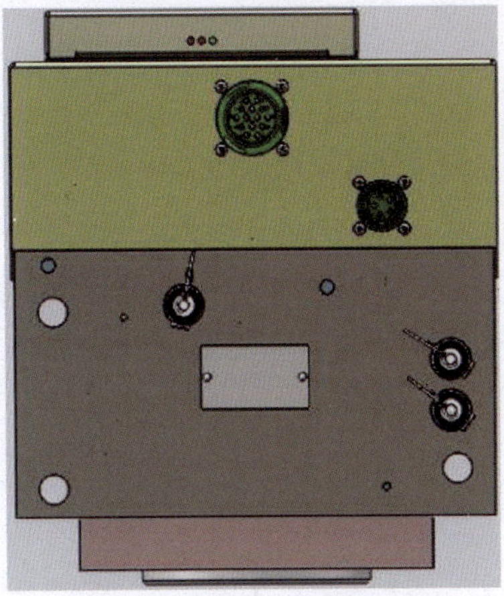

图 8-11　列车管控制模块

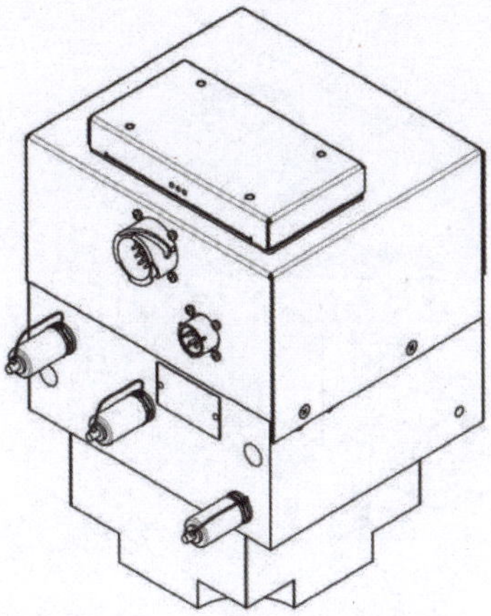

图 8-12　制动缸控制模块

（2）电空制动失效时，制动缸压力自动切换至机械分配阀控制；

（3）实现空电联锁功能；

（4）制动缸等压力测试功能。

CAB 系统具有制动力不衰减特性，当制动缸及其管路漏泄时，压力能够自动补偿。单独控制模块故障时，系统将通过制动缸控制模块实现其功能，输出平均管压力，控制重联动力车。同时制动缸控制模块也可以响应单独制动手柄指令，实现动力车单独制动控制。

3. 单独控制模块（IBCM）

单独控制模块（图 8-13），根据单独制动手柄的操作实现对制动缸的压力控制，并输出平均管压力。

其主要功能如下：

（1）平均管等压力测试功能；

（2）响应单独制动，提供对制动缸和平均管的压力控制；

（3）制动缸控制模块故障时，提供对制动缸的压力控制。

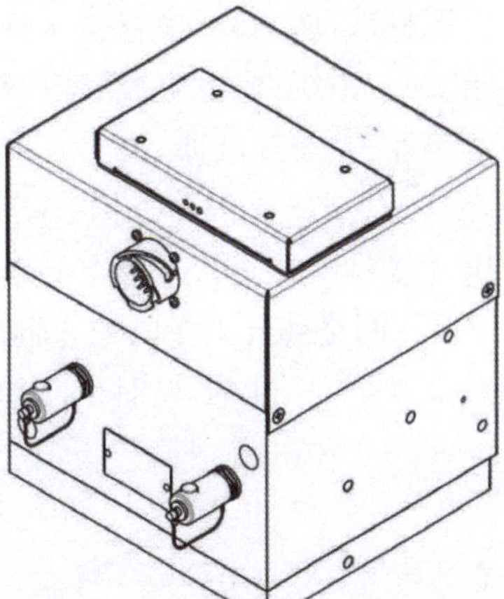

图 8-13　单独控制模块

4. 空气制动阀（PBTV）

空气制动阀（图 8-14），在系统中作为制动缸控制的冗余，响应列车管压力变化并实现制动缸的压力控制。

其主要功能如下：

（1）系统或模块故障时提供制动缸的后备压力控制；

（2）动力车失电时输出动力车制动缸压力控制，可根据需要增加转换塞门状态电触点。

5. 辅助功能模块（ACM）

辅助功能模块（图 8-15）具有如下主要功能：

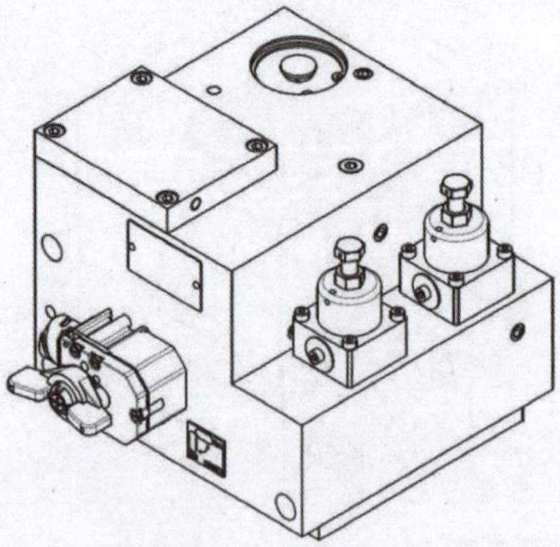

图 8-14　空气制动阀

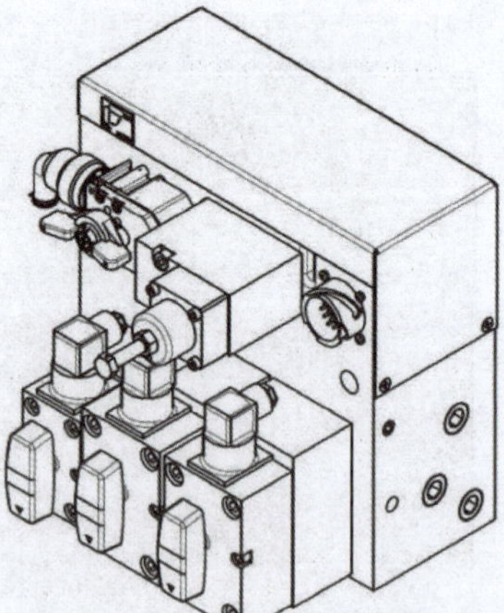

图 8-15　辅助功能模块

(1)系统后备(冗余)制动模式下,通过观察司机室列车管压力表,实现列车管压力控制;

(2)无动力回送时,可以实现列车管向制动装置总风缸的充风,可根据需要增加无动力塞门状态电触点;

(3)能够按转向架切除制动缸压力;

(4)执行动力车硬线控制的紧急制动要求,迅速排出列车管压力空气,故障时可将其切除。

6. 电源模块(PSCM)

电源模块(图 8-16)内置变压器,将动力车提供的 110 V 直流电源转换成 24 V 直流电源提供给 CAB 系统,供电空控制单元、制动控制器等部件使用。在其外部有多个接口,允许电空控制单元、制动控制器、制动显示器、电气接口单元和接线箱模块相互连接通信。

7. 电气接口单元

电气接口单元(图 8-17)主要作用是对制动系统中的信息进行管理,包括对与动力车通信的 MVB 网络和开关量的输入输出管理控制,通过 MVB 网络接收动力车计算机或硬线的信息并下发至 CAN 网,同时也向动力车传输制动系统的相关信息。

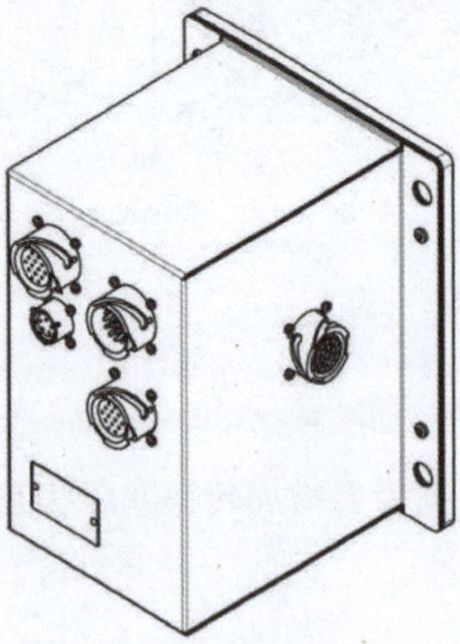

图 8-16　电源模块

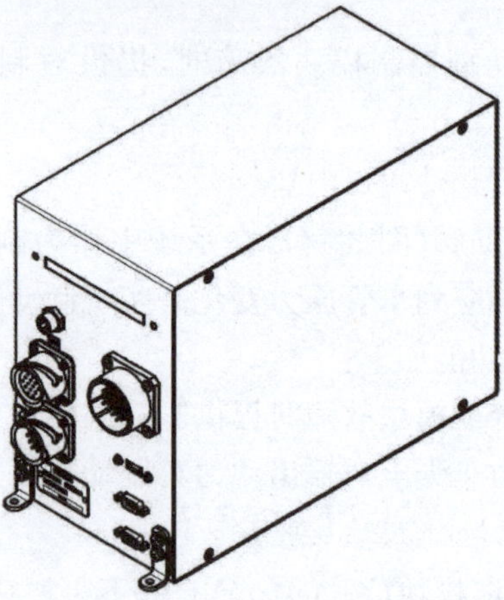

图 8-17　电气接口单元

电气接口单元是 CAB 系统中的网络节点，内部设有事件及故障记录器，能够对动力车运行中发生的重要制动事件或故障进行记录并存储，存储的内容包括事件或记录发生时的各制动参数、动力车速度、司机的操纵等。事件记录器采用 FLASH 存储介质存储数据，容量不小于 8G。预留以太网接口，以太网采用 M12 连接器。电气接口单元设有端口用于数据下载，数据下载方式可通过 USB 接口或以太网两种方式进行。

电气接口单元集成电空制动控制装置，电空制动采用 5 线制，即制动线、缓解线、保压线、紧急线、回线，控制电压 DC 110 V。电空制动操纵时，制动线输出 DC 110 V；制动保持时，保压线输出 DC 110 V；缓解操纵时，缓解线输出 DC 110 V；紧急制动时，制动线和紧急线输出 DC 110 V。电空制动具有贯通检测和电空制动指令的检测、记录及反馈的功能。

8. 接口箱模块(IOB)

接口箱模块(图 8-18)主要用于与动力车的连接，同时也负责制动系统内部各模块、设备之间的硬线、网络或电源接口，这些接口主要包括：

(1)与电气接口单元接口；

(2)与电空控制单元接口；

(3)与动力车 LKJ 装置和动力车控制系统的硬线接口；

(4)空气防滑系统接口。另外接口箱模块集成制动系统电源开关和电空后备转换开关，实现系统断电和后备转换操作。

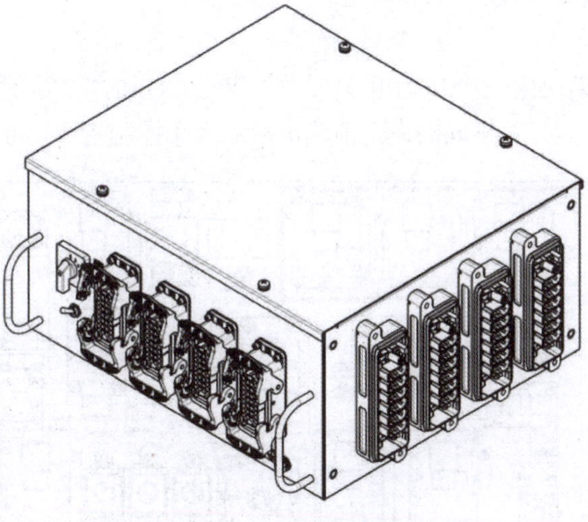

图 8-18　接口箱模块

9. 停放制动控制模块(PBM)

停放制动控制模块由单向阀(.01)、双脉冲电磁阀(.02)、停放缩堵(.03)、双向阀(.04)、停放减压阀(.05)、停放隔离塞门(.06)、停放缓解压力开关(.07)、停放制动压力开关(.08)、停放缸压力测点(.09)和双向阀(.10)组成。模块组成及原理如图 8-19 所示。

停放制动控制模块接收司机控制指令，从而控制动力车走行部停放制动缸压力。当停放制动缸中的空气压力达到 450 kPa 以上时，停放制动装置缓解，允许动力车牵引；动力车停车后，将停放制动缸中的压力空气排空，停放装置动作，由停放弹簧产生停放制动力，避免动力车因重力或风力的原因溜车。

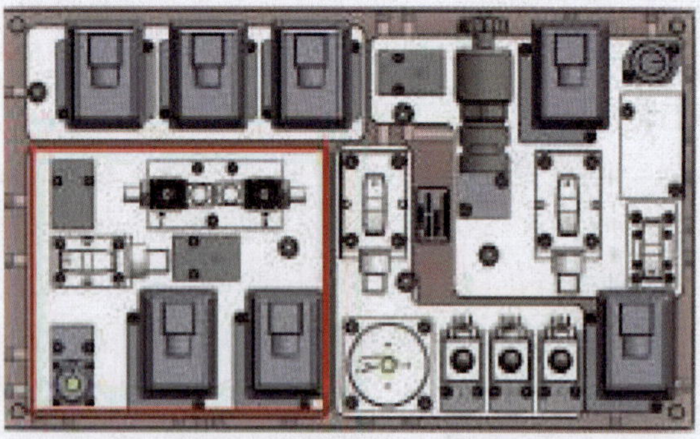

图 8-19　停放制动控制模块

动力车停车后，按下操作台的停放施加开关，可使双脉冲电磁阀(.02)中的作用阀得电，双脉冲电磁阀(.02)处于作用位，停放制动缸中的压力空气通过双脉冲电磁阀(.02)排出，停放制动装置完全作用。若需要缓解停放，则按下停放缓解开关，可使双脉冲电磁阀(.02)中的缓解阀得电，双脉冲电磁阀(.02)处于缓解位，总风将通过上述通路进入停放制动缸。当停放制动缸中的压力高于 450 kPa 时，停放制动完全缓解，允许动力车牵引，也可以使用双脉冲电磁阀的手动功能对停放制动装置进行手动控制。

10. 空压机启停控制模块(ACSM)

空气机启停控制模块由三个压力开关(.01、.02、.03)和一个压力测点(.04)组成，用于读取总风的压力，按压力开关不同的设定值输出给动力车控制指令，如图 8-20 所示。

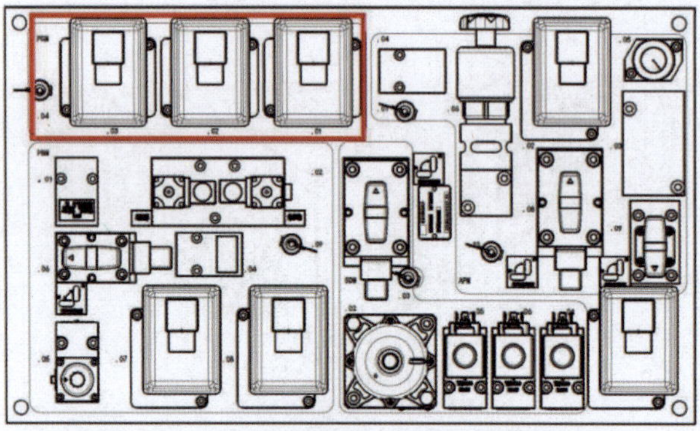

图 8-20　空压机启停控制模块

11. 踏面清扫控制模块(TCM)

踏面清扫控制模块由踏面清扫切除塞门(.01)、减压阀(.02)、压力测点(.03)、电磁阀(.04)和踏面清扫状态压力开关(.05)组成。减压阀设定压力 300 kPa，状态压力开关设定值 270 kPa，如图 8-21 所示。

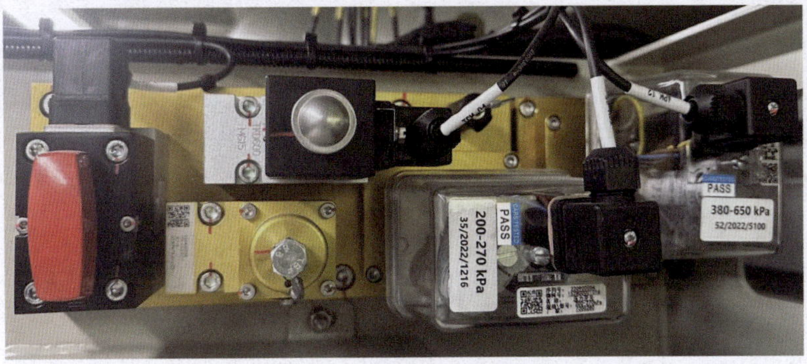

图 8-21 踏面清扫控制模块

8.3 动力车制动控制

8.3.1 主压缩机操作

主压缩机控制开关为强泵位、合位和零位三位置扳键开关，强泵位为自复式。

运行过程中将空压机扳键开关置合位，微机将根据本车及他车总风压力控制空压机启停。当动车组两端中任一端总风压力低于 750 kPa 时，同时启动动车组中所有空压机。当本动力车总风压力达到(900±20)kPa 时，本动力车两台空压机停止打风，空压机空运转 20 min 后停机。

将空压机扳键开关置强泵位，同时启动动车组中所有空压机，当开关离开强泵位，空压机停止工作。

(1)主压缩机依据总风压力值或人工强泵指令启动，无启动时间和启动次数的限制。

(2)优化软件增加总风压力低于 500 kPa 时，执行以下保护：非停车状态下，CCU 触发牵引封锁及触发惩罚制动；停车状态下，CCU 触发牵引封锁，不执行惩罚制动。

8.3.2 制动试验

1. 试验准备

试验准备的作用是确保各电器设备均正常供电；确保牵引手柄居中立位，自动制动阀手柄重联位，单独制动阀手柄置运转位；确保动车组总风压力大于 750 kPa；确保动力车在没有制动力的情况下不会移动，以免造成人身伤害和设备损坏。

2. 启动制动系统

正常启动制动系统，通过司机室显示屏应观察到：均衡风缸压力为 0；列车管压力低于 90 kPa；制动缸压力为 430～470 kPa。

(1)制动系统设定

司机室激活后，制动系统自动设置为本务模式，本务模式默认为列车管投入、阶段缓解、补风状态；小闸的投入/切除在显示屏进行设定。

制动系统自检：通过显示屏进入制动系统自检模式，进行自检，确认自检安全通过。

(2)自动制动性能试验

动力车列车管定压为 600 kPa。均衡风缸、列车管、制动缸压力参数同自动制动阀手柄位置对应关系应符合下列要求：

①手柄在运转位：均衡风缸(ER)压力(600±5)kPa；列车管(BP)压力(600±10)kPa(BP=ER±10)；制动缸 (BC) 压力 0；

②手柄在初制位：均衡风缸压力等于 BP+10 kPa；列车管压力(550±5)kPa；制动缸压力(100±15)kPa；

手柄减压 100 kPa：均衡风缸压力等于 BP+10 kPa；列车管压力(550±10)kPa；制动缸压力 200～270 kPa；

手柄减压 140 kPa：均衡风缸压力等于 BP+10 kPa；列车管压力(460±10)kPa；制动缸压力 320～370 kPa；

③手柄在全制动位：均衡风缸减压量 170～190 kPa；列车管减压量>170 kPa；制动缸压力(420±15)kPa；

④手柄在紧急制动位：均衡风缸压力 0；列车管压力 0；制动缸压力(450±20)kPa。

(3)单独制动性能试验

将单独制动手柄由运转位向全制动位移动，阶段制动作用应稳定。

将单独制动手柄由全制动位向运转位移动，阶段缓解作用应稳定。

将单独制动手柄由运转位移至全制动位，制动缸最高压力为(300±15)kPa，制动缸压力由 0 升至 285 kPa 的时间应为 2～4 s。

将单独制动手柄由全制动位移至运转位，制动缸压力由最大值降至 40 kPa 的时间应为 3～5 s。

(4)自动制动的单独缓解性能试验

自动制动手柄置于全制动位，侧压单独制动手柄，制动缸压力应为 0，单独制动手柄复位后，制动缸压力仍为 0。

自动制动手柄置于紧急位，侧压单独制动手柄，制动缸压力应为 0，单独制动手柄复位后，制动缸压力恢复到紧急制动位压力。

3. 停放制动

停放施加：按下操纵台上的“停放制动”按钮，可使双脉冲电磁阀中的作用阀得电数秒，双脉冲电磁阀处于作用位，停放制动缸中的压力空气通过双脉冲电磁阀排出，动集动车组各停放制动装置完全作用。

停放缓解：按下操纵台上的“停放缓解”按钮，可使双脉冲电磁阀中的缓解阀得电数秒，脉冲电磁阀处于缓解位，总风进入走行部的停放制动缸。当操作台上弹停指示灯常灭，动集动车组各停放制动缸完全缓解，允许启动牵引。

动集动车组电钥匙回“0”位后，全列停放制动能自动实施。动集动车组整列集控断电后(SA10)，全列停放制动能自动实施。停放制动适用于各个速度状态。动集动车组速度高于 5 km/h 时，施加停放制动将引起惩罚制动，并牵引封锁。动力车停放制动也可手动操作制动控制柜内停放模块上的双脉冲电磁阀进行制动与缓解。停放制动实施后，也可通过走行部停放制动单元的手动装置缓解。手动缓解后，不能再次实施停放制动。如需要重新实施停放制动，必须使停放制动缸压力达到 450 kPa 以上再排空，方可再次实施停放制动。

动集动车组的停放制动力与制动缸空气制动力具有防叠加功能。

停放制动有 LED 状态指示灯，LED 灯灭时为缓解状态，LED 灯亮时为制动状态。动集动车组主控系统能监测并诊断停放制动的状态。在停放制动实施状态，当动力车或控制车方向手柄离开“0”位后，司机室显示单元有提示信息，同时封锁启动牵引作用。

动集动车组停放制动可通过带开关的截断塞门切除。操作程序如下：

(1)将控制柜停放制动手柄置空气隔离位(图 8-22)；

(2)到车下或通知随车机械师使用停放制动单元手动缓解装置缓解(图 8-23)；

(3)打开电气控制柜将停放制动隔离开关置隔离位(图 8-24)；

(4)在动集动车组主控系统显示屏二级界面确认该车停放制动已隔离(图 8-25)。

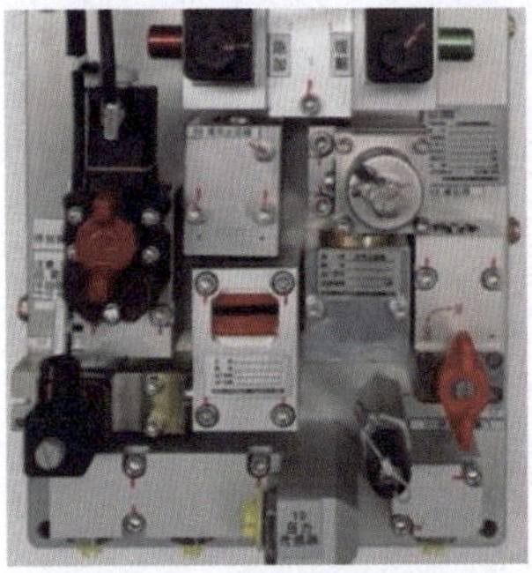

图 8-22　停放制动气路隔离

图 8-23　停放制动车下手动缓解

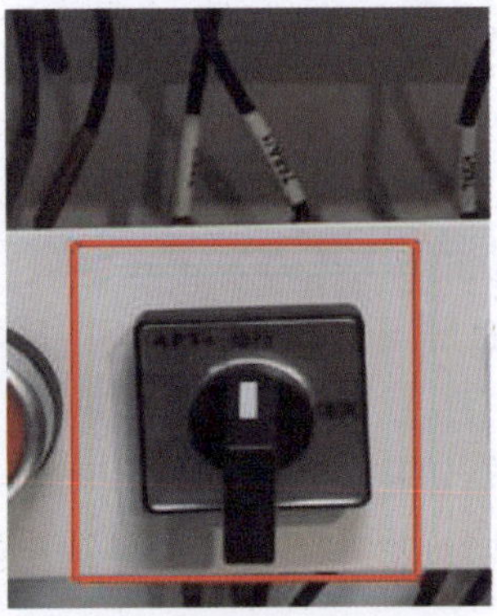

图 8-24　隔离开关置隔离位

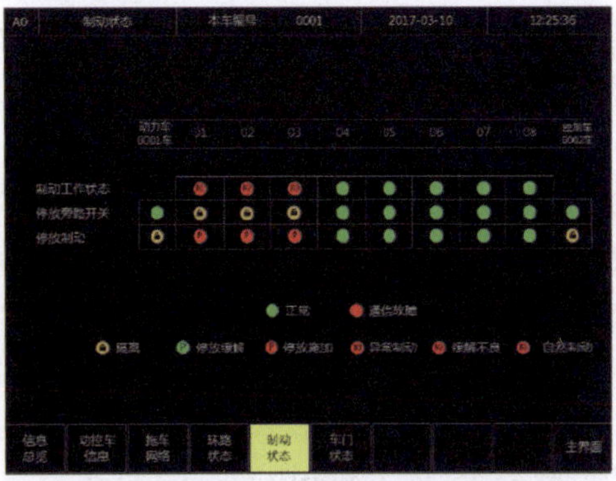

图 8-25　停放制动显示屏隔离状态

4. 动力制动操作

(1)动力制动和空气制动不应同时作用于动力车上。

(2)当动力车以一定的速度运行在下坡道或需要抑制动力车速度时，司机应及时使用动力制动。

(3)司机控制器调节手柄从“0”位置推到制动位置,动力制动开始作用,如图 8-26 所示。当动力车实施动力制动时,司机室显示单元显示动力制动图标。

(4)动力车具有恒制动力的电气制动特性,每个制动级位对应一个固定的动力制动力值,但不超过该速度下的最大动力制动力。

(5)动力车具有空电联合投入与切除功能,通过司机室显示单元进行模式选择。

①空电联合投入功能:动力车自动制动手柄实施常用制动时,动力车实施动力制动,拖车实施空气制动。电制动力可以通过不同方式获得(自动制动手柄或司控器调速手柄),数值较高者有效。如果此时动力制动失效,动力车按照列车管减压量实施空气制动。当速度≤2 km/h,动力车实施空气制动。

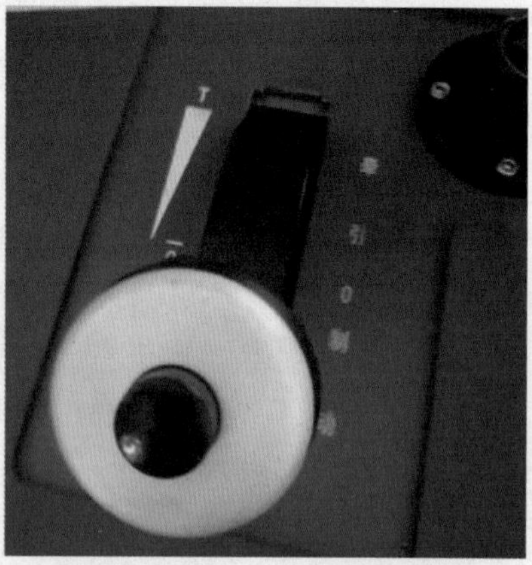

图 8-26　动力(再生)制动施加

②空电联合切除功能:动力车自动制动手柄实施常用制动时,动力车实施空气制动,后边的车辆实施空气制动;当司机通过司控器调速手柄追加动力制动时,动力车实施动力制动,动力车空气制动缓解,制动缸没有压力。

动力车实施动力制动时,司机可以通过单独制动手柄使动力车产生空气制动,当动力车制动缸压力超过 90 kPa 时,动力制动被切除。当司机先通过单独制动手柄施加空气制动,在动力车制动缸压力达到 90 kPa 后,追加动力制动,动力制动无法投入。

5. 空气制动操作

动集动车组在运行过程中,可通过操纵自动制动手柄实施整列制动与缓解操作;动力车为主控端时,可通过操纵单独制动手柄实施本节动力车的制动与缓解。

(1)电空控制单元空气制动阀模块(PBTV)设置有转换塞门,如图 8-27 所示。

在动力车无动力回送操作时需要将转换塞门置投入位,此时总风缸在动力制动系统中相当于拖车的副风缸,从而保证无动力回送动力车的制动缸最大压力为 200 kPa。

辅助功能模块(ACM)设置有无动力塞门、Ⅰ架制动缸隔离塞门、Ⅱ架制动缸隔离塞门、紧急制动隔离塞门和定压调整阀,如图 8-28 所示。

Ⅰ架制动缸隔离塞门和Ⅱ架制动缸隔离塞门可以分别切除转向架 1 和转向架 2 的制动缸压力。紧急制动隔离塞门可以切除紧急放风电磁阀通路。定压调整阀可以在系统转后备制动时调整列车管定压(600 kPa)。

(2)接线箱模块

接线箱模块(IOB)设置有控制制动系统供电的电源开关和设置后备制动操纵端的后备转换开关,如图 8-29 所示。

电源开关置 ON 位,系统正常供电;电源开关置 OFF 位,系统断电。

后备转换开关在系统正常工作时置正常位,在系统故障需要转电空后备制动操作时置电空后备。

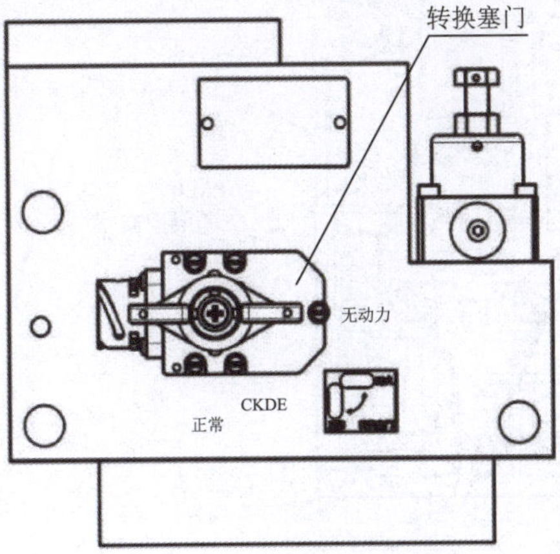

图 8-27 空气制动阀转换塞门

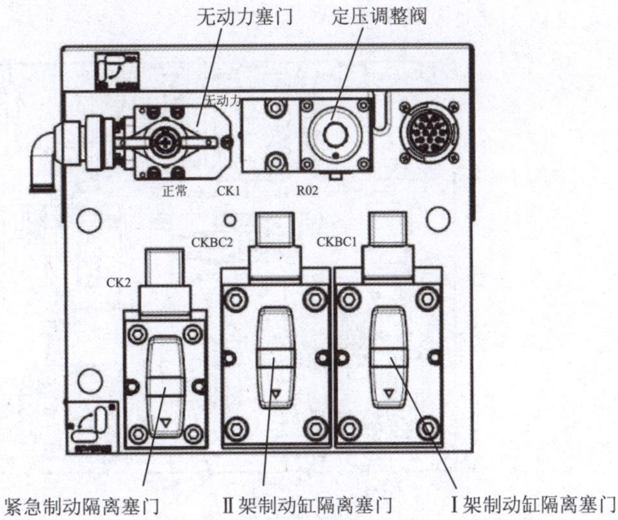

图 8-28 辅助功能模块操作部件

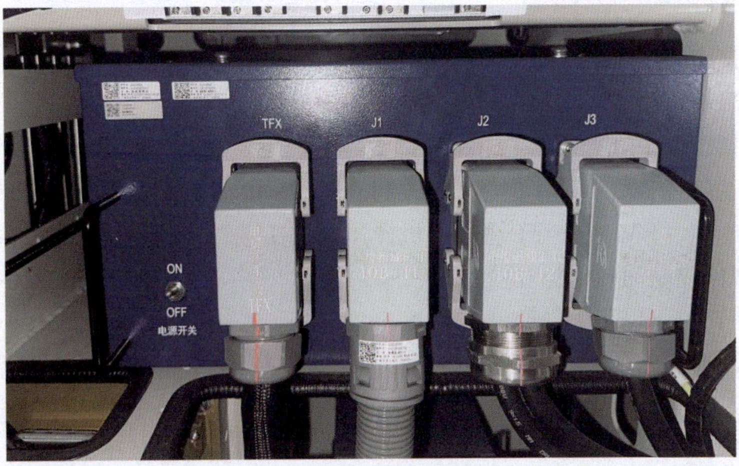

图 8-29 接线箱模块(动力车)

(3)辅助控制装置操作部件

辅助控制装置操作部件主要包括各隔离塞门和双脉冲电磁阀等,如图 8-30 所示。

总风压力测点(ACSM.04)用于检查总风管路压力。

放隔离塞门(PBM.06)用于隔离停放制动缸,并排空停放制动缸压力。

停放缸压力测点(PBM.09)用于检查停放制动管压力。

控制压力测点(APM.01)用于检查升弓控制压力。

主断隔离塞门(APM.09)用于隔离并排空主断路器供风通路。

主断压力测点(APM.10)用于检测主断控制压力。

撒砂隔离塞门(SDM.01)用于隔离撒砂控制功能。

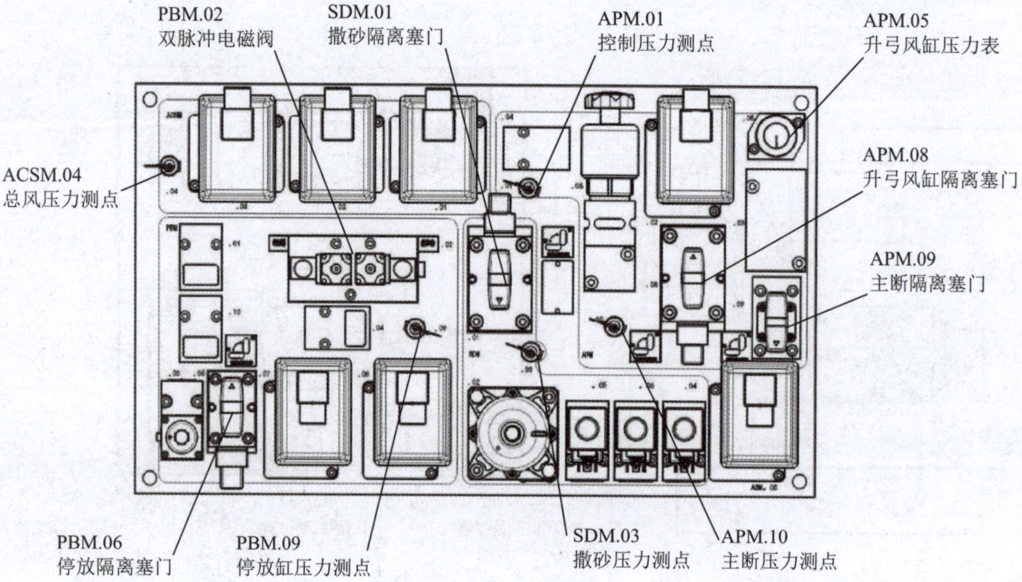

图 8-30　辅助控制装置操作部件

升弓风缸压力表(APM.05)用于观察升弓风缸压力。

升弓风缸隔离塞门(APM.08)用于隔离升弓风缸。

主断隔离塞门(APM.09)用于隔离并排空主断器供风通路。

停放隔离塞门(PBM.06)用于隔离停放制动缸,并排空停放制动缸压力。

双脉冲电磁阀(PBM.02)用于通过司机操作台按钮进行控制,也可以通过手动装置进行手动操作,实现停放制动的施加和缓解。

(4)踏面清扫控制单元操作部件

踏面清扫隔离塞门(TCM.01)用于隔离踏面清扫控制气路,并排空踏面清扫装置空气压力,如图 8-31 所示。

图 8-30 和图 8-31 中各压力测点可以在检修时用于检查各控制压力状态。

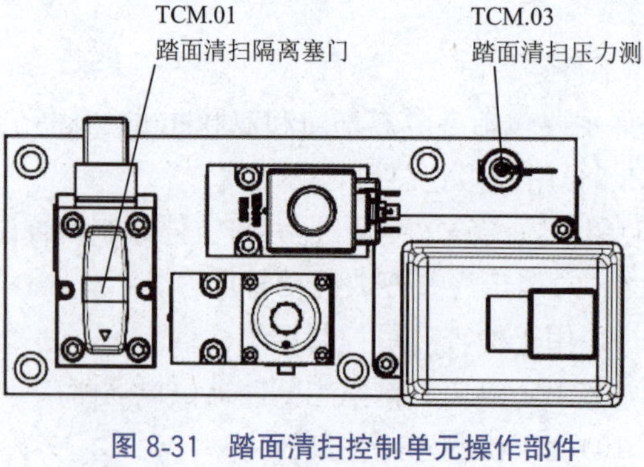

图 8-31　踏面清扫控制单元操作部件

(5)总风截门

总风截门用于控制制动系统的总风供给，手柄竖直向下时处于开放位，逆时针旋转手柄至水平位时处于关闭位，如图 8-32 所示。截门置关闭位时将排放制动控制柜侧总风。

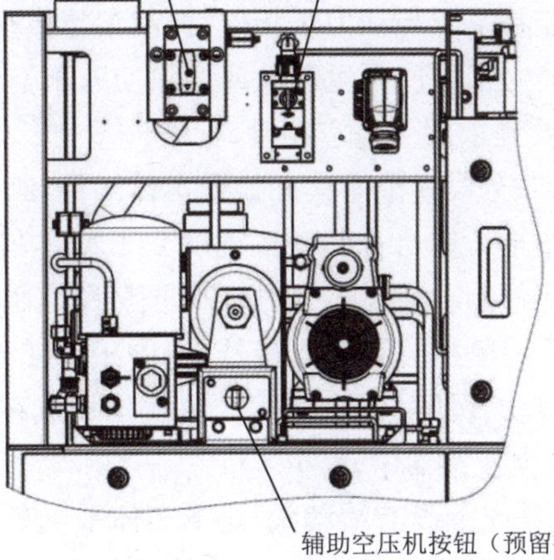

图 8-32　其他操作部件

6. 紧急制动

动力车设有紧急制动回路，以下所有条件均可触发紧急制动：

(1)自动控制手柄紧急位；

(2)LKJ/ATP 发出紧急制动请求；

(3)整列有紧急制动按钮被触发；

(4)重联车紧急制动请求；

(5)BCU 发出紧急制动；

(6)操纵台紧急制动阀被按下。

当发生紧急制动时，必须先将紧急制动源消除，再将大闸置紧急位，拉回运转位，紧急制动才能被缓解。

7. 惩罚制动

动力车设有惩罚制动回路，典型惩罚源如下：

(1)占用端冲突故障；

(2)速度大于 5 km/h 时，施加停放制动；

(3)无人警惕装置动作；

(4)总风压力低于 500 kPa；

(5)网络节点丢失；

(6)LKJ ATP 常用制动 A；

(7)LKJ ATP 常用制动 B；

(8)轴报安全环路或制动安全环路故障。

当动力车发生惩罚制动时，必须先消除惩罚源，再将自动控制手柄置抑制位超过 1 s 以上拉回运转位，惩罚制动才能被缓解。

8.4 控制车和拖车空气制动控制

动集动车组控制车制动控制系统与动力车相似，控制车与拖车均采用电空空气制动，同时可远端通过指令传输操作动力车实现再生制动或切除动力车空气制动。拖车空气制动系统与 25T 型客车不同之处主要是采用了电空制动。

动集动车组按车体断面形式分成直形车体和鼓形车体两种，2019 年后生产的均是鼓形动集动车组车体。控制车、拖车直形车体自身制动系统以 25T 型客车制动系统为基础进行优化设计；鼓形车体制动系统采用停放制动替代人力制动，取消气路控制箱，并优化供风管路。

电空制动车端连接不再采用单独的制动连接器(不同于 25T 型客车)，而是集成在车端控制连接器中。直形车体的制动、缓解、保压、紧急、负线均集成在车端控制连接器中，鼓形车体负线集成在 DC 110 V 电力连接器中。

电空制动装置到制动缸的管路上设有缓解阀，直形车体采用车上车下都能操作的排风截断塞门；为防范缓解阀提起后未复位带来的安全隐患，鼓形车体采用双侧排风结构的新型缓解阀，缓解阀打到关闭位后可同时将制动缸和副风缸压缩空气排出大气，取消车上的缓解拉手。

车体两侧设有双窗制动缓解指示器，即设有两个指示窗，分别显示本车当前空气制动和停放制动的状态，将车辆制动装置所处的状态清楚地显示给相关人员，如图 8-33 所示。缓解时指示窗为绿色，制动时指示窗为红色，其中空气制动带黑点，停放制动带黑杠。在与制动缓解指示器连接的管路上设有球芯截断塞门，用于在需要对制动缓解指示器检修时截断气路。车体两侧设制动缓解指示器。

图 8-33 制动缓解指示器

8.4.1 供风系统

供风系统由储风缸、供风管路及相关管路设备等零部件组成。供风系统采用双管供风形式，即制动用风与车辆其他设备用风分开供应。列车管负责制动装置的用风供给，给副风缸、工作风缸等供风。总风管专门供给制动系统外的其他用风设备，包括空气弹簧、塞拉门、集便器等。控制车和拖车供风原理(鼓形车体)如图 8-34 所示。

8.4.2 停放制动装置

1. 停放制动功能

停放制动装置采用弹簧储能，实现停放制动功能。动集动车组包括动力车在全列停放制动完全施加时满足定员载荷、20‰坡道上安全停放的要求；拖车及控制车在停放制动完全施加时满足定员载荷、18‰坡道上安全停放的要求。

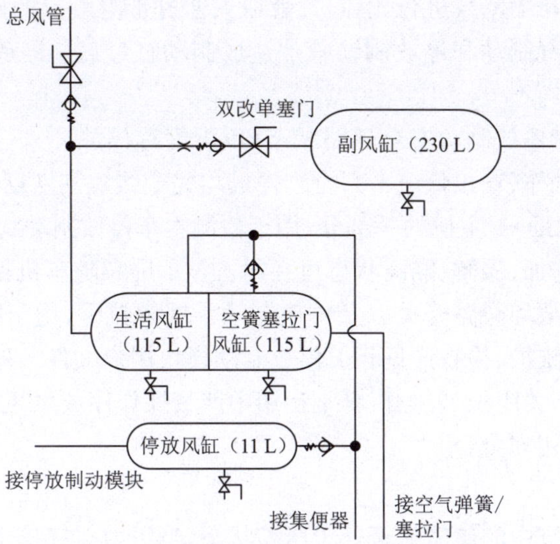

图 8-34　控制车和拖车总风供风原理(鼓形车体)

车上设有停放制动控制模块,用于控制停放制动的施加和缓解;车下中部两侧裙板位置设有停放制动指示器,用于观察停放制动的状态;车下中部位置制动模块上设有单独的停放风缸,容积为 11 L,可满足停放制动的使用需求;拖车转向架两侧设有停放制动缓解拉手,用于停放制动的手动缓解。停放制动原理如图 8-35 所示。

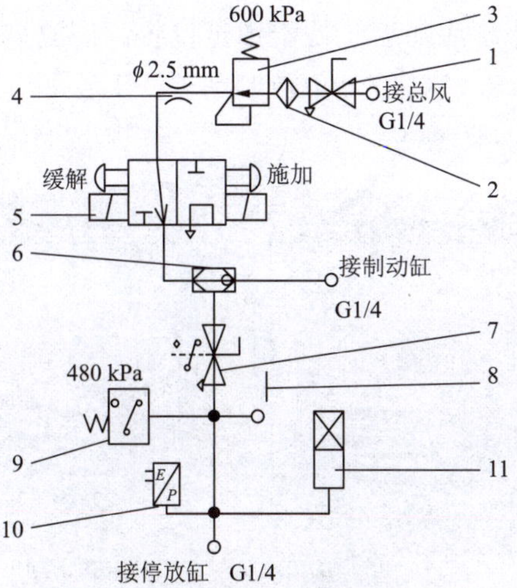

1—停放供风塞门;2—过滤器;3—减压阀;4—缩孔;5—停放制动电磁阀;6—双向止回阀;7—停放隔离塞门;
8—测试接口;9—压力开关;10—压力传感器(由 KAX-1 主机提供);11—停放制动指示器。

图 8-35　停放制动原理

停放控制模块有 3 个气路接口,其中 接口 1 接来自停放风缸(11 L)的总风压缩空气,接口 2 输出给停放缸,接口 3 接来自制动缸的压缩空气。

总风压缩空气经过停放供风塞门、过滤器、减压阀、缩孔以及停放电磁阀进入双向止回阀,并和来自制动缸的压缩空气进行比较,二者取大通过带电触点的停放隔离塞门经接口2输出给停放缸,防止空气制动和停放制动叠加造成制动缸过载。停放制动状态可通过停放制动指示器观察。

压力开关用于控制停放制动安全环路状态(以下简称停放环),任一车停放制动未完全缓解都将触发停放环动作(输出低电平),全列停放均完全缓解则恢复停放环(输出高电平)。

压力传感器是KAX→1主机的一部分,用于检测本车停放制动状态,并反馈给KAX→1主机。各车停放制动施加、缓解、隔离状态可在司机显示屏和随车机械师显示屏显示。各车设置停放隔离塞门、停放环旁路开关以及停放制动手缓解拉手,用于隔离车辆的停放制动。停放制动模块的使用、维护、检查详见相关停放制动模块用户文件。停放制动模块检修时需将停放供风塞门操作至关闭位。注意:日常运用中严禁操作停放供风塞门,异常操作会导致停放意外施加,影响运用安全。

2. 停放制动与缓解

列车运行中,停放缸中的储能弹簧处于压缩状态,当压力空气排出后,停放制动施加,即充气缓解、排气制动,需要时可通过手动缓解机构进行停放制动缓解。

停放缸内部采用钢球在楔形销中的不同位置来控制停放制动顶杆与停放活塞的锁定(制动)或解锁(缓解)。

(1)充气缓解位

正常行车时,停放制动缸处于充气缓解位,如图8-36所示。压缩空气通过停放缸进气口进入到停放活塞7与停放中间体6形成的空腔中,压缩停放活塞使停放弹簧8处于被压缩状态。停放制动顶杆与停放活塞套5处于锁定位置。停放缸内部传力路径为:压缩空气→停放活塞7→停放活塞套5→钢珠4→停放制动顶杆1。

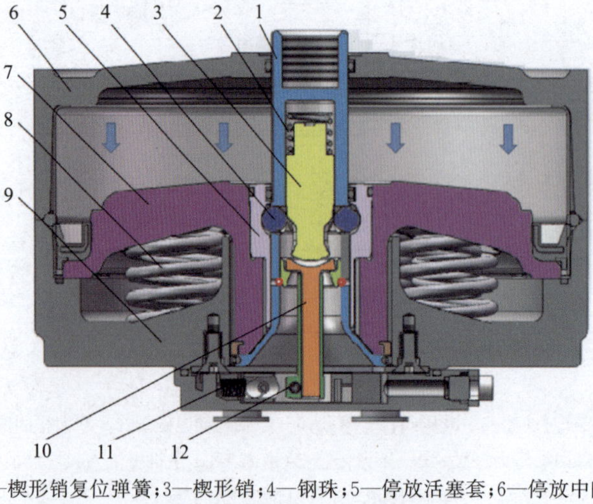

1—停放制动顶杆;2—楔形销复位弹簧;3—楔形销;4—钢珠;5—停放活塞套;6—停放中间体;7—停放活塞;8—停放弹簧;9—停放缸盖;10—转轴;11—转轴复位拉簧;12—转轴滑块。

图8-36 充气缓解位工作原理

(2)停放制动位

当排空停放缸的压缩空气,由于停放弹簧8的作用,停放活塞7连同停放制动顶杆1一起下移，停放制动顶杆 1 推动制动缸活塞，制动施加，如图 8-37 所示。力的传递路径为：停放弹簧 8→停放活塞 7→停放活塞套 5→钢珠 4→停放制动顶杆 1→制动缸活塞。

(3)手动缓解位

当拉动手动缓解装置，转轴滑块 12 向右移动，并带动转轴 10 偏转一定角度。转轴下部被止动环限制，上部推动楔形销 3 克服楔形销复位弹簧 2 的力向下移动，停放活塞 7 受到停放弹簧 8 的推力，钢珠 4 被推向楔形销 3 一侧，直至停放活塞 7 与停放制动顶杆 1 锁定状态解除，停放制动顶杆向下收回，停放制动被手动缓解，如图 8-38 所示。

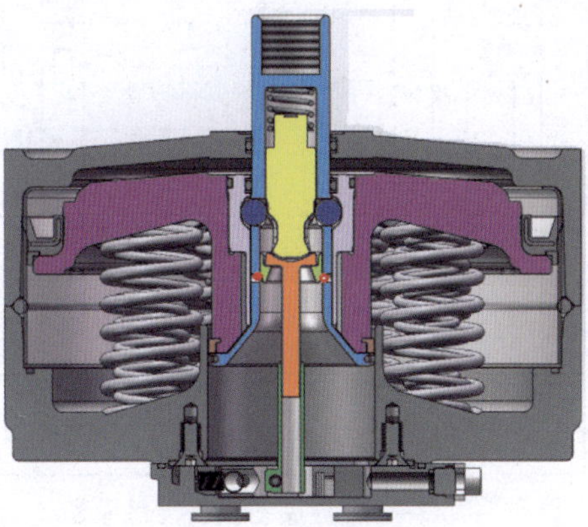

图 8-37　停放制动位

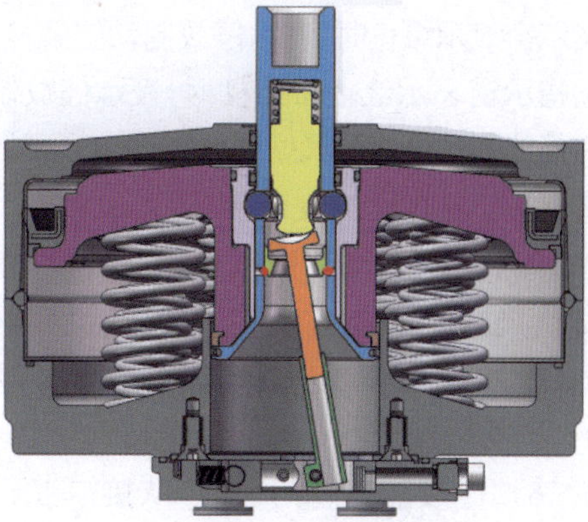

图 8-38　手动缓解位

手动缓解后，转轴在转轴复位拉簧 11 作用下复位，停放缸进入备用状态。当需再次施加停放制动时，需向停放缸充入最小缓解压力 450 kPa 才可以使停放功能恢复。

停放制动控制模块的主要技术参数如下：停放制动模块输入压力为 750～900 kPa，输出压力为 600 kPa。停放制动模块额定电压为 DC 110 V。压力开关的上升沿设定值为 480 kPa。减压阀压力设定值为 600 kPa。

3. 相关技术要求

(1)停放制动模块安装在车厢内，整套停放制动模块由车辆提供的 DC 110 V 电源驱动，风源由车辆的总风管提供。

(2)每辆车均设置 1 个停放制动模块，通过贯穿硬线实现在操纵端控制全列车施加和缓解停放制动。

(3)停放制动模块采用双脉冲电磁阀，可接收电脉冲信号(DC 110 V)实现停放制动的施加和缓解。双脉冲电磁阀设有手动按钮，在无电情况下可以对车辆实施停车制动或缓解。

(4)在双脉冲电磁阀供风气路的前端设置有通径 2.5 mm 缩堵，保证前后车辆缓解的一致性。

(5)停放制动模块设有带电触点的截断排风塞门，用于检修停放制动缸时断开供风并将停放缸内压缩空气排空，在正常运营时给司机室提供停放切除的监控信号。

(6)停放制动模块设有压力开关，压力开关信号动作能够触发停放制动安全环路。当压力开关检测到压力升至设定值以上后，压力开关内部的电触点将断开，控制系统将接收到停放制动缓解的信号。压力开关的设定值为 480 kPa。

(7)停放制动模块设有双向止回阀,防止停放制动和空气制动同时施加,造成制动力过大。如制动缸压力空气与停放缸同时施加,制动缸压力空气将通过右侧止回阀进入停放缸,压缩储能弹簧弹力,消减顶杆的压力。

(8)停放制动模块设有减压阀,用于限定停放制动缸缓解时最高用风压力为 600 kPa。

(9)停放制动模块设有压力测点,用于测试停放制动缸内压缩空气的压力。

(10)停放制动模块设有停放制动指示器,用于显示本节车辆的停放制动与缓解状态。当停放制动指示窗显示绿色时,表示停放制动缓解;当停放制动指示窗显示红色带黑杠时,表示停放制动施加。停放制动模块电气原理如图 8-39 所示。

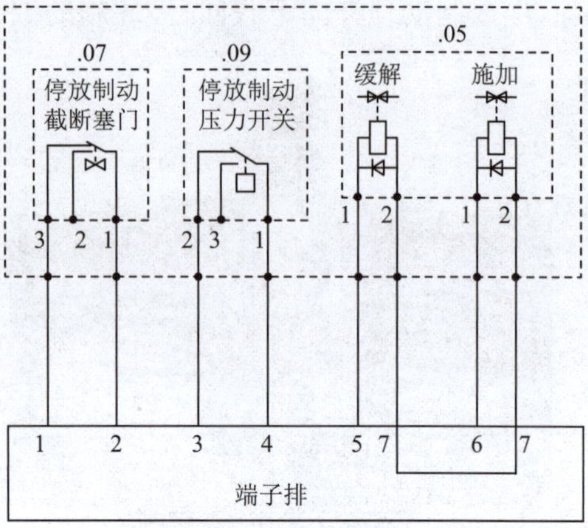

图 8-39　停放制动模块电气原理

4. 停放制动控制模块具体工作方式

(1)停放制动缓解:压缩空气通过接口 1 进入停放供风塞门(.01),通过过滤器(.02)、减压阀(.03)、缩孔(.04)到达停放制动电磁阀(.05)。当接收缓解指令时,压缩空气经双向止回阀(.06)、停放隔离塞门(.07)从接口 3 到达停放缸,实现停放制动的缓解。

(2)停放制动施加:当接收施加指令时,停放缸压力气体从接口 3 流入停放隔离塞门(.07)、双向止回阀(.06)经停放制动电磁阀(.05)排入大气,实现停放制动施加。在此状态下,如果进行空气制动,来自接口 2 的制动缸压力气体经双向止回阀(.06)、停放隔离塞门(.07)从接口 3 到达停放缸,防止空气制动力和停放制动力叠加。

(3)停放制动隔离:当停放制动隔离时,通过关闭带停放隔离塞门(.07),停放缸压力气体经停放隔离塞门排入大气,停放制动施加,此时压力开关(.09)失电,安全环路处于断开状态,需操作停放制动夹钳手拉缓解拉绳和车上安全环路旁路开关,才能完成停放制动隔离。

(4)停放缸的施加或缓解状态可通过压力传感器(.10)传送给行车安全主机监控(KAX1)。各零部件功能如下:

①停放供风塞门(.01):对通路进行截断或开启,此截断塞门常开,当停放制动控制模块发生故障时,将截断塞门(.01)手柄转至 OFF 位,实现对停放制动控制模块维护。

②过滤器(.02):过滤压缩空气中的杂质。

③减压阀(.03):对总风压力进行调节,设定压力为(600±20)kPa。

④缩孔(.04):调节停放制动控制模块的充气速率。

⑤停放制动电磁阀(.05):司机通过停放制动按钮(施加/缓解)控制停放制动电磁阀动作,实现停放制动缸的排风(施加)或充风(缓解)。停放制动电磁阀具有手动操作功能。

⑥双向止回阀(.06):防止空气制动力和停放制动力叠加。

⑦停放隔离塞门(.07):用于切除停放制动,塞门状态可转换为电信号输出。

⑧测试接口(.08):提供测试停放输出压力的接口。

⑨压力开关(.09):停放制动控制模块内的压力开关的上升设定值为(480±20)kPa。当压力开关检测到压力升至该值以上后,压力开关内部的电触点将断开,控制系统将接收到停放制动缓解的信号。

⑩停放制动指示器(.11):用于指示停放制动状态。

8.4.3　系统诊断故障代码与处理

系统诊断故障代码通过制动显示屏显示给操作人员,4 位故障代码可以在事件/故障记录中查看。

(1)故障代码 5100:故障等级 A 级,为自动制动手柄控制模块故障。处理方法:停车后断电重启,如故障仍存在,则转后备制动运行。

(2)故障代码 5130:故障等级 A 级,为列车管压力控制不正常。处理方法:停车后断电重启,如故障仍存在,则转后备制动运行。

(3)故障代码 5131:故障等级 A 级,列车管模块通信故障,板卡损坏或通信电缆损坏。处理方法:转后备制动运行。

(4)故障代码 5300:故障等级 B 级,为单独制动手柄控制模块故障。处理方法:维持运行。

(5)故障代码 5310:故障等级 B 级,为制动显示屏 CAN 通信异常。处理方法:维持运行。

(6)故障代码 5321:故障等级 B 级,为电气接口单元 MVB 通信异常或模块工作异常。处理方法:维持运行。

(7)故障代码 5322:故障等级 B 级,为电气接口单元 CAN 通信异常或模块工作异常。处理方法:维持运行。

(8)故障代码 5331～5333:故障等级 B 级,分别为均衡风缸传感器损坏,均衡风缸充气电磁阀、排气电磁阀故障或驱动电路故障。处理方法:停车后断电重启,如故障仍存在,则转后备制动运行。

(9)故障代码 5334:故障等级 B 级,为列车管控制模块不充风,制动系统不能缓解。处理方法:停车后断电重启,如故障仍存在,则转后备制动运行。

(10)故障代码 53A0～53A3:故障等级 B 级,分别为车列电空缓解、保压、制动、紧急未贯通。处理方法:维持运行。

(11)故障代码 5730 和 5731:故障等级 B 级,分别为列车管传感器、总风传感器损坏。处理方法:维持运行。

(12)故障代码 5733 和 5734:故障等级 B 级,分别为紧急电磁阀 1、紧急电磁阀 2 电磁阀故障或驱动电路故障。处理方法:维持运行。

思　考　题

1. 简述 CAB 系统电空控制单元组成与 CCBⅡ 系统的不同。
2. 简述停放制动的工作原理。
3. 简述动力车实施惩罚制动的原因及避免措施 。

参 考 文 献

[1] 迟卓刚,张贵良.内燃机车制动机[M].北京:中国铁道出版社,2008.

[2] 李益民.电力机车制动机[M].北京:中国铁道出版社,2008.

[3]《和谐型交流传动机车技术丛书》编委会.HXD_{3D}型电力机车[M].北京:中国铁道出版社有限公司,2021.

[4] 夏寅荪,黄德山,何力.104型空气及电空制动机[M].北京:中国铁道出版社,2001.

[5] 刘凡.F8系列空气分配阀[M].北京:中国铁道出版社,2018.

[6] 铁路职工岗位培训教材编审委员会.制动钳工(车辆)[M].北京:中国铁道出版社,2010.